Qualitätssicherung an Hochschulen

Sandra Mittag

# Qualitätssicherung an Hochschulen

Eine Untersuchung zu den Folgen der
Evaluation von Studium und Lehre

Waxmann Münster / New York
München / Berlin

**Bibliografische Informationen Der Deutschen Bibliothek**
Die Deutsche Bibliothek verzeichnet diese Publikation in
der Deutschen Nationalbibliografie; detaillierte bibliografische
Daten sind im Internet über http://dnb.ddb.de abrufbar.

Diese Arbeit ist als Dissertation an der Universität Kassel entstanden.

**Internationale Hochschulschriften, Bd. 475**

Die Reihe für Habilitationen und sehr gute
und ausgezeichnete Dissertationen

ISSN 0932-4763
ISBN-10 3-8309-1713-9
ISBN-13 978-3-8309-1713-7

© Waxmann Verlag GmbH, Münster 2006

www.waxmann.com
info@waxmann.com

Umschlaggestaltung: Christian Averbeck, Münster
Titelbild: PhotoCase.com
Druck: Hubert & Co, Göttingen
Gedruckt auf alterungsbeständigem Papier, säurefrei gemäß ISO 9706

Alle Rechte vorbehalten
Printed in Germany

# Vorwort

In Deutschland wurden Verfahren für die systematische Evaluation von Studium und Lehre Mitte der 1990er Jahre eingeführt: 1994 gründeten die Universitäten Bremen, Hamburg, Kiel, Oldenburg und Rostock den *Verbund Norddeutscher Universitäten* (1998 schloss sich die Universität Greifswald und 2004 die Universität Lübeck dem Verbund an) und 1995 wurde die *Zentrale Evaluations- und Akkreditierungsagentur Hannover* als gemeinsame Einrichtung der niedersächsischen Hochschulen eingerichtet. Seitdem wurden in Deutschland sechs weitere Einrichtungen für die Evaluation von Studium und Lehre gegründet.

Den Folgen der Verfahren wird seit Ende der 1990er Jahre verstärkt Aufmerksamkeit gewidmet. In jüngster Zeit jedoch hat die Aktualität des Themas zugenommen; die Auseinandersetzung mit den Folgen von Evaluationsverfahren und ihre Bilanzierung steht ganz oben auf der Agenda von aktuellen Tagungen und Kongressen einschlägiger Einrichtungen (z. B. war „Effectiveness of Quality Assurance" ein Leitthema des Kongresses der internationalen Vereinigung der Qualitätssicherungsagenturen *International Network of Quality Assurance Agencies in Higher Education* im März 2005 in Neuseeland, die Jahrestagung der Schweizerischen Evaluationsgesellschaft im Juni 2005 in Bern widmete sich ganz dem Thema „Bildungsevaluation – was soll sie leisten, was bewirkt sie?", die Jahrestagung der Deutschen Gesellschaft für Evaluation im Oktober in Essen trug den Titel: „Wirkungen auf der Spur" und im November 2005 wurde in Bonn im Rahmen der Tagung der *Hochschulrektorenkonferenz* „Qualitätsentwicklung an Hochschulen – Erfahrungen und Lehren aus 10 Jahren Evaluation" Bilanz gezogen). Für keine Evaluationseinrichtung in Deutschland wurden jedoch bisher die Folgen der Verfahren systematisch untersucht.

Seit ihrer Einführung sind die mehrstufigen Evaluationsverfahren starker Kritik ausgesetzt. So schreibt z. B. Hanft (2004): „Evaluationsergebnisse werden negiert und verschwiegen oder aber betont und in den Vordergrund gerückt, wenn sich dies im Machtpoker als nützlich erweist" (S. 163). Die jüngste Kritik an Evaluationsverfahren geht von einer Gruppe Erziehungswissenschaftler aus, nach denen Evaluations- und andere Reformmaßnahmen an Hochschulen von außen vorgeschrieben sind und die selbstverantwortete Praxis „ersticken" (Gruschka, Herrmann, Radtke, Rauin, Ruhloff, Rumpf & Winkler, 2005). Die Kritik an Evaluations- und anderen Verfahren der Qualitätssicherung an Hochschulen wird von dieser Gruppe im Rahmen von fünf Einsprüchen gegen verschiedene Hochschulreformmaßnahmen formuliert. Die Thesen haben eine Kontroverse ausgelöst (siehe den Beitrag von Heinz-Elmar Tenorth in der Wochenzeitung *DIE ZEIT* vom 6.10.2005, S. 89).

Im Rahmen der vorliegenden Arbeit werden erstmals für Deutschland umfassend und systematisch die Folgen von mehrstufigen Verfahren für die Evaluation von Studium und Lehre analysiert. Für die Verfahren der beiden ältesten Evaluationseinrichtungen in Deutschland, dem *Verbund Norddeutscher Universitäten* (VNU bzw. Nordverbund) sowie der *Zentralen Evaluations- und Akkreditierungsagentur Hannover* (ZEvA), wird untersucht, inwieweit gutachterliche Empfehlungen umgesetzt oder auch weitere Maßnahmen in

Folge der Evaluationsverfahren ergriffen wurden. Mit der Untersuchung wird nicht nur eine empirische Bestandsaufnahme der Folgen von Evaluationsverfahren angestrebt, es werden auch die Gründe für Erfolge und Misserfolge bei der Umsetzung gutachterlicher Empfehlungen analysiert und Vorschläge für eine Erhöhung des Umsetzungserfolgs von Evaluationsverfahren im Bereich Studium und Lehre entwickelt.

Die Arbeit schließt an das Projekt „Verfahrens- und Wirksamkeitsanalyse der Evaluationsverfahren der *Zentralen Evaluations- und Akkreditierungsagentur Hannover* (ZEvA) und des *Verbundes Norddeutscher Universitäten* (Nordverbund) für die Evaluation von Studium und Lehre" an, das von Prof. Dr. Hans-Dieter Daniel geleitet, vom *Stifterverband für die Deutsche Wissenschaft* und der Universität Zürich gefördert und am *Wissenschaftlichen Zentrum für Berufs- und Hochschulforschung* der Universität Kassel (*WZ I*, heute *INCHER-Kassel*) in den Jahren 2001 bis 2003 durchgeführt wurde. Neben dem Leiter waren auch die Verfasserin der vorliegenden Arbeit sowie Dr. Lutz Bornmann maßgeblich an dem Projekt beteiligt (siehe Bornmann, Mittag & Daniel, 2003; Bornmann, Mittag & Daniel, in Druck; Bornmann, Mittag, Mutz & Daniel, 2004; Daniel, Mittag & Bornmann, 2003; Hochschulrektorenkonferenz, 2004; Mittag, Bornmann & Daniel, 2003a; Mittag, Bornmann & Daniel, 2003b; Mittag, Bornmann & Daniel, 2004).

Als empirische Datengrundlage für die vorliegende Arbeit dienen sowohl die Ergebnisse bzw. das Datenmaterial aus der genannten Untersuchung, als auch, und dies ist das Kernstück dieser Arbeit, Dokumente, die zur Umsetzung der Evaluationsergebnisse in Folge der Evaluationsverfahren verfasst wurden. Aus 117 von 203 Evaluationsverfahren (58%) von Nordverbund und ZEvA, die bis Mitte 2001 abgeschlossen waren, konnten die Dokumente, in denen die Umsetzungsaktivitäten der Evaluationsergebnisse an den einzelnen Standorten festgehalten sind, ausgewertet werden. Die 117 Verfahren verteilen sich auf 16 Fächer an insgesamt sechs Standorten des Nordverbundes und auf 16 Fächer an insgesamt 21 Standorten bei der ZEvA. Für die Dokumentenanalyse wurden insgesamt 242 Dokumente ausgewertet (Protokolle von Auswertenden Konferenzen, Stellungnahmen und Maßnahmenprogramme bzw. Zielvereinbarungen sowie Umsetzungsberichte). 1 948 Empfehlungen wurden von Gutachterinnen und Gutachtern in diesen Verfahren ausgesprochen.

Die vorliegende Studie weist die folgenden zentralen Ergebnisse auf:

— 56% aller Empfehlungen, die die Gutachterinnen und Gutachter in den Evaluationsverfahren ausgesprochen haben, wurden umgesetzt bzw. zu den Empfehlungen entsprechende Maßnahmen eingeleitet. Bei 29% der Empfehlungen blieb die Umsetzung ohne Angabe von Gründen aus und 15% der Empfehlungen wurden aus bestimmten Gründen nicht umgesetzt.

— Neben der Umsetzung gutachterlicher Empfehlungen ist in den Dokumenten eine Reihe weiterer Maßnahmen festgehalten worden, welche sich nicht direkt auf die Gutachten zurückführen lassen. Von diesen wurden etwa vier Fünftel umgesetzt oder zu diesen entsprechende Maßnahmen eingeleitet.

- Die Differenzierung nach Fachgruppen und Themenbereichen (Bereiche, auf die sich die gutachterlichen Empfehlungen beziehen) zeigt auf, dass in den Ingenieurwissenschaften sowie in den Rechts-, Wirtschafts- und Sozialwissenschaften am häufigsten und in den Sprach- und Kulturwissenschaften am seltensten gutachterliche Empfehlungen umgesetzt bzw. Maßnahmen zu den Empfehlungen eingeleitet wurden. Während im Bereich *Planung und Organisation von Studium und Lehre* vergleichsweise häufig Empfehlungen umgesetzt bzw. entsprechende Maßnahmen eingeleitet wurden, ist der Anteil umgesetzter Empfehlungen bzw. eingeleiteter Maßnahmen in den Bereichen *Ausstattung* sowie *Verwaltung und akademische Selbstverwaltung* auffällig gering. Insbesondere in den Sprach- und Kulturwissenschaften wurden besonders selten gutachterliche Empfehlungen im Bereich *Ausstattung* umgesetzt. Zudem blieb die Umsetzung von Empfehlungen zum wissenschaftlichen Nachwuchs weit häufiger als in den anderen Themenfeldern ohne Nennung von Gründen aus.

- Die schriftlich befragten Fachangehörigen an den evaluierten Standorten machen insbesondere a) eine nicht ausreichende finanzielle und strukturelle Unterstützung sowie eine nicht ausreichende Berücksichtigung der strukturellen Rahmenbedingungen des Faches bzw. der Hochschule, b) eine kritische Haltung einiger Professorinnen und Professoren in den Fächern zum Evaluationsverfahren sowie c) mangelndes Interesse und Engagement sowie mangelnde Kommunikation und Kooperation der Evaluationsbeteiligten für die ausbleibende Umsetzung von Evaluationsergebnissen verantwortlich.

- Die Verbesserung von Kommunikation und Transparenz sowie die Entwicklung eines Qualitätsbewusstseins sind indirekte Folgen der Evaluationsverfahren von ZEvA und Nordverbund, die von den schriftlich befragten Fachangehörigen sowie von den Interviewpartnerinnen und -partnern (Evaluationsbeauftragte an den Hochschulen, Hochschulleitungen u. a.) genannt werden.

- Die Untersuchung des Zusammenhangs zwischen den Einschätzungen der Befragten zu den Verfahren insgesamt sowie zu zentralen Verfahrenselementen und dem Erfolg bei der Umsetzung gutachterlicher Empfehlungen, bei der die Ergebnisse der Dokumentenanalyse mit den Ergebnissen der schriftlichen Befragung zusammengeführt wurden, zeigt: Der Umsetzungserfolg gutachterlicher Empfehlungen steht in Zusammenhang mit den Einschätzungen der Fachangehörigen, dass das Verhältnis zwischen Aufwand für das Verfahren und seinem Nutzen angemessen ist und dass das Ziel der Qualitätssicherung und -verbesserung von Studium und Lehre durch die Verfahren erreicht wird.

Herrn Prof. Dr. Hans-Dieter Daniel möchte ich für seine Betreuung und Begleitung dieser Arbeit ganz besonders danken. Ohne seine Förderung und Unterstützung wäre diese Arbeit nicht möglich gewesen. Herrn Dr. Rüdiger Mutz (ETH Zürich) danke ich für seine Betreuung bei den statistischen Auswertungen und Herrn Alfons Geis, zuständig für die Beratung bei Textanalyse und Vercodung am *Zentrum für Umfragen, Methoden und Analysen* (ZUMA) in Mannheim, sowie Prof. Dr. Volker Müller-Benedict vom *Methodenzen-*

*trum Sozialwissenschaften* der Universität Göttingen für die Beratung zur Datenauswertung bei der Dokumentenanalyse. Mein Dank gilt insbesondere auch den Geschäftsstellen von Nordverbund und ZEvA, deren umfassende Kooperation diese Untersuchung möglich gemacht hat. Vor allem die Unterstützung von Frau Dr. Karin Fischer-Bluhm und ihren beiden Mitarbeiterinnen, Frau Carmen Tschirkov und Frau Susanne Zemene, aus der Geschäftsstelle des Nordverbundes sowie vom Geschäftsführer der ZEvA, Herrn Hermann Reuke, und seiner früheren Mitarbeiterin Frau Silke Cordes war für mich unentbehrlich. Bedanken möchte ich mich auch bei den Mitgliedern des Internationalen Zentrums für Hochschulforschung Kassel (*INCHER-Kassel*, früher *WZ I* der Universität Kassel), vor allem bei meinem Zweitgutachter, Herrn Prof. Dr. Ulrich Teichler, sowie bei Frau Dr. Ute Lanzendorf, welche mich begleitet und unterstützt haben. Dem INCHER-Kassel, das auch die vorliegende Veröffentlichung unterstützt hat, fühle ich mich besonders verbunden.

Für die persönliche Unterstützung möchte ich allen Personen herzlich danken, die mir nahe stehen, insbesondere meinem Lebenspartner.

Sandra Mittag
Kassel, im April 2006

# Inhalt

1 Reformen und Qualitätssicherung im Hochschulbereich ........................ 1

2 Evaluation als Instrument der Qualitätssicherung an Hochschulen .................... 9

3 Evaluation im Kontext der Hochschule als Organisation ..................... 12
   3.1 Organisationales Lernen und die Verwendung von Evaluationsergebnissen ................. 13
   3.2 Zielkonflikte in der Organisation Hochschule ....................... 16
   3.3 Zusammenfassung ............................. 21

4 Folgen von Verfahren für die Evaluation von Studienfächern: Stand der Forschung ................................... 24
   4.1 Länderübergreifende Studien ......................... 26
   4.2 Nationale Studien ............................... 31
   4.3 Einzelfallstudien ................................ 42
   4.4 Zusammenfassung der Ergebnisse und kritische Würdigung der Studien ......... 46

5 Die Evaluationsverfahren des Verbundes Norddeutscher Universitäten und der Zentralen Evaluations- und Akkreditierungsagentur Hannover ............ 52

6 Methode ........................................ 58
   6.1 Datengrundlage ................................ 58
      6.1.1 Themenanalyse der Gutachten ................. 59
      6.1.2 Dokumentenanalyse ..................... 61
      6.1.3 Schriftliche Erhebung ..................... 69
      6.1.4 Interviews ........................... 70
   6.2 Verfahren für die statistische Analyse ..................... 71

7 Umsetzung von Evaluationsergebnissen aus Verfahren von Nordverbund und ZEvA ............................... 76
   7.1 Umsetzung der gutachterlichen Empfehlungen und der weiteren Maßnahmen: Ergebnisse der Dokumentenanalyse ............. 76
      7.1.1 Verteilung der gutachterlichen Empfehlungen und weiteren Maßnahmen nach Themenbereichen und Fachgruppen ....... 77
      7.1.2 Umsetzungsaktivitäten in Folge gutachterlicher Empfehlungen sowie weiterer Maßnahmen im Vergleich ............ 80
      7.1.3 Umsetzungsaktivitäten in Folge gutachterlicher Empfehlungen nach Fachgruppen und Themenbereichen ............ 83

7.2 Einschätzungen der Evaluationsbeteiligten zu Verbesserungsmaßnahmen in Folge der Evaluationen sowie zu Umsetzungsproblemen: Ergebnisse der sekundärstatistischen Analyse ................................ 94

    7.2.1 Einschätzungen der schriftlich befragten Fachangehörigen sowie der Interviewpartnerinnen und -partner zu erfolgten Verbesserungsmaßnahmen ................................................................. 94

    7.2.2 Einschätzungen der schriftlich befragten Fachangehörigen sowie der Interviewpartnerinnen und -partner zu den Gründen, die die Umsetzung von Evaluationsergebnissen erschwert oder verhindert haben ................................................................................ 104

7.3 Zusammenhang zwischen den Ergebnissen der Dokumentenanalyse und den Einschätzungen der schriftlich befragten Fachangehörigen zu den Verfahren ........................................................................................ 112

**8 Resümee und Diskussion: Was folgt aus Evaluationen?** ........................ 120

**9 Vorschläge für eine Optimierung der Umsetzung von Evaluationsergebnissen** ........................................................................ 136

**10 Ausblick** ................................................................................................ 141

Literaturverzeichnis ........................................................................................ 143

Tabellenverzeichnis ........................................................................................ 162

Abbildungsverzeichnis .................................................................................... 165

Verzeichnis der Übersichten .......................................................................... 165

Anhang ........................................................................................................... 167

# 1 Reformen und Qualitätssicherung im Hochschulbereich

In allen Industrienationen ist das Wissenschaftssystem in der zweiten Hälfte des 20. Jahrhunderts enorm gewachsen; die (Elite-)Universität wurde zur Massenuniversität. Die staatlichen Ressourcenzuwendungen bedingen dabei weitreichende Abhängigkeiten der Hochschulen von öffentlicher Legitimation (Harvey & Newton, 2004, S. 151; Huisman & Currie, 2004, S. 533). Die Beziehungen der Hochschulen zu ihrer gesellschaftlichen Umwelt haben sich verändert, die Kopplungen der Hochschulen an die weiteren gesellschaftlichen Funktionssysteme Politik, Wirtschaft und Medien sind enger geworden (Weingart, 2003, S. 29).

Die Krise staatlicher Haushalte in den 1980er und 1990er Jahren in Europa bedeutete zudem eine Krise der öffentlichen Hochschulfinanzierung. Damit wurde ein grundlegender Wandel im Verhältnis zwischen Staat und Hochschulen eingeleitet: Die Hochschulen erhielten zunehmend Autonomie, gerieten aber gleichzeitig in einen Rechtfertigungsdruck in Bezug auf ihre Leistungen (Altrichter, Schratz & Pechar, 1997, S. 8f.; Harvey & Newton, 2004, S. 151; Huisman & Currie, 2004, S. 532f.; Newton, 2002a, S. 185f.; Westerheijden, 1999, S. 241f.).

Um die Qualität an Hochschulen transparent zu machen, zu sichern und zu verbessern, wurden an europäischen Hochschulen Verfahren der Qualitätssicherung und -verbesserung eingeführt. Teilweise ging die Initiative dabei von staatlicher Seite, teilweise von den Hochschulen selbst aus. Im „Kommuniqué der Konferenz der europäischen Hochschulministerinnen und -minister am 19. September 2003 in Berlin" wurde festgehalten, dass „die Qualität der Hochschulbildung der Dreh- und Angelpunkt für die Schaffung des Europäischen Hochschulraumes" (S. 3) ist (siehe auch Reichert & Tauch, 2003, S. 8). Die *European Association for Quality Assurance in Higher Education*[1] (ENQA, 2005) hat „Standards and guidelines for quality assurance in the European Higher Education Area" veröffentlicht.[2] Zu den Qualitätssicherungsverfahren gehören insbesondere mehrstufige Verfahren für die Evaluation von Studium und Lehre, für die Evaluation von Forschung sowie von Verwaltung und Dienstleistungen. Zudem erhalten vor dem Hintergrund des Bologna-Prozesses Verfahren zur Sicherung von Mindeststandards (Akkreditierung) eine große Bedeutung. Neben den Evaluations- und Akkreditierungsverfahren gibt es auch Verfahren, die die Qualitätssicherungsinstrumente selbst zum Gegenstand haben (sogenannte Audits). Bei den Evaluations- und Akkreditierungsverfahren sowie den Audits wird noch einmal danach differenziert, ob ein Studienfach oder die gesamte Hochschule Gegenstand des Verfahrens ist (siehe The Danish Evaluation Institute, 2003, S. 17).

An den US-amerikanischen Hochschulen haben systematische Verfahren der Qualitätssicherung bereits längere Tradition. Seit Ende des 19. Jahrhunderts werden Qualitätsstan-

---

1 Bis November 2004 *European Network for Quality Assurance in Higher Education*.

2 Übersichten zur Internationalisierung von Qualitätssicherung sowie deren kritische Reflexion finden sich bei Harvey (2004) sowie Faber und Huisman (2003).

dards durch Akkreditierungseinrichtungen überprüft. Zwar ist die Teilnahme der Hochschulen an diesen Verfahren bis heute fakultativ, jedoch wird von ihr die Zuwendung staatlicher Mittel abhängig gemacht.[3] Seit den 1970er Jahren kommt in den USA *program evaluations* bzw. *program reviews* zunehmend eine Rolle als Instrument des Wandels und der Neuorientierung sowie der Umstrukturierung an Hochschulen zu (Conrad & Wilson, 1985, S. 4ff.; Rhoades & Sporn, 2002, S. 361).[4] Im Rahmen von *program reviews* werden auf Initiative einer jeweiligen Hochschule Studiengänge und Fachbereiche einer internen sowie einer externen Begutachtung durch Fachkolleginnen und -kollegen (Peer-Review) unterzogen. Seit den 1980er Jahren dienen die Verfahren vor allem der Rechenschaftslegung über die Verwendung öffentlicher Gelder sowie der Verknüpfung mit der internen Mittelvergabe (Rhoades & Sporn, 2002, S. 360ff.). Zudem sind in den USA kommerzielle Hochschulrankings von großer Bedeutung.[5]

Für 23 Länder in Europa wurde auf der Grundlage einer umfangreichen schriftlichen Erhebung des *European Network for Quality Assurance* (ENQA) festgestellt, dass vor allem die Evaluation sowie die Akkreditierung von Studienfächern für die Qualitätssicherung an Hochschulen praktiziert werden (The Danish Evaluation Institute, 2003, S. 18). Daneben kommt auch den Auditverfahren eine bedeutende Rolle zu (vor allem den *institutional audits*).

*Evaluation*

Evaluationsverfahren an Hochschulen dienen der kontinuierlichen Verbesserung von Studium und Lehre, von Forschung bzw. von Verwaltung und Dienstleistungen sowie der Rechenschaftslegung nach außen (The Danish Evaluation Institute, 2003, S. 13f.). Bei den Evaluationsverfahren hat sich ein mehrstufiges Verfahren durchgesetzt. Es besteht aus einer internen (Selbst-)Evaluation, einer externen Evaluation, in deren Rahmen externe Fachkolleginnen und -kollegen die evaluierte Einheit besuchen und ein Gutachten verfas-

---

3 Die älteste der sechs regionalen Akkreditierungseinrichtungen in den USA wurde 1885 gegründet (vgl. Rhoades & Sporn, 2002, S. 359; Ratcliff, 1996, S. 6). Es werden sowohl einzelne Studienfächer akkreditiert (*professional accreditation*; organisiert durch fachspezifische Akkreditierungseinrichtungen), als auch die gesamte Hochschuleinrichtung (*institutional accreditation*; organisiert durch regionale, fachübergreifende Akkreditierungseinrichtungen). Zu den Erfahrungen, die international mit den Akkreditierungsverfahren gemacht wurden, siehe Amaral (1998); Dill (2000c und 2003); Ewell (1993), Richter (2002); Welsh und Metcalf (2003).

4 In den USA haben Programmevaluationen insbesondere im Bereich des sozialpolitischen Systems sowie im Bereich der Forschungs- und Technologiepolitik bereits eine ausgeprägte Tradition (Beywl, Speer & Kehr, 2004, S. 45ff.; Daniel, 2001a, S. 33; Dill, 2003, S. 8; Guston, 2003).

5 Mets (1995) gibt eine Literaturübersicht zum *program review* in den USA. Zum US-amerikanischen Qualitätssicherungssystem im Hochschulbereich insgesamt siehe in der Übersicht Dill (2003) und Ratcliff (1996). Bogue und Hall (2003) zeigen auch historische und politische Hintergründe sowie die Stärken und Schwächen einzelner Verfahren der Qualitätssicherung an den US-amerikanischen Hochschulen auf. Für eine vergleichende Analyse von Rankings in den USA, Australien, Kanada und Großbritannien siehe Dill und Soo (2005). Für den Vergleich von deutschem und US-amerikanischem Hochschulsystem siehe z. B. Enders (2003) sowie Teichler (1998).

sen, sowie aus der Veröffentlichung eines Evaluationsberichts. Im Rahmen des *Follow-up* werden die Evaluationsergebnisse umgesetzt. Die Evaluationen in den europäischen Ländern werden entweder durch eine staatliche Einrichtung oder durch eine Evaluationseinrichtung der Hochschulen organisiert und begleitet (vgl. z. B. The Danish Evaluation Institute, 2003). Mehrstufige Evaluationsverfahren mit Peer-Review werden seit Mitte der 1980er Jahre in Europa eingesetzt: Frankreich führte bereits 1984 Verfahren für die Evaluation von Studium und Lehre sowie der Forschung und der Verwaltungsstrukturen (*institutional evaluation*) ein. Studienfachevaluationen (*program evaluation*) wurden zunächst in den Niederlanden, dann in Großbritannien und in Dänemark Ende der 1980er, Anfang der 1990er Jahre etabliert (Hämäläinen, Pehu-Voima & Wahlén, 2001, S. 5f.; Thune, 1998). Da die Niederlande als erstes Land in Europa mit den mehrstufigen Studienfachevaluationen begonnen haben, werden die Verfahren häufig auch als *Verfahren nach dem niederländischen Modell* bezeichnet. Seit Mitte der 1990er Jahre wird auch an den Hochschulen in Deutschland die Qualität von Studium und Lehre systematisch gesichert und verbessert.[6] An den deutschen Hochschulen haben sich bisher acht Evaluationsverbünde bzw. -agenturen gegründet, um Studium und Lehre systematisch zu evaluieren.[7] Obwohl bis Ende der 1990er Jahre die mehrstufigen Evaluationsverfahren an den Hochschulen in fast allen europäischen Ländern implementiert waren, wurden bisher die Folgen der Verfahren nur wenig untersucht. An den deutschen Hochschulen wurden die Folgen der Verfahren bisher noch gar nicht systematisch untersucht.

*Akkreditierung*

In Europa kommt der Akkreditierung insbesondere im Zuge des Bologna-Prozesses eine bedeutende Rolle als Instrument der Qualitätssicherung zu. Die Akkreditierung dient vor allem der Sicherung von Mindeststandards, der Herstellung von Transparenz, der Förderung der Studierendenmobilität sowie der nationalen und internationalen Vergleichbarkeit und Anerkennung der Studienabschlüsse. Zentraler Unterschied der Akkreditierungs- zu den Evaluationsverfahren sind formalisierte abschließende Bewertungen (Ja-Nein-Entscheidungen), die am Ende einer Akkreditierung gefällt werden. Somit ist das Ergebnis einer Akkreditierung entweder eine Bewilligung oder eine Ablehnung (ggf. eine Bewilligung

---

6 Allerdings hat in Deutschland eine stärkere Auseinandersetzung mit der Qualität von Studium und Lehre nicht erst in den 1990er Jahren begonnen. Mit den Forderungen der Studierenden nach einer stärkeren Politisierung und Historisierung des Systems Hochschule im Rahmen der Studierendenbewegung Mitte bzw. Ende der 1960er Jahre ging die Einführung von Vorlesungsrezensionen einher, die die Verbesserung der Lehre im Hinblick auf ihre gesellschaftliche Relevanz und die Einbeziehung der Lebens- und Lernsituation der Studierenden zum Ziel hatte. Ausgeweitet und institutionalisiert wurden die Bestrebungen zur Verbesserung der Lehr- und Lernformen mit der Gründung der Hochschuldidaktischen Zentren in den 1970er Jahren.

7 Bisher findet nur in einem der 16 Bundesländer auch eine systematische Evaluation der universitären Forschung statt (seit 1997; siehe Wissenschaftliche Kommission Niedersachsen, 2004; Ebel-Gabriel, 2002; vgl. auch Daniel, 2001a, S. 23). Dagegen ist die Evaluation außeruniversitärer Forschungseinrichtungen in Deutschland bereits etabliert (siehe Campbell, 2003; Daniel, 2001a, S. 21ff.; Daniel, 2001b; Hornbostel, 2002; Röbbecke, 2002, 2004).

mit Einschränkungen) eines Studienganges, während Evaluationen die kontinuierliche Qualitätsverbesserung in Studium und Lehre, Forschung usw. zum Gegenstand haben (Jaeger, 2005, S. 19ff.; Künzel, 2005a, S. 52; Schade, 2002; Wex, 2005, S. 273ff.).[8] Die europäischen Bildungsministerinnen und -minister streben im Rahmen des Bologna-Prozesses die Schaffung eines europäischen Hochschulraumes (*European Higher Education Area*) bis Ende 2010 an. Die Anerkennung akademischer Abschlüsse im Ausland soll erleichtert, die Mobilität der Studierenden soll erhöht und die europäischen Hochschulen sollen für den internationalen Wettbewerb gestärkt werden.[9] In den osteuropäischen Ländern sind jedoch Akkreditierungsverfahren ein zentrales Qualitätssicherungsinstrument seit der Einführung systematischer Qualitätssicherung nach der politischen Umbruchsituation Anfang der 1990er Jahre (Brennan, Frazer, Glanville, Kump, Staropoli, Sursock, Thune, Westerheijden & Williams, 1998; Centre for Higher Education Research and Information, 1998).[10] In Deutschland haben sich Akkreditierungsverfahren seit 2003 dauerhaft etabliert (siehe Kultusministerkonferenz, 2002a, Beschluss vom 01.03.2002, und 2002b, Beschluss vom 24.05.2002). In Deutschland sollen nicht nur neu eingeführte Bachelor- und Masterstudiengänge, sondern auch neu eingeführte Diplom- und Magisterstudiengänge (sofern keine Rahmenprüfungsordnung vorliegt bzw. sofern die geltende Rahmenordnung überarbeitet werden muss) akkreditiert werden. Damit soll die Akkreditierung das System der Koordination von Studium und Prüfungen über Rahmenprüfungsordnungen ablösen (Kultusministerkonferenz 2000a, Beschluss vom 01.03.2002, S. 15ff.). Ob mit der Akkreditierung ein Verfahren implementiert wurde, das tatsächlich der Kompatibilität nationaler Studiengänge im europäischen Hochschulraum dient, ist umstritten: Westerheijden (2001), der das deutsche und das niederländische Akkreditierungssystem mit den Anforderungen aus dem Bologna-Prozess vergleicht, weist darauf hin, dass in

---

8  Einen Überblick zu Akkreditierungsverfahren in verschiedenen europäischen Ländern geben Schwarz und Westerheijden (2004); Erfahrungen mit dem Akkreditierungsverfahren *European Quality Improvement System* (EQUIS) beschreiben Prøitz, Stensaker und Harvey (2004).

9  Der Übergang von national geprägten zu europaweit kompatiblen Studienstrukturen bedeutet für die einzelnen Hochschulsysteme eine maßgebliche Neustrukturierung des Studienangebotes. Zu den Vorgaben für ein einheitliches europäisches Studiengangskonzept gehören: (i) ein gestuftes Studiensystem mit drei Zyklen (Bachelor / Master / Doktorat), (ii) ein international und interdisziplinär ausgerichtetes sowie modular aufgebautes Studienangebot; (iii) eine verstärkte Anwendungs- und Praxisorientierung des Studiums; (iv) die Einführung eines European Credit Point Systems (ECTS) und des *Diploma Supplement*. Im Rahmen des von der Europäischen Kommission geförderten Pilotprojekts *Tuning educational structures in Europe* (González & Wagenaar, 2003) sind beispielsweise für ein Spektrum von sieben Studienfächern (Betriebswirtschaft, Erziehungswissenschaft, Geologie, Geschichte, Mathematik, Chemie und Physik) Referenzkriterien für ein europäisches Kerncurriculum vorgelegt worden. Die Kriterien, auf die sich für einen Bachelor bzw. Master geeinigt wurde, sind durch die *Dublin-Descriptors* festgehalten, welche im *Transnational European Evaluation Project* (TEEP) getestet wurden (European Network for Quality Assurance, 2004). Einen Zwischenstand zur Umsetzung der Reform gibt Tauch (2004).

10 Temple und Billing (2003) fassen die Erfahrungen mit dem Akkreditierungssystem in Zentral- und Osteuropa der letzten zehn Jahre zusammen; einen Rückblick auf zehn Jahre Akkreditierung in Ungarn wirft Rozsnyai (2004).

beiden Ländern die Akkreditierung bisher eher der nationalen Kontrolle als der europaweiten Transparenz dient.

*Audits*

Die Instrumente, Strategien und Prozesse der Qualitätssicherung bzw. der Implementierung entsprechender Verfahren haben Audits zum Gegenstand. Nach Dill (2000a, S. 212f.) dienen diese Verfahren vor allem der Rechenschaftslegung nach außen, auch wenn sie nicht direkt mit der Mittelvergabe verknüpft sind. In Europa wurden die Auditverfahren 1990 in Großbritannien eingeführt. Weitere Länder folgten, wie z. B. Belgien (Flandern), Dänemark, Finnland, Norwegen, Österreich, Schweden und die Schweiz (siehe u. a. The Danish Evaluation Institute, 2003).[11] Teilweise wurden die Verfahren neben anderen, bereits bestehenden Verfahren der Qualitätssicherung implementiert. Die *Association of European Universities* (CRE), aus der im Jahr 2001 durch den Zusammenschluss mit der *Confederation of European Union Rectors' Conferences* die *European University Association* (EUA) entstanden ist, führte 1994/1995 ihr erstes Auditverfahren als Pilotprojekt durch (siehe van Vught & Westerheijden, 1996).[12]

In Deutschland haben sich weniger Audits, dafür Evaluations- und Akkreditierungsverfahren etabliert. Darüber hinaus sollen Rankings ein Bild von der Qualität einer Hochschule oder von einzelnen Studienfächern an einer Hochschule geben, um insbesondere Studierenden Entscheidungshilfen bei der Wahl ihres Studienfachs bzw. ihrer Hochschule zu geben.[13] Ferner wurde seit den 1990er Jahren eine Vielzahl von Instrumenten implementiert, die Reformprozesse an Hochschulen steuern oder beschleunigen sollten: *Kontrakt-Management-* und *Controllingsysteme*, *Total-Quality-Management-Strategien* (TQM), *ISO 9000* u. a., flankiert durch die systematische Einführung leistungsbezogener und indikatorengestützter Mittelverteilung, von Leitbildern, Zielvereinbarungen und *Balanced Sco-*

---

11 Auditverfahren sind auch z. B. in Australien, Hongkong, Neuseeland sowie in Südafrika eingeführt worden (siehe z. B. Council on Higher Education, 2004). Für die Erfahrungen mit dem Auditverfahren in Australien siehe Martin (2003); für Hongkong siehe Brennan, Dill, Shah, Verkleij und Westerheijden (1999) sowie Massy (1996); für Neuseeland siehe Meade und Woodhouse (2000) sowie Woodhouse (2003). Shore und Wright (2000) setzen sich kritisch mit den Erfahrungen auseinander, die in Großbritannien mit Audits gewonnen wurden. Zu Folgen von Audits in Norwegen siehe von Lycke (2004), zu den Folgen in Schweden Nilsson und Wahlén (2000), Wahlén (2004) sowie Stensaker (1999).

12 Zu den Folgen aus dem *Institutional Review Program* der EUA siehe Nilsson, Eaton, Grilo, Scheele und Henkel (2002). Übersichten zu Auditverfahren, Folgestudien und deren Ergebnisse finden sich z. B. bei Anderson, Johnson und Milligan (2000); Dill (2000a, 2000b, 2000c); Wahlén (2004).

13 Das erste Hochschulranking wurde im Jahr 1989 von der Wochenzeitschrift DER SPIEGEL veröffentlicht. Dieses war der Vorläufer für eine ganze Reihe weiterer Hochschulrankings, die sich in den Folgejahren als eine Form des Leistungsvergleichs zwischen Hochschulen etablierten (DER SPIEGEL, 1989; DER SPIEGEL, 1993, FOCUS, 1997; DER SPIEGEL, 1999; Stern / Centrum für Hochschulentwicklung, 1999 und Folgejahre).

*recards* hielten Einzug in die Hochschulen.[14] Einige dieser Instrumente sind geprägt von Wirtschaftlichkeits- und Managementkonzepten, die der privaten Wirtschaft entlehnt sind.[15] Ziman (2000) beschreibt das Aufkommen von Begriffen wie *Management*, *Verträge* und *Rechenschaftslegung* an Hochschulen als ein Merkmal des Übergangs von der *academic science* zur *post-academic science*, wobei dieses Vokabular „did not originate inside science, but was imported from the more modern culture which emerged over several centuries in Western societies – a culture characterized by Weber as essentially bureaucratic" (S. 82). Gleichzeitig sind nach Teichler (2004) „zu Beginn des 21. Jahrhunderts ... die Diskussionen über die Zukunft der Hochschulen in Deutschland sehr lebendig" (S. 93).[16]

Nicht nur Managementkonzepte, auch Evaluationsverfahren werden vielfach kritisch gesehen: Altrichter, Schratz und Pechar (1997, S. 9f.) sind der Auffassung, dass der Staat mit zunehmender Autonomie der Hochschulen verstärkt Qualitätskontrollen im Sinn einer Rechenschaftslegung einfordert. Durch Evaluationsverfahren und weitere Maßnahmen der Hochschulreformen an deutschen Hochschulen würde sich daher die Autonomie der Hochschulen „real als verschärfte Fremdbestimmung" (Gruschka, Herrmann, Radtke, Rauin, Ruhloff, Rumpf & Winkler, 2005, S. 2) erweisen. Nach Harvey und Askling (2003) hat sich in den 1990er Jahren die Auffassung über die Qualität an Hochschulen grundsätzlich verändert: Qualität, ehemals selbstverständlich für die Hochschulbildung bzw. -ausbildung, sei in vielen Ländern Europas sowie in Australien und den USA zu einem Kontrollmechanismus geworden, durch den sich die staatliche Seite ihre Einflussnahme sichere: „It has been evident from the start that quality has been used as a vehicle for delivering policy requirements within available resources. On the one hand, it operates as a mechanism to encourage change but it also operates to legitimate policy-driven change" (S. 71). Für Neave (1998) werden Macht und Kontrolle, ehemals von staatlicher Seite ausgeübt, auf Einrichtungen der Qualitätssicherung als „semi-privatised bureaucracies" (S. 281) übertragen. Evaluationsverfahren werden jedoch auch als Instrument gesehen,

---

14 Als Informations- und Kommunikationsplattform für Fragen der Qualitätsentwicklung und -sicherung im Hochschulbereich sowie die Fortentwicklung von Qualitätssicherungsverfahren im Hochschulbereich gründete sich 1998 das *Projekt Qualitätssicherung* (Projekt Q) der *Hochschulrektorenkonferenz*.

15 Pasternack (2004) gibt einen umfassenden Überblick zu betriebswirtschaftlich inspirierten Führungskonzepten an Hochschulen auf der einen und den hochschulspezifischen Verfahren der Qualitätssicherung auf der anderen Seite. Zur Kritik an den neuen Steuerungskonzepten an Hochschulen in Deutschland siehe zudem Stock (2004). Eine Literaturübersicht zur Implementierung von Total Quality Management (TQM) in Hochschulen in den USA, in Großbritannien, Irland, Malaysia, Australien u. a. geben Grant, Mergen und Widrick (2004). Als Beispiel für die kritische Analyse zur Einführung und Verwerfung von Managementkonzepten aus Politik und Wirtschaft an US-amerikanischen Hochschulen seit den 1960er Jahren siehe Birnbaum (2000).

16 Teichler (2004) identifiziert vier große Themenblöcke, die derzeit in den Hochschulen diskutiert werden: die quantitativ-strukturelle Diskussion, die Steuerungsdiskussion (in die auch der Bereich Evaluation fällt), die Internationalisierungsdiskussion sowie die Diskussion um Beschäftigung und Karriere von Wissenschaftlerinnen und Wissenschaftlern.

mit dem die Autonomie der Hochschulen gestärkt wird (Lüthje, 1997). Nach Teichler (2002) bietet das „Steuerungsdreieck von politischer Vorgabe, starkem Management und output-bezogenem Evaluations-Feedback [eine] neue Hoffnung auf rationale und effektive Problembewältigung im Hochschulsystem" (S. 38f.).

Neben der Kritik am politischen Auftrag von Evaluationsverfahren wird die Effizienz der Verfahren immer wieder in Frage gestellt. So wird z. B. in Deutschland geklagt, dass der Aufwand für die Verfahren in keinem adäquaten Verhältnis zu ihrem Nutzen stehe (Berthold, 2002, S. 160) und die Verfahren zu teuer wären (Webler, 1996, S. 25). Die Mittel könnten an anderer Stelle sinnvoller eingesetzt werden (Brinck 2003, S. 12) und die für die Evaluationen aufgebrachte Zeit stehle den Professorinnen und Professoren Zeit für wissenschaftliche Aufgaben (Erche 2003a, S. 61; Franz, 2004). Schimank (2005) bezeichnet das Peer-Review im Rahmen von Evaluationsverfahren sogar als „Verrat" (S. 79) unter Fachkolleginnen und -kollegen. Schimank sowie Erche (2003b, S. 3f.) sind der Meinung, dass in Zeiten knapper Kassen die Verfahren lediglich dazu dienen würden, strukturelle Entscheidungen vorzubereiten und die Selbstbestimmung der Professorinnen und Professoren mittels externer Kontrolle zu untergraben. Auch werden die Folgen der Verfahren infrage gestellt: So zweifelt z. B. Berthold (2002, S. 160) generell an, dass Evaluationsverfahren Folgen haben. Hanft (2004) meint, „Evaluationsergebnisse werden negiert und verschwiegen oder aber betont und in den Vordergrund gerückt, wenn sich dies im Machtpoker als nützlich erweist" (S. 163).

Ob der Vorwurf, dass die Evaluationsverfahren folgenlos bleiben, berechtigt ist oder nicht, wurde bisher selten systematisch untersucht. Dies erstaunt, da bis Ende der 1990er Jahre in fast allen europäischen Ländern mehrstufige Verfahren für die Evaluation von Studienfächern eingeführt und dadurch in den letzten fünfzehn Jahren in Europa in zunehmendem Ausmaß Erfahrungen mit den mehrstufigen Evaluationsverfahren gemacht wurden. Harvey und Askling (2003) stellen fest: „External quality monitoring of higher education has grown throughout the 1990s. Yet, while experience grows, there is no commensurate growth in evaluation of the impact of monitoring quality" (S. 80). Westerheijden (1999) ist der Auffassung, dass „empirical research on impacts of evaluation procedures, therefore, has been less ambitious: it has traced what participants perceived to be impacts without trying to establish exact causal links, nor measure effectiveness and efficiency" (S. 244). Dennoch ist das Interesse an den Folgen der Verfahren groß: So lautete z. B. eines der Hauptthemen auf der Konferenz der internationalen Vereinigung der Qualitätssicherungsagenturen *International Network of Quality Assurance Agencies in Higher Education* (INQAAHE) im März 2005: „Effectiveness of Quality Assurance". Im November 2005 zog die *Hochschulrektorenkonferenz* im Rahmen der Tagung „Qualitätsentwicklung an Hochschulen – Erfahrungen und Lehren aus 10 Jahren Evaluation" Bilanz.[17]

---

17 Für weitere Informationen zu den Tagungen siehe die URL: http://www.inqaahe2005.co.nz/ sowie http://www.hrk.de.

Die Legitimierung der Evaluationsverfahren und -einrichtungen ist von großer Bedeutung: Nach Brennan und Shah (2000b) ist für die Evaluationseinrichtungen „achieving legitimacy for their processes and outcomes ... one of the difficult challenges" (S. 344). Sie würden sowohl die Anerkennung durch die akademische Gemeinschaft für die Rekrutierung von Peers und die Zustimmung innerhalb der Hochschulen für die Akzeptanz der Evaluationsergebnisse als auch die Anerkennung durch den Staat benötigen.

Die vorliegende Arbeit hat die Folgen von Verfahren für die Evaluation von Studium und Lehre und damit die Umsetzung der Evaluationsergebnisse zum Gegenstand. Untersucht werden die beiden ältesten Evaluationseinrichtungen in Deutschland, der *Verbund Norddeutscher Universitäten* (VNU bzw. Nordverbund) und die *Zentrale Evaluations- und Akkreditierungsagentur Hannover* (ZEvA). Beide Einrichtungen führen seit Mitte der 1990er Jahre mehrstufige Evaluationsverfahren im Bereich Studium und Lehre mit dem Ziel der Qualitätssicherung und -verbesserung durch. Es wird untersucht, inwieweit die Ergebnisse von Evaluationsverfahren im Bereich Studium und Lehre im ersten Evaluationszyklus der beiden Einrichtungen Folgen aufweisen und welche Gründe sich für einen Umsetzungserfolg bzw. -misserfolg identifizieren lassen. Mit der Untersuchung wird nicht nur eine empirische Bestandsaufnahme der Folgen von Evaluationsverfahren angestrebt, sondern es werden auch die Gründe für ausbleibende Folgeaktivitäten analysiert und Vorschläge für eine Erhöhung des Umsetzungserfolgs von Evaluationsverfahren im Bereich Studium und Lehre entwickelt. Die vorliegende Untersuchung analysiert erstmals umfassend und systematisch die Folgen von Verfahren für die Evaluation von Studium und Lehre in Deutschland.

## 2 Evaluation als Instrument der Qualitätssicherung an Hochschulen

Wie im vorigen Kapitel beschrieben, werden in Europa mehrstufige Verfahren für die Evaluation von Studienfächern seit den 1980er Jahren mit dem Ziel durchgeführt, die Qualität von Studium und Lehre zu sichern und zu verbessern sowie Rechenschaft „nach außen" abzulegen. Die Verfahren bestehen in der Regel aus der internen Evaluation, der externen Evaluation, der Veröffentlichung zum Evaluationsverfahren und der Umsetzung von Evaluationsergebnissen bzw. dem Follow-up.

Die *interne Evaluation* dient der Stärken- und Schwächenanalyse des zu evaluierenden Instituts bzw. Fachbereichs. Die Ergebnisse der internen Evaluation werden in einem Selbstreport festgehalten, dessen Aufbau sich an einem Frageleitfaden bzw. einer Gliederungsliste, die von der Evaluationseinrichtung zur Verfügung gestellt wird, orientiert. Der Selbstbericht dient insbesondere den externen Gutachterinnen und Gutachtern als Informationsgrundlage.

Im Rahmen der *externen Evaluation* besucht eine Gutachterkommission die jeweiligen Standorte. Die Gutachterinnen und Gutachter führen Gespräche mit den Hochschul- bzw. Fachangehörigen und verfassen auf der Grundlage des Selbstberichts und ihres Besuchs ein Gutachten mit Empfehlungen zur Verbesserung von Studium und Lehre (Peer-Review).[18] Für die Erstellung der Gutachten gibt es von der Evaluationseinrichtung Checklisten mit Kriterien und formalen Vorgaben.

Die Evaluationseinrichtung *veröffentlicht* in der Regel die Ergebnisse der Evaluation. Es folgt die Phase der *Umsetzung* der Evaluationsergebnisse bzw. das Follow-up. Mit der Fertigstellung des Gutachtens endet das eigentliche Evaluationsverfahren. Die Umsetzung der Evaluationsergebnisse liegt in den Händen der evaluierten Hochschule.

In einer Reihe vergleichender Studien, die seit Mitte der 1990er Jahre in verschiedenen Ländern Europas (teilweise unter Einbeziehung einiger OECD-Mitgliedsstaaten) durchgeführt werden, wurde festgestellt, dass die mehrstufigen Evaluationsverfahren in ihrem oben dargestellten Ablauf allgemein praktiziert werden und dass sich das Verfahren bewährt hat. Die zentralen Studien sind das *European Pilot Project for Evaluating Quality in Higher Education* (Europäische Kommission, 1995; Thune & Staropoli, 1997; Thune, 1998), die Analyse zu Evaluationsverfahren in Westeuropa von Scheele, Maassen und Westerheijden (1998), die auf der Basis von Fallstudien vergleichende Analyse *EVALUE – Evaluation and Self-Evaluation of Universities in Europe* (Europäische Kommission / Targeted Socio-Economic Research Program, 1998[19]), die OECD-Studie *Quality*

---

18 Zur Auseinandersetzung mit dem Peer-Review, der Begutachtung durch Fachkollegen in der Wissenschaft, siehe Weingart (2003, S. 284ff. und 2003, S. 25ff.) sowie Daniel (1993). Einen aktuellen Forschungsüberblick geben Bornmann und Daniel (2003).

19 An der Erstellung einer von vier Fallstudien, die für Deutschland in die Untersuchung eingingen, war die Verfasserin der vorliegenden Arbeit maßgeblich beteiligt.

*Management, Quality Assessment and the Decision Making Process* (Brennan & Shah, 2000a, 2000b; für das Folgeprojekt European Training Foundation, 2000), das *ENQA Survey 2002* (The Danish Evaluation Institute, 2003) sowie der Überblick von Schwarz und Westerheijden (2004) zu Akkreditierungs- und Evaluationsverfahren in 20 europäischen Ländern.[20]

In Deutschland wurden systematische Verfahren für die Evaluation von Studium und Lehre Mitte der 1990er Jahre eingeführt. Die *Hochschulrektorenkonferenz* (HRK) und der *Wissenschaftsrat* (WR) führten in den Jahren 1994 und 1995 zwei Pilotprojekte für die Evaluation von Studium und Lehre in Anlehnung an das niederländische Modell durch. Aus den Ergebnissen der Pilotprojekte leiteten sie Empfehlungen ab, die das mehrstufige Verfahren insgesamt bestätigen (Hochschulrektorenkonferenz, 1995; Wissenschaftsrat, 1996). Es gründeten sich die beiden ersten Einrichtungen für die systematische Evaluation von Studium und Lehre in Deutschland. So schlossen sich 1994 die Universitäten Bremen, Hamburg, Kiel, Oldenburg und Rostock zum *Verbund norddeutscher Hochschulen zusammen*; die Universität Groningen unterstützt die Evaluationen in beratender Funktion. 1998 schloss sich die Universität Greifswald und 2004 die Universität Lübeck dem Verbund an, der inzwischen in *Verbund Norddeutscher Universitäten* umbenannt ist. Für die Evaluation von Studium und Lehre in Niedersachsen wurde 1995 die *Zentrale Evaluationsagentur niedersächsischer Hochschulen* als gemeinsame Einrichtung der niedersächsischen Hochschulen gegründet, die heute den Namen *Zentrale Evaluations- und Akkreditierungsagentur Hannover* trägt. Inzwischen gibt es sechs weitere Verbünde bzw. Agenturen für die Evaluation von Studium und Lehre in Deutschland.[21]

— die *Geschäftsstelle für Evaluation der Fachhochschulen in Nordrhein-Westfalen* (seit 1997);

— das *Evaluationsbüro für die Lehrevaluation in der Universitätspartnerschaft Halle-Wittenberg, Jena und Leipzig* (LEU, seit 1999);

— der *Länderübergreifende Verbund der TU Darmstadt, der Universitäten Kaiserslautern und Karlsruhe unter der Moderation der ETH Zürich* (seit 1999);

---

20 Für einen Vergleich von Evaluationsverfahren zwischen Ländern innerhalb Europas siehe z. B. auch Brennan (2001); van Bruggen, Scheele und Westerheijden (1998); Faber und Huisman (2003); Gaither (1998); Hämäläinen, Pehu-Voima und Wahlén (2001); Reichert und Tauch (2003) sowie Thune (1998). Für einen Vergleich von verschiedenen Qualitätssicherungssystemen an Hochschulen zwischen unterschiedlichen Ländern Europas und Asiens sowie Australien, Kanada, Neuseeland, Südafrika, den USA u. a. siehe z. B. Anderson, Johnson und Milligan (2000); Dill (2000a); Dunkerley und Sum Wong (2001); Harvey und Askling (2003); Leszczensky, Orr, Schwarzenberger und Weitz (2004); Rhoades und Sporn (2002); Tavenas (2004); The Danish Evaluation Institute (2003). Eine Übersicht zu vergleichenden Studien findet sich u. a. bei Mittag, Bornmann und Daniel (2003b) sowie Billing (2004).

21 Einen Überblick zu den Verfahren der Evaluationseinrichtungen und ihren Unterschieden geben Fischer-Bluhm, Mittag, Sundermann, Buß, Habel und Winter (2001).

- das *Evaluationsnetzwerk Wissenschaft der Universitäten und Fachhochschulen in Hessen, Rheinland-Pfalz, Saarland und Thüringen* (ENWISS, seit 2001);
- die *Evaluationsagentur Baden-Württemberg* (evalag, seit 2001);
- der *Hochschulevaluierungsverbund Südwest* (HESW) der Universitäten Mainz, Trier, Saarbrücken und Frankfurt/Main sowie der Fachhochschulen Bingen, Kaiserslautern, Koblenz, Ludwigshafen, Mainz und Worms, der Katholischen Fachhochschule Mainz und der Deutschen Hochschule für Verwaltungswissenschaft Speyer (seit 2003).

Die *Geschäftsstelle für Evaluation der Universitäten* (GEU) in Nordrhein-Westfalen wurde 1997 gegründet und 2003 wieder geschlossen.

Bei allen Evaluationsverfahren dieser acht Einrichtungen wird gemäß der Empfehlungen von HRK und WR (sowie der international etablierten Praxis) das mehrstufige Verfahren angewendet. Bei der Durchführung von Evaluationsverfahren wird sich in der Regel zudem an den „Standards für Evaluationen" orientiert, die 2001 von der *Deutschen Gesellschaft für Evaluation verabschiedet wurden* (Deutsche Gesellschaft für Evaluation, 2002). Sie lehnen sich an die Standards zur Durchführung von Evaluationen des *Joint Committee on Standards for Educational Evaluation* an, die Anfang der 1980er Jahre in den USA entwickelt wurden (vgl. Sanders, 1999). Die Standards beinhalten Regeln zur Nützlichkeit, Durchführbarkeit, Fairness und Genauigkeit der Evaluationsverfahren.

In Deutschland wurde bisher noch keine systematische Analyse für die Umsetzung von Evaluationsergebnissen im Bereich Studium und Lehre durchgeführt. Allerdings wurde der Phase der Umsetzung von Evaluationsergebnissen bzw. dem Follow-up seit Ende der 1990er Jahre verstärkt Aufmerksamkeit gewidmet. So wurden z. B. im Rahmen der Tagungen der *Hochschulrektorenkonferenz* „Evaluation, was nun? Erfahrungen mit der Umsetzung von Evaluationsergebnissen" und „Evaluation und ihre Konsequenzen" die Folgen von Evaluationsverfahren thematisiert (Hochschulrektorenkonferenz, 2002, 2003; siehe auch Hochschulrektorenkonferenz, 1999; Verbund Norddeutscher Universitäten, 2000).

# 3 Evaluation im Kontext der Hochschule als Organisation

Die Beschäftigung mit dem Umsetzungserfolg und -misserfolg von Evaluationsergebnissen impliziert die Auseinandersetzung mit den Bedingungen, unter denen die Evaluationsverfahren durchgeführt werden. Qualitätssicherungsinstrumente an Hochschulen, wie die Evaluation von Studium und Lehre, können nicht isoliert betrachtet werden. Sie stehen in einem hochschulpolitischen Zusammenhang und befinden sich im Kontext des gesamten Qualitätsmanagements einer Hochschule bzw. der Organisation Hochschule. Reichert und Tauch (2003, S. 13, S. 89) weisen darauf hin, dass Hochschulen als komplexe Systeme nicht auf identifizierte Probleme in einem Bereich reagieren können, ohne dabei auch andere Bereiche indirekt zu beeinflussen. Und Teichler (1992, S. 99) warnt davor, die Komplexität von Hochschulen zu unterschätzen. Nach Pasternack (2004, S. 124) sollte gar nicht erst versucht werden, der Komplexität von Hochschulqualität vollständig gerecht zu werden. Zur Sicherung der Handlungsfähigkeit sei jedoch eine pragmatische Vereinfachung notwendig, wobei das Bewusstsein um die Komplexitätsreduktion gegenwärtig sein müsse.

Weil es keine „Qualitätstheorie" gibt, werden für eine genauere Analyse der Qualitätssicherung an Hochschulen Ansätze aus unterschiedlichen Disziplinen herangezogen, wie z. B. aus der Organisationstheorie und -soziologie (vgl. Hanft, 2000; Westerheijden, 1999). Im Folgenden werden einige konzeptionelle Ansätze, die für die Untersuchung von Umsetzungserfolgen und -misserfolgen von Evaluationsverfahren an Hochschulen relevant sind, dargestellt. Es werden insbesondere Ansätze aus der Organisationssoziologie sowie aus der Evaluationsforschung berücksichtigt, die für die Fragestellung der vorliegenden Arbeit von besonderem Interesse sind. Dabei wird zunächst auf das Konzept der Hochschule als lernende Organisation, auf verschiedene Ebenen des organisationalen Lernens sowie auf unterschiedliche Typen der Verwendung von Evaluationsergebnissen eingegangen. Zielkonflikte in Organisationen und die Doppelfunktion, die Evaluationsverfahren an Hochschulen erfüllen, werden im zweiten Abschnitt dieses Kapitels behandelt. Es wird davon ausgegangen, dass unterschiedliche Zielsetzungen von verschiedenen Interessensgruppen bzw. Stakeholdern[22] innerhalb der Hochschule sowie von staatlicher Seite und damit einhergehend die Doppelfunktion von Evaluationsverfahren (Qualitätssicherung und -verbesserung innerhalb der Hochschule und Rechenschaftslegung nach außen) Auswirkungen auf die Umsetzung von Evaluationsergebnissen haben. Mit diesen Ansätzen können Umsetzungsaktivitäten in Folge von Evaluationen in das „organisationale Ganze" eingebettet werden, wodurch ein besseres Verständnis der Umsetzungsaktivitäten vermittelt wird.

---

22 Zur *stakeholder society* siehe Neave (2002).

## 3.1 Organisationales Lernen und die Verwendung von Evaluationsergebnissen

In der Literatur, die sich mit Qualitätssicherung und (Reform-)Prozessen in Hochschulen beschäftigt, wird häufig das Konzept der Hochschule als lernende Organisation verwendet (Boyce, 2003; Harvey & Askling, 2003; Pellert, 1999; Tabatoni, Davies & Barblan, 2002). Daher wird sich im Folgenden dem Konzept der Hochschule als lernende Organisation sowie verschiedenen Ebenen, auf denen organisationales Lernen stattfindet, gewidmet. Die Lernebenen werden auf unterschiedliche Typen der Verwendung von Evaluationsergebnissen übertragen.

*Die Hochschule als lernende Organisation*

Tabatoni, Davies und Barblan (2002) definieren eine lernende Organisation Hochschule wie folgt: „A learning organisation being naturally adaptive, self-reflexive, and self-critical at strategic and operational levels, a learning university should display a strong ability to identify, confront and resolve problems; it means recognising its weaknesses, collectively and singly, and acting accordingly; it implies also to use internal competitiveness and comparisons transparently and constructively, as well as a readiness to account for performance" (S. 14). Für Pellert (1999, S. 13) ist die Weiterentwicklung der Universitäten von einer Organisation des Lernens zu einer lernenden Organisation zentral für die Zukunft des eigenen Systems, ihre Fortentwicklung und ihre Glaubwürdigkeit. Nach Senge (1990, S. 4) sind Organisationen nur dann erfolgreich, wenn es gelingt, das Engagement und die Lernkompetenz der Mitarbeiterinnen und Mitarbeiter auf allen Ebenen zu aktivieren.

Evaluationsverfahren können ein Instrument sein, durch das Lernprozesse in der Organisation Hochschule unterstützt werden. Für Preskill (2004, S. 348ff.) bedarf es hierfür der folgenden Voraussetzungen:

- Evaluation wird verstanden als ein permanenter, reflexiver Prozess, der in die organisationale Praxis eingebettet ist;
- Evaluatorinnen und Evaluatoren arbeiten mit den Stakeholdern zusammen, um deren Erfahrungen aus Evaluationsprozessen einzubeziehen;
- Lernen wird als ein wichtiges Ziel von Evaluation angesehen und
- Evaluation wird als ein Prozess verstanden, der in ein komplexes System eingebettet ist und von der Infrastruktur der Organisation (Organisationskultur, Strukturen und Rahmenbedingungen, Kommunikationssystem, Leitungsstrukturen usw.) beeinflusst wird.

Darüber hinaus erfordert institutioneller Wandel nach Tabatoni, Davies und Barblan (2002, S. 15) einen strukturierten Prozess organisationalen Lernens. Dieser Prozess muss auf a) gemeinsam getragenen Evaluationskriterien, b) allgemein akzeptierten Bewertungsmodalitäten sowie c) einem klaren Wissen um die Personen und die Motive der Gutachterinnen und Gutachter, die die Qualität bewerten, basieren. Jeliazkova und Westerheijden (2001, S. 2) bezeichnen Lernen als die Hauptquelle aller internen Dynamiken von Qualitätssicherungssystemen. Die Nachhaltigkeit von institutionellem Wandel kann in Abhängigkeit vom Ausmaß der Nachhaltigkeit der Bedingungen, unter denen Lernen innerhalb einer Organisation stattfindet, gesehen werden: „Sustaining change in higher education is dependent upon sustaining the conditions of learning in an institution" (Boyce, 2003, S. 133).

Der Anspruch aller Beteiligten auf die Teilnahme an Lernprozessen lässt sich auch auf Ansätze in der Evaluationsforschung übertragen. Hier wird zwischen aktiver und passiver Beteiligung (*practical participatory evaluation* und *transformative participatory evaluation*) der Evaluierten unterschieden (Cousins & Whitmore, 1998; Cousins, 2004), die wiederum an unterschiedliche Demokratiekonzepte gekoppelt sind (House, 2004; House & Howe, 2000; Kushner, 2000; Murray, 2002; Patton, 2002).

Auch wenn eine lernende Organisation offen für Wandel sein sollte, besteht eine Herausforderung nach Schreyögg[23] (2000, S. 555) darin, ob sich eine Organisation bei einer Problemlage tatsächlich am Konzept des Wandels oder aber an einer grenzziehenden Stabilisierung orientiert: „Es gehört also zu den Aufgaben der lernenden Organisation, zu lernen, wann sie nicht lernen, d. h. Erwartungen kontrafaktisch stabilisieren soll" (S. 556).[24] Auch bei der Implementierung von Modellen der Qualitätssicherung müssen die Hochschulen ein Gleichgewicht zwischen organisationaler Stabilität und Flexibilität finden, um somit an den Hochschulen sowohl Verbesserungen herbeizuführen als auch gegen Enttäuschungen resistent zu sein (Harvey & Askling, 2003, S. 79). Tabatoni, Davies und Barblan (2002, S. 7) sehen im Organisieren bzw. Durchführen von Evaluationen an Hochschulen einen gemeinsamen Wandlungsprozess, bei dem Menschen zu Wandel „umerzogen" bzw. motiviert werden. Dies beinhalte die Fähigkeit, Menschen für den Evaluationsprozess zu gewinnen, damit diese kritisch hinterfragen, was und wie etwas getan wird. Für Tabatoni, Davies und Barblan (2002) ist daher „evaluation ... one of the main tools of university governance and strategic management" (S. 11).

Hasse und Krücken (2005, S. 40) weisen jedoch darauf hin, dass Reformen, die als tatsächliche Veränderung der Organisation wahrgenommen werden, häufig Blockierungen hervorrufen und somit letztlich zur Stabilität und nicht zum Wandel von Organisationen beitragen.

---

[23] Pawlowsky und Neubauer (2001, S. 260ff.) ordnen Schreyögg den *Selbstorganisationsansätzen* im Rahmen der systemtheoretischen Perspektive zu. Sie unterscheiden insgesamt sechs theoretische Entwicklungslinien bzw. Perspektiven organisationalen Lernens: die entscheidungsorientierte Perspektive, die kognitive und Wissensperspektive, die systemtheoretische Perspektive, die Kulturperspektive, die Action-Learning-Perspektive und die eklektische Perspektive. Argyris und Schön, auf die im Folgenden noch eingegangen wird, werden der Action-Learning-Perspektive zugeordnet.

[24] Die Stabilität von Organisationen ist insbesondere in Bezug auf die Systemumwelt relevant (Luhmann, 1996; DiMaggio & Powell, 1991). Gleichzeitig beschreiben DiMaggio und Powell (1991, S. 64ff.) Strukturangleichungsprozesse, bei denen sich Organisationen in „organisationalen Feldern" formieren und verschiedene Mechanismen der gegenseitigen Anpassung ausbilden.

*Lernebenen*

In einer lernenden Organisation können verschiedene Lernebenen unterschieden werden. So beschreiben Argyris und Schön (2002, S. 35ff.) in ihrer organisationalen Handlungstheorie drei Lernebenen in Organisationen: Das *single-loop learning* ist ein instrumentelles Lernen, das sich in erster Linie auf die Effektivität bezieht. Handlungsstrategien, Organisationsstrukturen und Annahmen werden in Form von Irrtumsberichtigungen innerhalb eines konstanten Rahmens von Leistungswerten und -normen einer Handlungstheorie geändert. Beim *single-loop learning* wird Verhalten im Rahmen invarianter Ziele, Normen und Standards angepasst. Dagegen führt das Lernen beim *double-loop learning* zu einem Wertewandel in den handlungsleitenden Theorien. Durch eine Veränderung bzw. Korrektur bisheriger Normen und Standards findet eine Anpassung an eine veränderte Umwelt statt. Das *Lernen zweiter Ordnung* ist die Metaebene organisationalen Lernens. Sie ist das Lernen des Lernens, durch das die Organisationsmitglieder das Lernsystem entdecken und abändern können. Wissen über vergangene Lernprozesse wird gesammelt und kommuniziert, Lernkontexte werden reflektiert sowie Lernverhalten, Lernerfolge und -misserfolge diagnostiziert (zu den Lernebenen nach Argyris & Schön, 2002, vgl. auch Pawlowsky & Neubauer, 2001, S. 259, S. 273f.).

*Verwendung von Evaluationsergebnissen*

*Single-* und *double-loop learning* lassen sich auf verschiedene Typen der Verwendung von Evaluationsergebnissen übertragen. So kann *single-loop learning* mit der *direkten und instrumentellen* Verwendung (Rossi, Freeman & Hofmann, 1988)[25] und *double-loop learning* mit der *konzeptionellen* Verwendung von Evaluationsergebnissen in Beziehung gesetzt werden. Bei der *direkten und instrumentellen* Verwendung münden die Ergebnisse in konkrete Maßnahmen. Bei der *konzeptionellen* Verwendung verändern die Evaluationsergebnisse das langfristige Denken. Wirkungen können sich in der Sensibilisierung für bestimmte Themen ausdrücken (auch bewusstseinsbildend sein) und sich auf zukünftige Initiativen oder Projekte auswirken. Die *konzeptionelle* Verwendung von Evaluationsergebnissen ist schwer zu dokumentieren. Sie kann auf unterschiedlichen Wegen Einfluss auf verschiedene Bereiche ausüben. Eine *argumentative* Verwendung von Evaluationsergebnissen liegt vor, wenn diese für die politische Positionierung benutzt werden; sie ist eher pauschal und hat keinen nachweisbaren direkten Bezug zu den Evaluationsergebnissen.

*Interpretation von Evaluationsergebnissen*

Bolman & Deal (1997) legen nahe, Organisationen aus vier Perspektiven zu betrachten. Sie unterscheiden zwischen dem *structural frame*, dem *human resource frame*, dem *politi-*

---

25 Rossi gehört zu den Vertretern entscheidungsorientierter und theoriegeleiteter Evaluation. Auseinandersetzungen mit der (vor allem US-amerikanischen) Evaluationsforschung und ihren verschiedenen Ansätzen bzw. Klassifizierungen und Vertretern sowie entsprechende Übersichten finden sich z. B. bei Alkin (2004); Beywl (1988); Beywl, Speer und Kehr (2004); Stamm (2003a).

*cal frame* und dem *symbolic frame*. Je nach Situation muss entschieden werden, welche Perspektive stärker in den Vordergrund gerückt werden soll. Die Perspektive des *structural frame* richtet den Blick insbesondere auf Rollen und Funktionen von Mitarbeiterinnen und Mitarbeitern bzw. Einheiten und auf Strategien der Unternehmensführung. Sie bezieht die Zielsetzung einer Organisation, ihre technologischen Möglichkeiten und ihre Umweltbedingungen ein. Beim *human resource frame* steht das Verhältnis von Individuum und Organisation im Vordergrund: Es geht um Bedürfnisse, Fähigkeiten und Beziehungen. Der *political frame* konzentriert sich dagegen auf Machtfragen, auf Konflikte und Konkurrenz und auf die Organisationspolitik. Kulturen, Riten, Zeremonien u. ä. stehen dagegen beim *symbolic frame* im Vordergrund.

Damit haben Organisationen nach Bolman & Deal (1997, S. 266ff.) mehrere Realitäten. Geht es beispielsweise in einer Organisation um eine Entscheidungsfindung, ist diese vor dem Hintergrund des *structural frame* ein rationaler Ablauf, der die richtige Entscheidung am Ende produziert. Aus der Perspektive des *human resource frame* handelt es sich um einen offenen Prozess, der Einsatz und Engagement der Mitarbeiterinnen und Mitarbeiter mit sich bringt. Um Machterhalt und -ausübung geht es beim *political frame*; für den *symbolic frame* handelt es sich um ein Ritual, das bestehende Werte bestätigt und eine stärkere Bindung zwischen den Mitarbeiterinnen und Mitarbeitern herstellt. Maßnahmen der Bewertung bzw. Evaluierung organisationaler Einheiten bedeuten aus der Perspektive des *structural frame* die Möglichkeit, Belohnungen zu vergeben und Bestrafungen durchzuführen bzw. Kontrolle auszuüben und des *political frame*, Macht auszuüben. Aus der Perspektive des *human resource frame* dagegen stellen Maßnahmen der Bewertung und Evaluierung einen Prozess dar, der der Entwicklung von Individuen dient. Aus symbolischer Perspektive wird die Gelegenheit gegeben, Rollen in einem gemeinsamen Ritual wahrzunehmen.[26]

## 3.2 Zielkonflikte in der Organisation Hochschule

Im Folgenden wird der Frage nachgegangen, inwieweit Zielkonflikte innerhalb der Hochschulen sowie auch Zielkonflikte zwischen Hochschule und Staat Einfluss auf Evaluationsverfahren haben können.

*Zielkonflikte innerhalb der Organisation Hochschule*

Verfahren der Qualitätssicherung im Hochschulbereich sind in ein komplexes, zweckbewusstes und rational aufgebautes soziales Gebilde, die Organisation Hochschule, eingebettet. Nach Mayntz (1972, S. 36) ist eine Organisation durch mindestens drei Merkmale gekennzeichnet: Erstens handelt es sich um ein soziales Gebilde mit einem bestimmbaren Mitgliederkreis und einer internen Rollendifferenzierung, zweitens ist eine Organisa-

---

26 Zu diesen und weiteren organisationalen Prozessen aus den verschiedenen Perspektiven in der Übersicht siehe Bolman und Deal (1997, S. 267f.). Dieser Ansatz wurde bereits im Rahmen einer empirischen Studie für die Interpretation der Folgen von Evaluation an Hochschulen herangezogen (siehe Abschnitt 4.3).

tion auf spezifische Zwecke und Ziele orientiert, und drittens ist sie – im Hinblick auf die Verwirklichung dieser Ziele – zumindest der Intention nach rational gestaltet.[27] In Bezug auf das rollenkonforme Verhalten der Mitglieder einer Organisation stellt Mayntz (1972) fest: „Die positive Einstellung zum Organisationsziel und zur Organisation selbst ist für ein rollenkonformes Verhalten deshalb so wichtig, weil auf dem Weg der normativen Identifikation einem Mitglied das, was der Organisation und ihrem Ziel dient, zu einem persönlichen Bedürfnis werden kann" (S. 126). Auch werden im Rahmen der sogenannten motivationsorientierten Organisationsmodelle (Schreyögg, 2000, S. 221ff., 258ff.) Organisationen als leistungsfähiger angesehen, wenn Planung und Gestaltung organisationaler Strukturen mit den Zielen und Wünschen der Mitarbeiterinnen und Mitarbeiter korrespondieren.[28]

Die besonderen organisationalen Strukturen von Hochschulen verstärken die Konflikte zwischen der Leitung und den weiteren Hochschulangehörigen. So ist die Hochschule mit ihrer losen Disziplinenverkopplung, der flachen Hierarchie und den starken dezentralen Einheiten auch als lose gekoppeltes System anzusehen (Weick, 1976, 1995; siehe auch Hanft, 2000, S. 17; Kern, 2000, S. 28). Nachteilig wirkt sich dabei nach Hanft (2000, S. 13) aus, dass Hochschulmitglieder ihr Handeln nicht konsequent an institutionellen Zielen ausrichten und sich die Wissenschaftlerinnen und Wissenschaftler mit ihrer Fachdisziplin, ihrem Institut bzw. ihrem Fachbereich, aber nicht mit der Gesamtinstitution identifizieren. Daraus ergäben sich mangelnde Kontroll- und Sanktionsmöglichkeiten im Hochschulsystem sowie geringe Handlungsspielräume für die Hochschulleitungen (Laske & Hammer, 1997, S. 29f.). Professorinnen und Professoren werde Gelegenheit gegeben, persönliche Interessen „voll auszuleben" (Laske & Hammer, 1997, S. 30). Die Erarbeitung konsensualer Zielsetzungen finde in Hochschulen kaum statt: „Wie sollen sich auch in einem primär konkurrenzorientierten, traditionell auf Individualleistungen ausgerichteten (Karriere-)System verfestigte Verhaltensweisen durch moralische Appelle, aber ansonsten eher voraussetzungslos verändern?" (Laske & Hammer, 1997, S. 31). Auch Pellert (1999) sieht Reformschwierigkeiten von Universitäten in Zusammenhang mit ihrem besonderen Organisationstypus: „Die Expertenorganisation Universität ist geübt, sich als Plattform für die Entwicklung der einzelnen Experten und ihrer Expertise zu sehen ... die Selbstanwendung des vorhandenen Wissens auf die eigene Organisation fällt jedoch offensichtlich schwer" (S. 13). Für Nickel (2004) sind „in der Wissenschaft ... bekanntlich ExpertInnen [sic] tätig, die ein hohes Maß relativer Autonomie besitzen, damit sie möglichst unbeein-

---

27 Zu verschiedenen Definitionen von Organisationen siehe z. B. Müller-Jentsch (2003, S. 12ff.) und Pellert (1999, S. 77ff.). Pellert (1999) weist darauf hin, dass die Universität ein Organisationstypus sei, der „nicht wirklich in das Schema hierarchischer Organisationen paßt" (S. 106), da sie viele Merkmale alternativer Organisationsformen aufweise, wie das hierarchische, das kollegiale, das politische und das anarchische Modell (Becher, 1984, S. 192ff., nach Pellert, 1999, S. 106).

28 Schreyögg (2000) äußert sich allerdings auch zur Kritik an diesen Ansätzen (S. 283ff.).

flusst forschen und lehren können [somit ließe sich] der Experte als solcher ... ungern führen, denn er führt sich selbst" (S. 95).[29]

Mayntz und Ziegler (1969, S. 478) weisen darauf hin, dass sich die Bezugsgruppe von Wissenschaftlerinnen und Wissenschaftlern außerhalb der Organisation befinde, der sie jeweils angehören. Auch zeigt die Untersuchung von Enders und Teichler (1995) zum Hochschullehrerberuf im internationalen Vergleich, dass sich die Befragten an deutschen Hochschulen fast ausschließlich an ihre Disziplin und kaum an ihre Institution gebunden fühlen. Entsprechend gibt es nach Laske und Hammer (1997, S. 31) innerhalb der Organisation Hochschule nur geringe Konfliktkompetenz. Es fehle an Akzeptanz gegensätzlicher Interessen und Standpunkte und an der Fähigkeit und Bereitschaft, Meinungsverschiedenheiten offen auszusprechen. Ähnlich argumentieren Crozier und Friedberg (1993, S. 57). Sie geben zwei Gründe an, weshalb es in einer Organisation keine völlige Übereinstimmung der Ziele zwischen den Organisationsmitgliedern geben kann. Zum einen bestehe ein Wettstreit um begrenzte Ressourcen, zum anderen habe jedes Mitglied je nach der ihm zugeteilten Funktion eine spezifische Sicht auf deren Ziele: „und kein Mitglied wird diese Sicht berichtigen wollen, weil es im Allgemeinen eher in seinem Interesse liegt, das begrenzte, ihm zugeteilte Zwischenziel als Hauptziel zu betrachten. Kurz, jeder wird die Ziele der Organisation in verschiedener Weise hierarchisieren und sein Handeln danach ausrichten" (Crozier & Friedberg, 1993, S. 57).

Nach Mayntz (1972, S. 74) führt auch eine mehrfache Zielsetzung zu Zielkonflikten innerhalb der Organisation: So gebe es an Universitäten beispielsweise einen Konflikt zwischen den Lehr- und den Forschungsaufgaben. Nach Stock (2004, S. 39) operieren Interaktionen in Lehre und Forschung unter selbst erzeugten, strukturellen Voraussetzungen.[30] Hasse und Krücken (2005) weisen darauf hin, dass an den Universitäten nicht nur „altbekannte Spannungen zwischen ihren beiden Kernaufgaben, Lehre und Forschung, zu bewältigen" (S. 69) sind, sondern auch eine Vielzahl weiterer Anforderungen wie Profilbildung, Qualitätsmanagement, Herstellung von Geschlechtergerechtigkeit und Technologietransfer Konflikte verursacht. Somit zeichnen sich Universitäten dadurch aus, dass sie

---

29 Der Organisationstheoretiker Mintzberg (1983, S. 28; 1992, S. 26 ff.) unterscheidet fünf innerorganisationale Einflussgruppen (von der Leitung bis zum Hilfsstab). Er weist darauf hin, dass sich die verschiedenen Einflussgruppen jeweils bestimmter Einflusssysteme bedienen, um ihre Interessen durchzusetzen (S. 117). Dabei handelt es sich um das Expertensystem, das politische System, das ideologische System und das Autoritätssystem. Hanft (2000, S. 11f.) überträgt die Einflussgruppen von Mintzberg auf die Hochschule und verweist auf die Nähe zum Governance-Ansatz, der, in Bezug auf Hochschulen, zwischen dem kollegialen, dem bürokratischen, dem professionellen und dem politischen Governance-System unterscheidet (de Groof, Neave & Svec, 1998, nach Hanft, 2000, S. 11f.). Laske und Hammer (1997, S. 29) führen u. a. die einzelnen Statusgruppen als eigene Interessengruppen an (siehe auch Zuber-Skerritt, 1997, S. 290). Eine Auseinandersetzung mit den aktuellen Entwicklungen, Stärken und Defiziten des Governance-Ansatzes findet sich bei Enders (2004).

30 Dabei richten sich Forschung und Lehre sowohl an wissenschaftsimmanenten Kriterien als auch an Kriterien aus, die ‚von außen herangetragen' werden (Stock, 2004, S. 42ff.).

"einer Vielzahl heterogener und potenziell widersprüchlicher Umwelterwartungen ausgesetzt [sind]" (Hasse & Krücken, 2005, S. 69).

Um neuen Anforderungen dennoch gerecht zu werden, wurden nach Hanft (2000) an den Hochschulen Managementsysteme implementiert, die helfen sollen, Reformmaßnahmen umzusetzen. Über die Einführung von Managementsystemen soll eine bessere Steuerbarkeit der dezentralen Bereiche erreicht werden, um „feste Kopplungen zwischen Teilsystemen aufzubauen und die Einflussmöglichkeiten des Expertensystems durch Ausbau des Autoritätssystems zurückzudrängen" (Hanft, 2000, S. 19).[31]

Die Entstehung einer gemeinsamen Qualitätskultur durch Qualitätssicherungsverfahren könnte innerhalb einer Hochschule eine vermittelnde Funktion zwischen den unterschiedlichen Interessen der Hochschulangehörigen ausüben. Die Qualitätssicherungsverfahren können nach Brennan und Shah (2000b, S. 341f.) sowie Brennan, Frederiks und Shah (1997, S. 76) die Zusammengehörigkeit innerhalb der Hochschule stärken und Werteverständnisse verändern.[32]

*Doppelfunktion von Evaluationsverfahren – Zielkonflikte zwischen Hochschule und Staat*
Im Folgenden geht es nicht mehr um Zielkonflikte zwischen Akteuren innerhalb der Hochschule, sondern um Zielkonflikte zwischen Hochschule und Staat. Lern- und Veränderungsprozesse an Hochschulen und die Hochschulen selbst sind durch Zielkonflikte geprägt: Die Hochschulen befinden sich aufgrund zunehmender Autonomie bei gleichzeitiger staatlicher Einflussnahme in einem Spannungsfeld, das sich auch in den Evaluationsverfahren widerspiegelt. Evaluationsverfahren haben eine Doppelfunktion: Qualitätsverbesserung nach innen (*improvement*) und Rechenschaftslegung nach außen (*accountability*), beidem müssen sie gerecht werden (siehe van Bruggen, Scheele & Westerheijden, 1998; Europäische Kommission / Targeted Socio-Economic Research Programme, 1998; European Association for Quality Assurance in Higher Education, 2005; European Training Foundation, 2000; Hämäläinen, Pehu-Voima & Wahlén, 2001; Jeliazkova & Westerheijden, 2001; Müller-Böling, 1997; Scheele, Maassen & Westerheijden, 1998; Thune, 1997, 1998; Vroeijenstijn, 1995; Woodhouse, 1999).

Merkmale der *improvement*-Funktion sind nach van Bruggen, Scheele und Westerheijden (1998, S. 155f.) u. a. die Betonung der Selbstevaluation, die Fremdevaluation durch Fachkolleginnen und -kollegen (Peers), die Formulierung handlungsorientierter Empfehlungen durch die Peers sowie die Trennung von Evaluationsergebnissen und Entscheidungen bei der Mittelvergabe. Es seien eher die Universitäten selbst, die das größere Interesse an

---

31 Die Literatur zu Managementsystemen an Hochschulen ist umfangreich (siehe z. B. Antony & Preece, 2002; Birnbaum, 2000; Hanft, 2000, 2004; Nickel, 2004; Shattock, 2003).

32 Für Stock (2004) prämieren die sogenannten neuen Steuerungsmodelle und auch Evaluationsverfahren eher einen „taktisch-opportunistischen Wissenschaftlerhabitus" (S. 43); dennoch sei es „auch denkbar, dass Evaluationsverfahren nicht in jenem technischen Sinne gehandhabt werden, den die neuen Steuerungskonzepte implizieren" (S. 44).

Verfahren mit diesen Merkmalen haben. Die staatliche Seite dagegen orientiere sich eher an der *accountability*-Funktion der Evaluationsverfahren: Hierbei geht es insbesondere um die Transparenz der Kosten-Nutzen-Relation und um die Rechtfertigung für die Verwendung von Steuergeldern. Die Rechenschaftslegung zeichnet sich nach Ansicht der Autoren vor allem dadurch aus, dass die Veröffentlichung der Evaluationsergebnisse, die Unabhängigkeit der externen Expertinnen und Experten sowie die Durchführung des Follow-up bzw. die Umsetzung der Evaluationsergebnisse durch eine staatliche Instanz im Vordergrund stehen.

Die *European Association for Quality Assurance in Higher Education* (ENQA) betrachtet in ihren „Standards and guidelines for quality assurance in the European Higher Education Area" (European Association for Quality Assurance in Higher Education, 2005, S. 13) beide Zielsetzungen als vollständig miteinander vereinbar. In den „Principles of good practice for an EQA [external quality assurance] agency" des *International Network for Quality Assurance Agencies in Higher Education* (INQAAHE) wird empfohlen, dass die Evaluationseinrichtungen zu beidem beitragen (Vroeijenstijn, 2004).

De Weert (1990, S. 67ff.) kritisierte jedoch bereits 1990, dass Evaluationsverfahren in Europa stärker auf Kontrolle und Entscheidungsprozesse ausgerichtet und eher auf der Makroebene zu verorten seien. Er plädierte daher für eine stärkere Konzentration auf die Qualitätsverbesserung von Studium und Lehre und damit für ein stärker intrinsisches Modell der Qualitätssicherung. Tatsächlich bestätigen verschiedene Untersuchungen, dass der *accountability*-Funktion eine zunehmende bzw. stärkere Bedeutung als der *improvement*-Funktion bei der Durchführung von Evaluationsverfahren zukommt. So hat die Untersuchung des *European Network for Quality Assurance in Higher Education* für die Bestandsaufnahme und Analyse von Verfahren zur Qualitätssicherung und -verbesserung in 23 europäischen Ländern ergeben, dass etwa drei Viertel der 34 einbezogenen Evaluationseinrichtungen (inzwischen) ihren Fokus neben der Qualitätsverbesserung auch verstärkt auf die Rechenschaftslegung richten (The Danish Evaluation Institute, 2003, S. 7f.). Für die Länder in Europa konnten van Bruggen, Scheele und Westerheijden (1998, S. 161) sowie Westerheijden (1999, S. 247) sogar feststellen, dass sich die Balance in Richtung Rechenschaftslegung verschiebt. Der Kontrollaspekt dominiere insbesondere in den zentral- und osteuropäischen Ländern (Temple & Billing, 2003). Harvey und Askling (2003, S. 71f.) konstatieren nicht nur für die Mehrzahl der europäischen Länder, sondern auch für die USA und Australien eine Stärkung einer auf Rechenschaft ausgelegten standardisierten Methodologie der Begutachtung, auch wenn das Ausmaß staatlicher Kontrolle je nach Land variiere.

Huisman und Currie (2004) haben für vier Universitäten in Frankreich, den Niederlanden, Norwegen und den USA die Auswirkungen der *accountability*-Funktion auf Hochschulstrategien und -politik untersucht. Sie stellen fest, dass sich ein Wandel von einer *professional accountability* zu einer Rechenschaftslegung vollzogen hat, die durch politische Interessen gekennzeichnet ist. Die Autoren kritisieren, dass letztere wenig zu Veränderungen im Verhalten der Hochschulangehörigen und zur Qualitätsverbesserung beitrage.

Nach Teichler (2004, S. 100) dagegen ist für die Leistungsbewertung ein Spannungsverhältnis zwischen offener, nützlicher Reflexion und risikobehafteter Kontrolle konstitutiv.

Die Einschätzung, dass die Qualitätssicherungsverfahren insbesondere der Rechenschaftslegung dienen, wird von Harvey und Askling (2003, S. 71ff.) geteilt. Ihrer Auffassung nach werden der Qualitätsbegriff und mehrstufige Evaluationsverfahren benutzt, um politische Strategien zu legitimieren. Es werde versucht, Entwicklungen und Veränderungen an den Hochschulen herbeizuführen, ohne dabei jedoch die staatliche Kontrolle aufzugeben. Deswegen hätten normative Modelle einer institutionellen Organisation, z. B. das Modell der lernenden Organisation oder der Hochschule als Unternehmen, Einzug in die Hochschulen gehalten. Dass Verfahren der Qualitätssicherung an Hochschulen immer auch mit Machtfragen verknüpft sind, wird verschiedentlich thematisiert (z. B. Westerheijden, 1999, S. 245; Brennan & Shah, 2000b, S. 347). Nach Henkel (1991, S. 134f.) können Evaluationen genutzt werden, um die Autorität sowohl der evaluierenden als auch der evaluierten Instanz zu stärken. Werden Evaluationseinrichtungen und -verfahren als Instrumente der Ministerien gesehen, welche trotz zunehmender Autonomie der Hochschulen eine Form der Kontrolle erhalten wollen, könnte demnach die staatliche Autorität durch die Evaluation gestärkt werden. Bei den Evaluationen sind nach Auffassung der Autorin seit den 1980er Jahren ein positivistischer Ansatz und das zentralistische Machtmodell gestärkt worden.

Hasse und Krücken (2005) problematisieren aus der Perspektive des Neo-Institutionalismus Universitäten als Organisationen, an die durch eine Vielzahl unterschiedlicher gesellschaftlich institutionalisierter Umwelterwartungen neue Anforderungen gestellt werden. Diese würden jedoch nur scheinbar erfüllt: „Dem hierin zum Ausdruck kommenden Mythos der rationalen, innovativen und fairen Organisation wird von Seiten der Universitäten vor allem auf der Ebene formaler Strukturen entsprochen: Kommissionen werden gebildet, Richtlinien verabschiedet, Transfer- und Gleichstellungseinrichtungen ins Leben gerufen" (S. 23). Es kann auch vorkommen, dass Reformaktivitäten zwar vereinbart werden, aber nicht in die Tat umgesetzt werden (Brunsson, 1989, unterscheidet zwischen der *talk*- und der *action*-Ebene). Die Implementierung von so genannten neuen Steuerungsmodellen bzw. -instrumenten wie Zielvereinbarungen, wird vor diesem Hintergrund als wenig Erfolg versprechend angesehen: Zielvereinbarungen seien von der Politik vorgegeben und die Vertragspartner befänden sich im Ungleichgewicht (Stock, 2004, S. 33f.).

## 3.3 Zusammenfassung

Für die Berücksichtigung der Bedingungen, unter denen Evaluationsverfahren an Hochschulen stattfinden, wurden in diesem Kapitel verschiedene Ansätze, vor allem der Organisationssoziologie, herangezogen. Dabei wurde nicht angestrebt, der Komplexität von Hochschulen gerecht zu werden. Es wurden nur diejenigen Ansätze berücksichtigt, die im Rahmen der Untersuchungsfrage – inwieweit Evaluationsergebnisse umgesetzt werden und welche Gründe sich für den Umsetzungserfolg und -misserfolg identifizieren lassen – relevant erscheinen.

Bei der Betrachtung der Hochschule als lernende Organisation hat sich gezeigt, dass die Organisation Hochschule dann als erfolgreich angesehen werden kann, wenn sie das Engagement und die Lernkompetenz der Hochschulangehörigen aktiviert. Als eine lernende Organisation zeichnet sich eine Hochschule aus, die u. a. anpassungsfähig, selbstreflexiv und selbstkritisch ist, die Probleme und Schwächen erkennt und entsprechend agiert. Evaluationsverfahren an Hochschulen können dabei als Instrument angesehen werden, das diese Lernprozesse unterstützt. Die Nachhaltigkeit von Evaluationen ist umso größer, je besser die Lernbedingungen für die Hochschulangehörigen sind. Das heißt auch, dass die Evaluierten aktiv an den Evaluationsverfahren beteiligt sein sollten. Werden in Folge von Evaluationen Maßnahmen ergriffen, so sind diese Ausdruck für Aktivitäten mit dem Ziel der Verbesserung identifizierter Probleme und Schwächen. Es stellt sich also die Frage, inwieweit Evaluationsergebnisse bzw. gutachterliche Empfehlungen umgesetzt werden und ob die Hochschulangehörigen die Bedingungen, unter denen die Evaluationsverfahren stattfinden, als zufrieden stellend einschätzen. Auch ist dabei von Interesse, ob bestimmte Umstände als hinderlich für den Evaluationsprozess angesehen werden.

Lernprozesse der Mitglieder einer Organisation, hier der Hochschulangehörigen, finden auf unterschiedlichen Ebenen statt: Beim *single-loop learning* nach Argyris und Schön (2002) werden Maßnahmen zur Behebung identifizierter Probleme ergriffen, die sich innerhalb eines bestimmten, allgemein akzeptierten Handlungsrahmens bewegen. Dieses lässt sich mit der *direkten und instrumentellen* Verwendung von Evaluationsergebnissen nach Rossi, Freeman und Hofmann (1988) in Verbindung bringen, bei der die Ergebnisse einer Evaluation direkt in konkrete Maßnahmen münden. Beim *double-loop learning* dagegen werden vertraute Handlungsmuster verlassen, da hier Normen umdefiniert und Standards neu gesetzt werden; hierbei haben sich Bedingungen in der Organisationsumwelt verändert, an die sich die Organisation anpassen muss. In Anlehnung an Rossi, Freeman und Hofmann (1988) ist es vor allem die *konzeptionelle* Verwendung von Evaluationsergebnissen, die auf dieser Ebene stattfindet: Durch eine indirekte Beeinflussung wird das langfristige Denken verändert und ein Bewusstsein für bestimmte Probleme geschaffen. Die Metaebene organisationalen Handelns nach Argyris und Schön (2002) ist schließlich das *Lernen zweiter Ordnung*, bei dem die Hochschulangehörigen über Lernprozesse reflektieren und diese ggf. abändern. Zu den Faktoren, die nach Rossi, Freeman und Hofmann (1988, S. 205) Einfluss auf die Nutzung von Evaluationsergebnissen haben, gehört u. a. die Beteiligung der Evaluierten am Evaluationsprozess. Für die Untersuchung der Folgen aus Evaluationsverfahren ist von Interesse, ob die Folgen auf unterschiedlichen Lernebenen stattfinden bzw. ob sich unterschiedliche Verwendungsarten von Evaluationsergebnissen nach Rossi, Freeman und Hofmann (1988) identifizieren lassen. Hieraus können Hinweise dahingehend abgeleitet werden, ob beispielsweise nicht nur eine direkte, sondern auch eine *konzeptionelle* Verwendung der Evaluationsergebnisse stattfindet. Durch eine *konzeptionelle* Verwendung können auch langfristige Effekte, wie ein gesteigertes Bewusstsein für Studium und Lehre (gegenüber Forschung) oder für die Notwendigkeit der kontinuierlichen Qualitätssicherung und -verbesserung, erzielt werden. Die Unterscheidung von Bolman & Deal (1997) zwischen den vier Perspektiven *structural frame*, *human resource frame*, *political frame* und *symbolic frame*, soll ermöglichen, Prozesse an Hochschulen besser zu verstehen bzw. angemessener zu interpretieren.

Dass Organisationen, und damit auch die Hochschulen, durch Zielkonflikte geprägt sind, ist eine weitere bedeutende Eigenschaft, die auch und besonders im Kontext von Evaluationsverfahren eine wichtige Rolle spielt. Zu den Zielkonflikten innerhalb der Hochschule gehören z. B. Konflikte zwischen Hochschulleitung und den weiteren Hochschulangehörigen oder Konflikte, die durch unterschiedliche Anforderungen, z. B. in der Forschung und in der Lehre, verursacht werden. Im Rahmen von Evaluationsverfahren können sich Zielkonflikte innerhalb der Hochschulen dadurch ausdrücken, dass die gutachterlichen Empfehlungen nicht gleichermaßen in allen Fachgruppen oder in allen Themenbereichen (z. B. Verbesserungen der Ausstattung oder der Planung und Organisation von Studium und Lehre) umgesetzt wurden. Auch können sich die besonderen organisationalen Strukturen von Hochschulen (die Hochschule wird u. a. als lose gekoppeltes System verstanden, bei dem die Hochschulleitungen über geringe Kontroll- und Sanktionsmöglichkeiten verfügen sowie wenig Dialog und gegenseitiger Austausch stattfindet) auf den Umsetzungserfolg bzw. -misserfolg von Evaluationsergebnissen auswirken. Andererseits ergeben sich insbesondere durch die Doppelfunktion der Evaluationsverfahren Zielkonflikte zwischen Hochschule und Staat. Die Verfahren dienen innerhalb der Hochschule der Qualitätssicherung und -verbesserung; nach außen hin dienen sie dazu, Rechenschaft über die Verwendung von Steuergeldern und über ein angemessenes Verhältnis zwischen Kosten und Nutzen einer Hochschule abzulegen und damit für Leistungstransparenz zu sorgen. Es stellt sich die Frage, ob die Evaluationsverfahren diesen beiden Anforderungen gerecht werden können.

# 4 Folgen von Verfahren für die Evaluation von Studienfächern: Stand der Forschung

Erstaunlicherweise wurden seit der Einführung der mehrstufigen Verfahren für die Evaluation von Studienfächern Ende der 1980er Jahre in Europa nur wenige Untersuchungen zu den Folgen der Verfahren durchgeführt. Dies liegt sicherlich u. a. darin begründet, dass bei der Einführung der Verfahren häufig dem Follow-up bzw. der Phase der Umsetzung der Evaluationsergebnisse weit weniger Aufmerksamkeit gewidmet wurde, als dem Evaluationsverfahren selbst, also insbesondere der internen und der externen Evaluation. So wurde bei verschiedenen Untersuchungen, die in den 1990er Jahren durchgeführt wurden und den länderübergreifenden Vergleich von Qualitätssicherungssystemen bzw. Evaluationsverfahren an Hochschulen zum Gegenstand hatten, festgestellt, dass das Follow-up bzw. die Phase der Umsetzung von Evaluationsergebnissen mit wenigen Ausnahmen noch nicht ausreichend entwickelt war (z. B. van Bruggen, Scheele & Westerheijden, 1998; Europäische Kommission, 1995; Scheele, Maassen & Westerheijden, 1998; Thune & Staropoli, 1997). Auf dieses Manko wurde in den Folgejahren jedoch überwiegend reagiert und das Follow-up für die Evaluationsverfahren an Hochschulen institutionalisiert (The Danish Evaluation Institute, 2003).

Allerdings wurden nicht in gleichem Maße, wie das Follow-up der Verfahren an den europäischen Hochschulen institutionalisiert wurde, systematische Untersuchungen zu den Folgeaktivitäten von mehrstufigen Verfahren für die Evaluation von Studiengängen durchgeführt. Es konnten nur für diejenigen Länder Studien ausfindig gemacht werden, die in Europa eine Vorläuferfunktion bei der Einführung der Verfahren eingenommen haben. Dieses sind die Niederlande, Großbritannien und Dänemark. Diese drei Länder waren die ersten, die die Verfahren einführten (Ende der 1980er bzw. Anfang der 1990er Jahre). Darüber hinaus wurden zwei umfangreiche länderübergreifende Studien durchgeführt, die neben einer Bestandsaufnahme der Evaluationsverfahren an Hochschulen in Europa (sowie in einigen weiteren Mitgliedsländern der OECD außerhalb Europas) auch deren Folgen zum Gegenstand haben. Folgen aus Evaluationsverfahren waren zwar in verschiedenen europäischen Ländern immer wieder Gegenstand von Untersuchungen, allerdings überwiegen dabei Initiativen einzelner Hochschulen, bei denen eher sporadisch überprüft wurde, inwieweit die Verfahren Konsequenzen hatten (siehe im Überblick Woodhouse, 2002). Auch Harvey und Askling (2003, S. 80) stellen fest, dass trotz zunehmender Aktivitäten in der Qualitätssicherung deren Folgen nicht in gleichem Maße untersucht werden. Harvey (1999, S. 28) kritisiert, dass insbesondere die Folgen für die Studierenden, z. B. in Bezug auf die Einführung neuer Lehr- und Lernformen, bisher zu wenig Berücksichtigung fanden.

Der Forschungsüberblick konzentriert sich auf systematische, mehrstufige Verfahren für die Evaluation von Studienfächern nach dem niederländischen Modell, die in Europa Ende der 1980er Jahre eingeführt wurden. Wie bereits in Kapitel 1 dargestellt, haben die mehrstufigen Verfahren in Form von *program evaluations* bzw. *program reviews* in den USA bereits seit den 1970er Jahren an Bedeutung gewonnen. Diese Verfahren werden nicht systematisch für eine Region oder das ganze Land durchgeführt, sondern auf Initiative einer jeweiligen Hochschule. Für die erste Phase von *program reviews* an US-amerikanischen Hochschulen fassen Conrad und Wilson (1985, S. 62ff.) einige Ergebnisse zusammen: So hätten die Verfahren u. a. zu erhöhter Selbstreflexivität, veränderten Zielsetzungen in Forschung und Lehre, besserer Organisation der quantitativen und qualitativen Datengenerierung sowie zur Identifikation von Zielen, Stärken und Schwächen beigetragen. Seit den 1980er Jahren sind die Verfahren in den USA jedoch vor allem auf die Rechenschaftslegung über die Verwendung öffentlicher Gelder ausgerichtet und Instrument der internen Mittelvergabe (Rhoades & Sporn, 2002, S. 360ff.). In Europa jedoch dient die Evaluation von Studienfächern sowohl der Rechenschaftslegung nach außen als auch der internen Qualitätssicherung (The Danish Evaluation Institute, 2003), was auch empfohlen wird (vgl. „Principles of good practice for an EQA [external quality assurance] agency" des *International Network for Quality Assurance Agencies in Higher Education* in Vroeijenstijn, 2004). Barak und Sweeney (1995) haben untersucht, inwieweit *program reviews* an US-amerikanischen Colleges und Universitäten Prozesse der Struktur-, Entwicklungs-, und Finanzplanung sowie Prüfungen (z. B. Prüfungsstatistiken und -methoden) einbeziehen. Ihre Ergebnisse zeigen, dass jeweils die große Mehrheit der 452 in die Untersuchung einbezogenen Einrichtungen diese Bereiche in den *program reviews* berücksichtigt, und dass sich die *program reviews* dabei jeweils bewährt haben. Der Erfolg der *program reviews* hängt nach Barak und Sweeney (1995, S. 15) maßgeblich von der Abstimmung der Entscheidungsprozesse mit den Charakteristika einer Hochschule, von Engagement und Führungskompetenz der Schlüsselpersonen, von einfachen und verständlichen Strukturen und Prozessen, von der Befolgung der *principles of good practice* sowie von einer realistischen Einschätzung der Ergebnisse ab.

Die Studien, die im Überblick zum Forschungsstand berücksichtigt werden, wurden über unterschiedliche Quellen recherchiert: In verschiedenen internetbasierten Literaturdatenbanken, wie z. B. INGENTA, JADE und WEB OF SCIENCE, sowie über Suchmaschinen im Internet (z. B. GOOGLE) wurde nach Studien gesucht. Dabei wurden verschiedene Suchbegriffe benutzt (z. B. *higher education* und: *evaluation, follow-up, quality, quality assessment, quality assurance, impact, meta evaluation, effectiveness, effects* sowie Hochschule und: Evaluation, Qualitätssicherung, Meta-Evaluation, Wirksamkeit, Wirksamkeitsanalyse, Effektivität usw.). Zusätzlich wurden die Inhaltsverzeichnisse von einschlägigen Zeitschriften, wie *Assessment and Evaluation in Higher Education, Higher Education, Higher Education Quarterly, Innovative Higher Education, Quality Assurance in Education* und *Quality in Higher Education,* nach relevanten Studien systematisch durchsucht. Außerdem wurden die Literaturverzeichnisse der recherchierten Studien sowie von zahlreichen Publikationen, die sich mit der Qualitätssicherung im Hochschulbereich beschäftigen, in die Recherche einbezogen.

Insgesamt wurden elf Studien recherchiert, die die Folgen aus Verfahren für die Evaluation von Studienfächern in einem Hochschulverbund, einem Land oder länderübergreifend systematisch untersuchen (aus denen englisch- oder deutschsprachige Publikationen folgten) oder die als zentrale Einzelfallstudien eingeschätzt werden können. Im Folgenden werden zunächst zwei umfangreiche länderübergreifende Untersuchungen vorgestellt – eine von der OECD und eine von der EU initiiert. Dann wird auf jeweils zwei Studien aus Dänemark, Großbritannien und den Niederlanden sowie auf eine in Schweden durchgeführte Untersuchung eingegangen. Hieran schließt sich die Darstellung von zwei zentralen Einzelfallstudien an, die die Folgen von mehrstufigen Evaluationsverfahren an einer belgischen Universität sowie an einem College in Großbritannien untersuchen.[33] Es werden jeweils die Methode sowie die zentralen Ergebnissen der einzelnen Studien dargestellt und abschließend verglichen und zusammengefasst. Dabei werden die Ergebnisse aus den Studien dargestellt, die die Folgen der Evaluationen bzw. deren Wirkungen zum Gegenstand haben. Ergebnisse bzw. Empfehlungen, die sich auf den Ablauf der Verfahren beziehen, werden nicht berücksichtigt. Die zentralen Publikationen, die aus den Untersuchungen entstanden sind, werden jeweils vorangestellt.

## 4.1 Länderübergreifende Studien

*OECD-Studie (IMHE)*

Publikationen:

Brennan, J. & Shah, T. (2000a). *Managing quality in higher education. An international perspective on institutional assessment and change.* Buckingham: Organisation for Economic Co-operation and Development.

Brennan, J. & Shah, T. (2000b). Quality assessment and institutional change. Experiences from 14 countries. *Higher Education, 40* (3), 331-349.

Shah, T. (1997). Quality management, quality assessment and the decision-making process. The IMHE Project on institutional impact. In J. Brennan, P. de Vries & R. Williams (Hrsg.), *Standards and Quality in Higher Education* (Higher Education Policy Series, 37) (S. 205-215). London: Kingsley.

Im Folgenden wird das Projekt *Quality Management, Quality Assessment and the Decision-Making Process* vorgestellt, das im Rahmen des OECD-Programms *Institutional Management in Higher Education* (IMHE) in den Jahren 1994 bis 1998 durchgeführt wurde (Brennan & Shah, 2000a, 2000b; Shah, 1997). Das Projekt wurde unter der Leitung von John Brennan vom *Centre for Higher Education Research and Information* (CHERI), in Kooperation mit der *Academic Cooperation Association* (ACA) durchgeführt. Es sollte Ziele, Methoden und intendierte Ergebnisse unterschiedlicher Verfahren für die Qualitätssicherung darstellen sowie ihre Wirkungen auf Verwaltungsabläufe und Entscheidungsstrukturen erfassen. Insgesamt 17 Länder waren involviert: 29 Hochschulen aus elf europäischen Ländern (Belgien, Dänemark, Finnland, Frankreich, Griechenland, Großbritannien, Italien, Niederlande, Spanien, Schweden und Ungarn) sowie aus Australien, Kanada und Mexiko beteiligten sich mit Fallstudien an dem Projekt, die um Berichte von Evaluati-

---

33 Eine Übersicht zu diesen Untersuchungen (mit Gegenstand der Untersuchung, Untersuchungszeitraum, Methode und zentralen Publikationen) findet sich im Anhang, Übersicht 3.

onseinrichtungen über die Auswirkungen von Evaluationsverfahren aus sieben Ländern in Europa (Dänemark, Deutschland, Frankreich, Niederlande, Norwegen, Portugal und Spanien) ergänzt wurden. Teilweise waren ganze Hochschulen Gegenstand der Fallstudien, teilweise einzelne Studiengänge. In Finnland sind beispielsweise die Folgen von Evaluationen an einzelnen Hochschulen untersucht worden, so an der *Jyväskylä University* (Välimaa, Aittola & Konttinen, 1998) oder an der *University of Oulu* (Liuhanen, Sippola & Karjalainen, 2001). Einzelne Studiengänge standen beispielsweise an der *University of Amsterdam* im Vordergrund (de Klerk, Visser & van Welie, 2001).

Brennan und Shah (2000b, S. 336f.) stellen fest, dass Unterschiede in den Rahmenbedingungen einer Hochschule (Größe, Struktur, Ausstattung, Renommee etc.) sowie die konkrete Durchführung der Verfahren Folgen für die Wirkungen der Verfahren haben (der allgemeine Verfahrensablauf – institutionalisierte Selbstevaluation, Fremdevaluation durch externe Peers sowie Veröffentlichung der Evaluationsergebnisse – sei den involvierten Hochschulen jedoch gemein).

Brennan und Shah (2000a, 2000b) unterscheiden als ein zentrales Ergebnis ihrer Studie drei Mechanismen bzw. Ausprägungen von Wirkungen: (1) Wirkungen durch Belohnungen und Anreize (z. B. Anerkennung des Status einer Hochschule als Universität, stärkere Positionierung eines evaluierten Fachbereichs innerhalb der eigenen Hochschule), (2) strukturelle bzw. strategische Veränderungen (Machtverschiebungen innerhalb einer Hochschule, z. B. durch die Stärkung der Fachbereichsebene und der Veränderung von Entscheidungsstrukturen) und (3) Veränderung der Kultur (z. B. Lockerung der Grenzen zwischen den einzelnen Disziplinen durch die Anpassung von Normen und Werten über Fachgrenzen hinweg, Stärkung der Einflussnahme durch die Hochschulleitung).

Belohnungen und Anreize seien eher eine Funktion bzw. Folge von (veröffentlichten) gutachterlichen Berichten und damit der Begutachtung durch externe Peers. Wirkungen in Form von veränderten Strategien und Strukturen würden sowohl aus gutachterlichen Berichten als auch aus Ergebnissen von Qualitätssicherungsmaßnahmen der gesamten Institution resultieren. Organisationskulturelle Veränderungen seien eine Folge von Erfahrungen mit dem internen Evaluationsprozess und von Ergebnissen aus Qualitätssicherungsmaßnahmen der gesamten Institution (Übersicht 1).

Übersicht 1
Bewertungsmethoden und Wirkungsmechanismen

| Method of assessment | Mechanism of impact | | |
|---|---|---|---|
| | Rewards | Structure and policies | Cultures |
| Self-Evaluation | | | X |
| Institutional QA | | X | X |
| External evaluation reports | X | X | |

Quelle: Brennan & Shah (2000a, S. 89)

Nach Brennan und Shah (2000b, S. 336) haben sich die Verfahren der Qualitätssicherung auf Studienfachebene als wertvoll erwiesen, da die Werte, die einer jeweiligen Disziplin zu eigen sind, berücksichtigt werden könnten. Dabei komme der Verschiebung von Machtverhältnissen durch die Verfahren eine zentrale Bedeutung zu. Zwar würden die Verfahren die evaluierten Einheiten, je nach den Ergebnissen, eher stärken oder eher schwächen, in den meisten Ländern jedoch habe sich mit der Implementation der Verfahren eine Machverschiebung zugunsten der zentralen Leitungsebene und auf Kosten der einzelnen Einheiten vollzogen (Brennan & Shah, 2000b, S. 347). Extrinsische seien gegenüber intrinsischen Werten gestärkt worden und zentrales Management sowie marktorientierte Belange hätten an Bedeutung gewonnen.

Darüber hinaus haben Brennan und Shah (2000a, 2000b) eine Reihe weiterer Schlussfolgerungen aus der Untersuchung gezogen. So gebe es unterschiedliche Zeitpunkte, zu denen Wirkungen der Verfahren eintreten können und unterschiedliche Trägerschaften (Verantwortlichkeiten für bestimmte Maßnahmen). Es könnten direkte und indirekte Wirkungen aus Evaluationen eintreten, wobei indirekte Wirkungen als grundlegend und langwährend eingeschätzt werden. Indirekte Wirkungen können auch Folgen direkter Wirkungen sein. Zudem meinen die Autoren, dass es zwischen der Absicht und dem Ergebnis bzw. zwischen dem Handeln und seinen Konsequenzen kaum kausale Zusammenhänge gebe.

*EVALUE - Evaluation and Self-Evaluation of Universities in Europe (EU – TSER)*
Publikation:
Europäische Kommission / Targeted Socio-Economic Research Programme (1998). *EVALUE – Evaluation and Self-Evaluation of Universities in Europe*. Luxemburg: Europäische Kommission.

Die vergleichende Analyse von Evaluationsverfahren in Europa *EVALUE – Evaluation and Self-Evaluation of Universities in Europe* im Rahmen des *Targeted Socio-Economic Research Program* (TSER) der *Europäischen Union* hat neben einer vergleichenden Bestandsaufnahme zu existierenden Evaluationsverfahren auch die Wirkungen der Verfahren in verschiedenen europäischen Ländern zum Gegenstand. An dem Projekt beteiligten sich Deutschland, Finnland, Frankreich, Großbritannien, Italien, Norwegen, Spanien und Portugal. In den Ländern sind für verschiedene Hochschulen Fallstudien erstellt worden, in denen unterschiedliche Methoden für die Datenerhebung (Interviews, schriftliche Erhebung u. a.) eingesetzt wurden. Die Projektteilnehmerinnen und -teilnehmer haben die Fallstudien zusammengefasst; koordiniert wurde das Projekt von Pierre Dubois von der *Université de Paris X*. Die Untersuchung erstreckte sich über die Jahre 1996 bis 1998 (Europäische Kommission / Targeted Socio-Economic Research Program, 1998).

Als Ergebnis der Untersuchung werden drei Ansätze präsentiert, mit denen die Folgen aus Evaluationsverfahren beschrieben werden können: (1) Die Untersuchung von Folgen als kausaler Ursache-Wirkungs-Zusammenhang, (2) die Untersuchung von Folgen auf der Grundlage von Klassifizierungen (z. B. positiv/negativ, direkt/indirekt oder Forschung/

Lehre) und (3) die Untersuchung von Folgen für die Identifizierung von Bedingungen, die Veränderungen an Hochschulen herbeiführen.

(1) Die Untersuchung von Folgen als kausaler Ursache-Wirkungs-Zusammenhang habe sich aufgrund der verschiedenen Einflussfaktoren und der Schwierigkeit, die Folgen der Verfahren zu isolieren, als schwierig erwiesen. Da Evaluationen einen längeren Zeitraum beanspruchen, würden Empfehlungen von Gutachterinnen und Gutachtern nach gewisser Zeit teilweise nicht mehr auf die gleichen Bedingungen treffen, wie zum Zeitpunkt der Vor-Ort-Begutachtung, und dadurch auch nicht mehr in gleichem Maße relevant sein. Teilweise seien auch die gutachterlichen Empfehlungen, die im Rahmen von Evaluationsverfahren ausgesprochen wurden, durch größere Reformprozesse überlagert worden. Zudem würden sich unterschiedliche Evaluationsverfahren, die zum gleichen Zeitpunkt in unterschiedlichen Bereichen einer Hochschule durchgeführt werden, gegenseitig beeinflussen können.

(2) Bei der Untersuchung von Folgen aus Evaluationsergebnissen auf der Grundlage von Klassifizierungen wurden die folgenden Typen identifiziert: (a) direkte positive Folgen (z. B. durch Ressourcenzuwendungen), (b) direkte negative Folgen (z. B. Schließung eines Studienfachs), (c) *perverse effects* (Folgen, die das genaue Gegenteil von dem sind, was beabsichtigt war), (d) indirekte Folgen (Folgen, die nicht direkt mit einem Evaluationsverfahren in Verbindung gebracht werden können), (e) unsichere Folgen (es gibt eine Übereinstimmung der Hochschule mit der Problemidentifikation durch die Gutachterinnen und Gutachter, es sind aber noch keine Folgeaktivitäten eingetreten), (f) Folgen mit kurzzeitigem Effekt sowie (g) ausbleibende Folgen. Zudem werden die Folgen nach den Bereichen klassifiziert, in denen die Evaluationen vorgenommen wurden:

– Evaluationen in der Lehre (vor allem auch die Bewertung der Lehrenden durch Studierende) haben u. a. zu Innovationen in der Lehre (neue Lehrinhalte, neue Lehrmethoden) geführt. Als Hindernisse dieser Verfahren gelten u. a. Frustrationen, die durch fehlende finanzielle Mittel für notwendige Verbesserungen hervorgerufen wurden.

– Evaluationen von Forschung haben in manchen der beteiligten Länder größere finanzielle Konsequenzen gehabt; gleichzeitig sind auch viele Änderungen auf der strukturellen Ebene erfolgt (Entwicklung von Forschungsstrategien, Schaffung hierarchischer Strukturen in Forschungseinrichtungen, Entwicklung von Strategien auf gesamtuniversitärer Ebene).

– Evaluationen, die die externen Anforderungen an Hochschulen (z. B. des Arbeitsmarktes) zum Gegenstand haben, haben u. a. zur Einrichtung neuer Studiengänge, aber auch zu Zugangsbeschränkungen in bestimmten (auf dem Arbeitsmarkt weniger gefragten) Studiengängen geführt, zu Veränderungen von Studienprogrammen und Curricula sowie zur Etablierung von Beratungsstellen für Studierende. Evaluationen in diesem Bereich seien jedoch durch die Abhängigkeit der Hochschule von Arbeitgebern und Politikern erschwert worden.

- Evaluationen des akademischen Personals in einer Phase, in der der Personalbestand aufgestockt werden sollte, hatten bedeutende Konsequenzen: Mittelzuwendungen und Statusfragen hingen stark von den Anstellungsmodalitäten ab. Je nach Land und in Abhängigkeit von der Disziplin fielen die Konsequenzen unterschiedlich aus. Diese Evaluationen würden vom akademischen Personal vor allem akzeptiert, wenn es sich um allgemein anerkannte Verfahren handelt, die bereits Tradition besitzen.

- Evaluationen von nicht-wissenschaftlichem Personal haben dagegen insbesondere die Entwicklung von Personaltraining, die Klärung von Verantwortlichkeiten, die Reduktion des Personalbestands und die Entwicklung computergestützter Managementsysteme zur Folge gehabt.

(3) Die Untersuchung von Folgen aus Evaluationsverfahren im Hinblick auf bestimmte Prozesse, die Veränderungen an Hochschulen herbeiführen, wird als der wichtigste Ansatz angesehen. Aus den Ergebnissen der Fallstudien werden vier Empfehlungen abgeleitet, die die Wirksamkeit von Evaluationen positiv beeinflussen sollen:

1. In den Evaluationsverfahren sollten die Betroffenen umfassend einbezogen werden und die Evaluationsergebnisse transparent gemacht werden. Hierdurch würden die folgenden Effekte erzielt:

    (a) Kognitive Effekte: Durch die Evaluationsverfahren lernen die Hochschulangehörigen die Stärken und Schwächen in ihrem Institut bzw. ihrer Hochschule besser kennen.

    (b) Lerneffekte: Durch die Evaluationsverfahren werden neue Denkformen geschaffen; die Hochschulangehörigen identifizieren Probleme und erarbeiten Lösungsstrategien ein.

    (c) Kulturelle Effekte: Durch die Diskussion und Einigung der Hochschulangehörigen auf gemeinsame Ziele der Hochschule oder des eigenen Studienfachs bzw. Instituts findet ein Wertewandel statt.

    (d) Identitätsstiftende Effekte: Durch die gemeinsame Auseinandersetzung mit den Stärken und Schwächen an der eigenen Hochschule wird das Zugehörigkeitsgefühl der Hochschulangehörigen zu ihrer Hochschule gestärkt.

    (e) Legitimationseffekte: Durch den Evaluationsprozess werden die Hochschule insgesamt sowie die Angehörigen einer evaluierten Einheit innerhalb der Hochschule gestärkt.

2. Gutachterinnen und Gutachter sollten Empfehlungen und Anregungen präzise und handlungsorientiert formulieren. Die Wirkungen von Evaluationen, bei denen die Gutachterinnen und Gutachter lediglich die Probleme benennen, seien ungewiss.

3. Die Hochschule bzw. die Hochschulangehörigen sollten sich mit den Evaluationsergebnissen und den Empfehlungen aktiv auseinandersetzen und entspre-

chende Maßnahmen ergreifen. Hierfür seien ein machtvoller, kohärenter und legitimierter Vorstand (z. B. die Hochschulleitung) und gleich verteilte Verantwortlichkeiten auf den verschiedenen Ebenen (wissenschaftliches Personal, Verwaltungspersonal) notwendig.

4. Für eine dauerhafte Wirkung der Evaluation sollten zusätzliche Instrumente für die dauerhafte Qualitätssicherung implementiert werden, z. B. statistische Analysen zum Studierverhalten innerhalb einer Hochschule und zu den Berufsverläufen von Absolventinnen und Absolventen.

## 4.2 Nationale Studien

*Dänemark*

Publikationen zu den Ergebnissen aus der ersten Studie, die zu den Folgen der Evaluationen des *Danish Evaluation Institute* durchgeführt wurde:

Bjørnkilde, Th. & Bason, Ch. (2000, October). *Meta evaluation of the evaluation of higher education in Denmark*. Paper for case-study session at the 4th EES Conference in Lausanne. [Online]. URL: http://www.europeanevaluation.org/docs/51_bjornkilde.pdf. Zugriff: März 2005.

Thune, Ch. & Kristoffersen, D. (1999, May). *Guarding the guardian: The evaluation of the Danish Centre for Quality Assurance and Evaluation of Higher Education*. Paper presented on the 5th Biennial Conference of the International Network for Quality Assurance in Higher Education, Santiago, Chile. [Online]. URL: http://www.eva.dk/swwwing/app/cm/Browse.jsp?PAGE=63456. Zugriff: März 2005.

In Dänemark wurde das *Danish Centre for Quality Assurance and Evaluation of Higher Education* (EVA; seit 1999 *The Danish Evaluation Institute*) 1992 als unabhängige Einrichtung mit dem Ziel gegründet, alle Studienprogramme an den dänischen Hochschulen zu evaluieren (daneben wurden auch Evaluationen im primären und sekundären Bildungssektor als Aufgabe von EVA definiert).

Das dänische Bildungsministeriums beauftragte 1998 eine Unternehmensberatung, das dänische Evaluationsverfahren zu evaluieren. Gegenstand der Untersuchung ist insbesondere das Follow-up der Verfahren. Zudem begutachtete eine externe Expertengruppe die Methoden und Abläufe des Evaluationsverfahrens von EVA. Die Unternehmensberatung befragte Institutsleitungen und Dekane der evaluierten Einheiten schriftlich, führte Interviews mit dem nationalen Hochschulbeirat, den Angehörigen der Evaluationseinrichtung und mit den Hochschulleitungen von zwölf Hochschulen sowie Fallstudien in sechs Fachgebieten durch (Bjørnkilde & Bason, 2000; Thune & Kristoffersen, 1999). In die Analyse sind Evaluationen einbezogen worden, die im ersten Evaluationszyklus zwischen 1992 und 1997 durchgeführt wurden.

Die Ergebnisse zeigen, dass das Ausmaß der Follow-up-Aktivitäten in den verschiedenen Bereichen sehr unterschiedlich ist (Bjørnkilde & Bason, 2000; Thune & Kristoffersen, 1999). Veränderungen wurden häufig in den Bereichen *Bildungs- und Ausbildungsziele*, *Lehrinhalte* und *Curriculumsstruktur* (auch Prüfungen und Lehrmethoden) festgestellt.

Ungefähr ein Viertel der evaluierten Einrichtungen habe ein System zur Qualitätssicherung implementiert. Bei den fachlichen und didaktischen Fähigkeiten der Lehrenden sowie den Lehrmethoden seien dagegen nur in geringem Ausmaß Verbesserungen erzielt worden. Als Katalysator und Beschleuniger hätten die Evaluationen gewirkt, wenn Veränderungsprozesse bereits vor Beginn der Evaluation eigenständig eingeleitet wurden. Wenn Empfehlungen auf den Selbstreports basierten, so sei die Wahrscheinlichkeit für die Umsetzung gutachterlicher Empfehlungen höher gewesen. Als ein zentrales Ergebnis der Studie wird festgehalten, dass die Einbeziehung der Evaluierten in den Evaluationsprozess bzw. die Phase der internen Evaluation einen signifikanten Einfluss auf den Nutzen von Evaluationen gehabt habe. Eine detailliertere Darstellung der Ergebnisse findet sich nur in dänischsprachigen Dokumenten. Im Rahmen der zweiten Untersuchung, die in Dänemark zu den Folgen der Evaluationsverfahren durchgeführt wurde (siehe nächste Studie) wird der Hinweis gegeben, dass auf über 60% der Empfehlungen des ersten Zyklus Follow-up-Aktivitäten gefolgt seien (The Danish Evaluation Institute, 2004, S. 30).

Publikation zu den Ergebnissen aus der zweiten Studie:
The Danish Evaluation Institute (2004). *Effect study. Fact finding study*. Kopenhagen: The Danish Evaluation Institute.

Im zweiten Evaluationszyklus wurden in Dänemark auf Initiative von EVA die Folgen aus vier Evaluationsverfahren, die im Jahr 2000 im sekundären und tertiären Bildungssektor durchgeführt wurden, analysiert (The Danish Evaluation Institute, 2004). Bestandteil der Analyse ist eine Evaluation von insgesamt fünf Studiengängen an den beiden Universitäten in Roskilde und Aalborg, auf die im Folgenden eingegangen wird. Eine Unternehmensberatung hat 35 Personen aus den fünf Studiengängen schriftlich befragt sowie Interviews mit neun Repräsentanten der beiden Universitäten durchgeführt. Studierende wurden nicht in die Studie einbezogen. In dem Bericht wird selbstkritisch vermerkt, dass aus Zeit- und Geldmangel keine Dokumentenanalyse durchgeführt wurde und damit die Ergebnisse ausschließlich auf subjektiven Einschätzungen basieren. Die Untersuchung hatte zum Ziel, (a) Verfahren zu testen und zu entwickeln, mit denen sich Folgen aus Evaluationsverfahren untersuchen lassen, (b) Verfahrensschritte und Empfehlungen zu identifizieren, die die Umsetzung von Empfehlungen stärken oder behindern und (c) Empfehlungen zur Verbesserung der Verfahren herauszuarbeiten, um die Effekte aus den Verfahren zu stärken.

Im Rahmen der schriftlichen Erhebung sollten die Angehörigen von der Universität Roskilde und der Universität Aalborg angeben, inwieweit die Empfehlungen, die von den Gutachterinnen und Gutachtern ausgesprochen wurden, umgesetzt wurden. 18% der Angehörigen der Universität Roskilde ($n = 17$) und 11% der Angehörigen der Universität Aalborg ($n = 18$) sind davon überzeugt, dass die Empfehlungen weitgehend umgesetzt wurden, 70% der Befragten der Universität Roskilde und 50% der Universität Aalborg meinen, dass die Empfehlungen zum Teil umgesetzt wurden. Allerdings verringerten sich diese Anteile bei beiden Universitäten drastisch, wenn für jede einzelne Empfehlung abgefragt wurde, inwieweit diese umgesetzt wurde: An der Universität Roskilde seien nur 10%, an der Universität Aalborg nur 6% der Empfehlungen weitgehend umgesetzt worden. Der Anteil, bei dem die Empfehlungen zum Teil umgesetzt wurden, beträgt in Roskilde dann nur noch 22%, in Aalborg 21%. Die Angehörigen der Universität Aalborg meinen ferner, dass 11% der Maßnahmen bereits eingeleitet wurden, bevor der Evaluationsbericht publiziert wurde (The Danish Evaluation Institute, 2004, S. 16). Das genaue methodische Vorgehen bei der Auswertung dieser Frage wird aus dem Bericht nicht deutlich.

Die schriftlich befragten Angehörigen der beiden Hochschulen sollten auch angeben, in welchen Bereichen die Evaluation bestimmte Aspekte gestärkt bzw. zu Entwicklungen beigetragen hat (siehe Abbildung 1). Dabei wurden diejenigen Aktivitäten berücksichtigt, bei denen Empfehlungen in großem Ausmaß oder in gewissem Ausmaß umgesetzt wurden. Die Follow-up-Aktivitäten werden im Rahmen der Untersuchung den folgenden Bereichen zugeordnet: *organisation of teaching, ongoing quality assurance, aims and objectives, systematic application of evaluation, dialogue and collaboration, academic profile*. Innerhalb der insgesamt sechs Bereiche ist es am häufigsten zu Veränderungen in *organisation of teaching* (in Roskilde sind 76% der Befragten hiervon überzeugt, in Aalborg 67%) sowie in *ongoing quality assurance* gekommen (Roskilde: 53%, Aalborg: 67%). Am seltensten sind nach Auffassung der Befragten Verbesserungen in der Profilbildung (*academic profile*) eingetreten (Roskilde: 38%, Aalborg: 45%).

Abbildung 1
Antworten der schriftlich befragten Angehörigen der Universität Roskilde (*n* = 17) und der Universität Aalborg (*n* = 18) auf die Frage „to what extent the evaluation in general has contributed to develop/ reinforce...", für Empfehlungen, die weitgehend oder in gewissem Ausmaß umgesetzt wurden (in relativen Häufigkeiten)

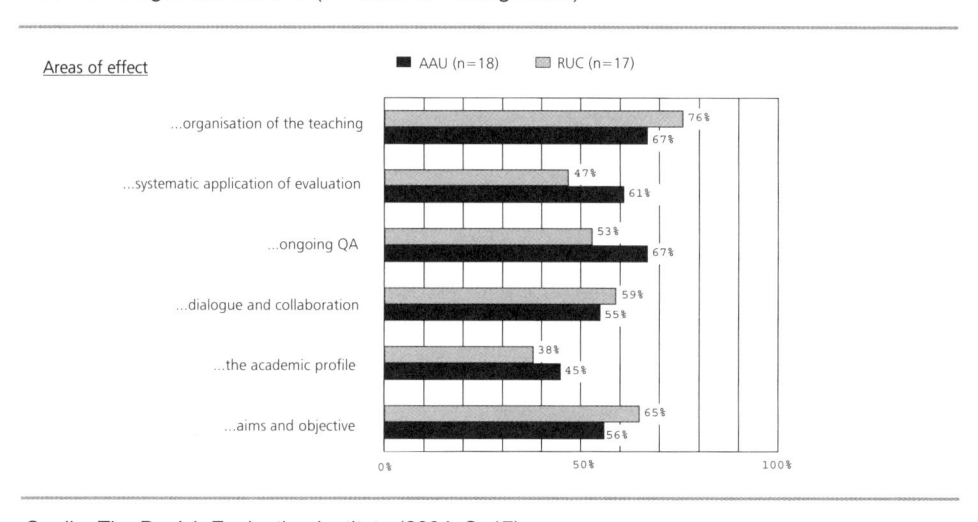

Areas of effect — AAU (n=18), RUC (n=17)

| Area | AAU | RUC |
|---|---|---|
| ...organisation of the teaching | 67% | 76% |
| ...systematic application of evaluation | 61% | 47% |
| ...ongoing QA | 67% | 53% |
| ...dialogue and collaboration | 55% | 59% |
| ...the academic profile | 45% | 38% |
| ...aims and objective | 56% | 65% |

Quelle: The Danish Evaluation Institute (2004, S. 17)

Bei den Interviewpartnerinnen und -partnern fiel das Urteil über die Folgen aus den Evaluationsverfahren sehr kritisch aus. An der Universität Roskilde sei nur eine einzige Empfehlung umgesetzt worden (die Gesamtzahl der Empfehlungen aus den beiden Verfahren an der Universität Roskilde wird nicht angegeben): Die Amtsdauer eines Studienleiters wurde von zwei auf vier Jahre erhöht. Unter anderem hätten andere Reformbestrebungen die Umsetzung der weiteren Empfehlungen verhindert. An der Universität Aalborg sind die Interviewten der Auffassung, dass bereits viele Empfehlungen umgesetzt waren, bevor der abschließende Evaluationsbericht publiziert wurde. Insgesamt seien lediglich Vorhaben bzw. Prozesse unterstützt worden, die bereits schon vor dem Evaluationsverfahren eingesetzt hatten.

Zusammenfassend wird in dem Bericht zur Untersuchung der Verfahren festgehalten, dass der größte Effekt der Verfahren darin liege, Dialog und Selbstreflexion angeregt zu haben. Es seien jedoch kaum konkrete Maßnahmen ergriffen worden.

Die Ergebnisse zeigen, dass an beiden Universitäten der Selbstevaluationsprozess von großer Bedeutung für den Entwicklungsprozess in den evaluierten Studiengängen gewesen ist (The Danish Evaluation Institute, 2004, S. 18). 76% der schriftlich befragten Angehörigen der Universität Roskilde und 55% der Universität Aalborg sind dieser Auffassung. 59% der Befragten in Roskilde und 55% der Befragten in Aalborg schätzen den abschließenden Evaluationsbericht als wichtig für die weitere Entwicklung ein (siehe Abbildung 2). Als wenig förderlich für den Entwicklungsprozess im jeweiligen Studiengang haben die interviewten Angehörigen der Universität Aalborg die lange Zeitspanne zwischen dem Selbstreport und dem abschließenden Bericht kritisiert.

Abbildung 2
Antworten der schriftlich befragten Angehörigen der Universität Roskilde ($n$ = 17) und der Universität Aalborg ($n$ = 18) auf die Frage, „whether the individual elements of the overall evaluation process have helped starting off development in the basic study programme" (in relativen Häufigkeiten)

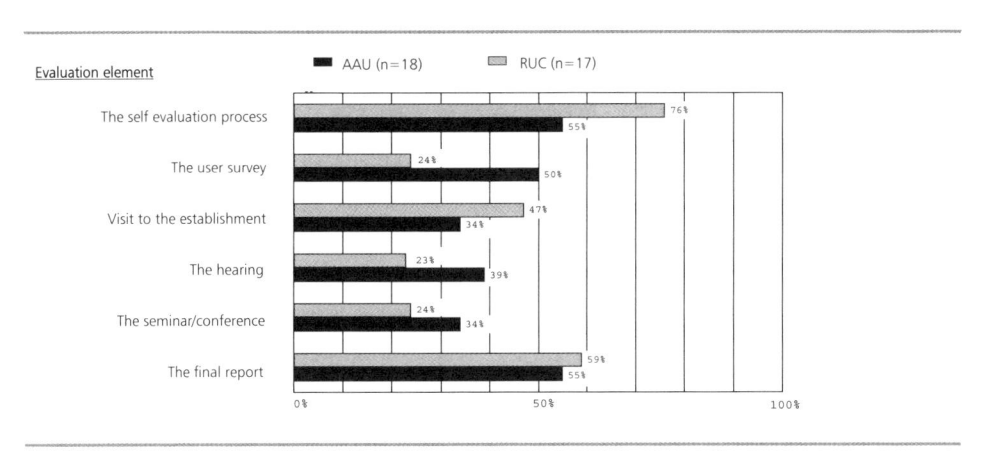

| Evaluation element | AAU (n=18) | RUC (n=17) |
|---|---|---|
| The self evaluation process | 55% | 76% |
| The user survey | 24% | 50% |
| Visit to the establishment | 47% | 34% |
| The hearing | 23% | 39% |
| The seminar/conference | 24% | 34% |
| The final report | 59% | 55% |

Quelle: The Danish Evaluation Institute (2004, S. 18)

*Großbritannien*

Publikationen aus der ersten Studie, die in Großbritannien zu den Folgen der Evaluationen des Higher Education Funding Council for England (HEFCE) durchgeführt wurde:

Brennan, J., Frederiks, M. M. H. & Shah, T. (1997). *Improving the quality of education. The impact of quality assessment on institutions*. Bristol: Higher Education Funding Council for England.

Brennan, J., Shah, T. & Williams, R. (1996). *Quality assessment and quality improvement. An analysis of the recommendations made by HEFCE assessors*. Bristol: Higher Education Funding Council for England.

Von 1993 bis 1998 wurden in Großbritannien Audits und Studienfachevaluationen von unterschiedlichen Einrichtungen für die Qualitätssicherung an Hochschulen durchgeführt. Die Studienfachevaluationen wurden bis 1998 vom *Higher Education Funding Council for England* (HEFCE) durchgeführt, von 1998 bis 2001 von der *Quality Assurance Agency for Higher Education* (QAA). Um den Aufwand zu minimieren, werden heute Audits durchgeführt, die an den Hochschulen die Systeme der Qualitätssicherung überprüfen und die nur fallweise die Situation in einzelnen Studienprogrammen einbeziehen.

Das *Quality Support Centre* (QSC) hat die Studienfachevaluationen des *Higher Education Funding Council for England* (HEFCE) für den Zeitraum 1993 bis 1995 analysiert. Im Rahmen der Studie wurden Dokumentenanalysen und Interviews durchgeführt (Brennan, Frederiks & Shah 1997; Brennan, Shah & Williams 1996). Zunächst wurden 298 Gutachten analysiert, die im Rahmen von Evaluationsverfahren in 15 Studienfächern erstellt wurden. Die Gutachterinnen und Gutachter bewerteten 287 dieser 298 Studienfächer mit dem Urteil *satisfactory* und elf Studienfächer mit dem Urteil *unsatisfactory* (das Verfahren des HEFCE für die Evaluation von Studienfächern beinhaltete eine Bewertung auf einer dreistufigen Skala: *unsatisfactory – satisfactory – excellent*). Für zwölf Hochschuleinrichtungen sind Fallstudien zu den Wirkungen der Verfahren durchgeführt worden. Diese stützen sich in erster Linie auf Interviews mit insgesamt 180 Angehörigen aus 15 Studienfächern. Ergänzend zu den Erkenntnissen, die durch die Interviews gewonnen wurden, wurden teilweise auch Dokumente herangezogen, die die Follow-up-Aktivitäten in Folge der Evaluationsverfahren und andere Aktivitäten der Qualitätssicherung (z. B. der Hochschule insgesamt) dokumentieren. Die folgenden Forschungsfragen lagen der Untersuchung zugrunde: Inwieweit wurde den gutachterlichen Empfehlungen in den evaluierten Studienfächern Folge geleistet? Welche Aktivitäten wurden von wem in Folge der Evaluation der Studienfächer durchgeführt? Wie wurde die Wirkung von Maßnahmen, die an den Hochschulen ergriffen wurden, untersucht? Welche Faktoren beeinflussen oder verhindern Folgeaktivitäten?

Nach Brennan, Frederiks und Shah (1997, S. 7, S. 15f.) sind auf 66% aller gutachterlichen Empfehlungen entsprechende Aktivitäten gefolgt. Hierzu gehören insbesondere Maßnahmen, die zu verbesserten Arbeitsabläufen und deren verbesserten Dokumentation führten, Aktivitäten zur Bewertung und Überarbeitung des Curriculums sowie zu den Lehr- und Prüfungsmethoden, zur Personalentwicklung und zur Reallokation von Ressourcen. Häufiger seien Maßnahmen auf der Ebene des Fachbereichs bzw. des Instituts ergriffen worden, seltener auf der Ebene der gesamten Hochschule. Auch stellten Brennan, Frederiks und Shah (1997, S. 20f., S. 50f.) fest, dass das Ausmaß der Aktivitäten in Folge der Evaluationen nach Fachzugehörigkeit variiert. Am häufigsten unter den 15 Studienfächern wurden Empfehlungen im Fach Informatik (88%), am seltensten in Geographie (35%), Anthropologie (40%) und Musikwissenschaft (50%) umgesetzt. Die Ergebnisse zeigen auch, dass bei den Studienfächern, bei denen die gutachterlichen Empfehlungen vergleichsweise selten umgesetzt wurden, die Peers eher eine kritische Gesamtbewertung der Studienfächer vorgenommen hatten. Gleichzeitig hätten die Fachangehörigen in diesen Fächern häufig Kritik am Verfahren bzw. an den externen Peers geübt.

Die Untersuchung von Brennan, Frederiks und Shah (1997, S. 22) zeigt auch, dass zu den Faktoren, die die Umsetzung der gutachterlichen Empfehlungen positiv beeinflusst haben, u. a. klar und verständlich formulierte Empfehlungen und / oder ihre Diskussion während des Vor-Ort-Besuchs sowie eine (hohe) Akzeptanz des Evaluationsverfahrens gehören. Wenn sich Empfehlungen eher an die gesamte Hochschule als an das evaluierte Studienfach richteten, wenn sie die Ressourcen zum Gegenstand hatten oder wenn sie den Charakteristika des jeweiligen Studienfachs nicht gerecht wurden (durch unterschiedliche Schwerpunkte von Gutachtern und Begutachteten, Missverständnissen usw.), sei die Umsetzung gutachterlicher Empfehlungen erschwert worden.

Neben den Wirkungen, die aus den gutachterlichen Empfehlungen resultieren, weisen Brennan, Frederiks und Shah (1997, S. 26ff.) auf eine Reihe weiterer Wirkungen hin. So habe sich die Phase der Selbstevaluation als sehr wertvoll herausgestellt. Sie sei wertvoller als der Vor-Ort-Besuch und der gutachterliche Bericht gewesen. Auch sei der Status von allgemeinen Serviceleistungen (z. B. Personalentwicklung, Bibliotheksangebot, Unterstützungsleistungen bei der Qualitätssicherung) in ca. der Hälfte der einbezogenen Einrichtungen verbessert worden. Es habe sich ein Bewusstsein für die Qualitätssicherung und damit eine Qualitätskultur entwickelt, und die Hochschulen hätten zum Teil ihr gesamtes Qualitätssicherungssystem modifiziert. Qualitätskonzepte mit entwickelten Qualitätskriterien gewännen in vielen Hochschulen an Boden. Ferner stellen die Autoren fest, dass Veränderungen, die durch die Evaluationsverfahren herbeigeführt wurden, die Zentralisierung von Verantwortlichkeiten und Entscheidungsbefugnissen verstärken.


Publikation aus der zweiten Studie, die in Großbritannien zu den Folgen von Evaluationsverfahren durchgeführt wurde:
Quality Assurance Agency for Higher Education (2003). *Learning from subject review 1993-2001. Sharing good practice.* Gloucester: Quality Assurance Agency for Higher Education.

Die *Quality Assurance Agency for Higher Education* (QAA) hat für knapp 3 000 Studienfachevaluationen, die in 62 Fachgebieten zwischen 1993 und 2001 in England und Nordirland durchgeführt wurden, Bilanz gezogen (Quality Assurance Agency for Higher Education, 2003). Hierfür wurden 193 gutachterliche Berichte sowie 62 sogenannte Überblicksberichte (Berichte, die nach Abschluss einer Evaluation über die evaluierten Fachgebiete verfasst wurden und die die Qualität der Hochschulen in einem Fachgebiet zusammenfassen) miteinander verglichen. In die Untersuchung wurden Studienfachevaluationen von sieben Hochschulen unterschiedlicher Hochschultypen und Fachgebiete einbezogen. Bei der Analyse werden einige Trends bzw. Veränderungen über die Jahre identifiziert, die Verbesserungen in verschiedenen Bereichen abbilden sollen. Hierbei wurden die Berichte aus unterschiedlichen Fachgebieten über die angegebene Zeitspanne miteinander verglichen. Es handelt sich also nicht um Veränderungen, die jeweils in demselben Studienfach durch Erst- und Folgeevaluationen festgestellt wurden, sondern um einen Vergleich von gutachterlichen Berichten und Überblicksberichten aus verschiedenen Evaluationen in unterschiedlichen Fächern über acht Jahre, bei dem die verschiedenen Themenbereiche analysiert wurden.

Für insgesamt sieben Bereiche werden Beobachtungen und Veränderungen beschrieben (The Quality Assurance Agency, 2004, S. 4ff.): *aims and objectives* (z. B. a wide variety of aims across subjects and institutions reflecting diversity of provision in the variety of programmes delivered); *curriculum design, content and organisation* (z. B. evidence of a more strategic approach to the planning of curricular content); *teaching, learning and assessment* (z. B. clear strategies for teaching and learning now more common place); *student progression and achievement* (z. B. improvements in management information systems so that the progression, performance and achievements of students were more accurately recorded, and could be fed into enhancing the student experience); *student support and guidance* (z. B. excellent care for students delivered through effective systems, and served by dedicated and caring staff); *learning resources* (z. B. a more strategic approach in making decisions of learning resources so that they were more closely integrated into programme planning); *quality management, quality assurance management and quality enhancement* (z. B. in some early reviews clear and comprehensive quality frameworks did not exist).

Als ein zentrales Ergebnis der Studie wird festgehalten, dass durch die Evaluationen im Laufe der Zeit insbesondere die Perspektive und die Bedürfnisse der Studierenden stärker in den Vordergrund gerückt sind (Quality Assurance Agency, 2004, S. 57). Während sich in den länger zurückliegenden Evaluationen stärker auf die Lehrprozesse konzentriert worden sei, würden in den jüngeren Evaluationen die Lernprozesse größere Beachtung finden.

Die QAA ist überzeugt, dass drei von vier Zielen ihrer Studienfachevaluationen, nämlich Rechenschaft über die Verwendung öffentlicher Gelder abzugeben, die Öffentlichkeit zu informieren sowie hohe Standards zu gewährleisten und zu fördern, erreicht wurden (wenn auch nicht an allen Hochschulen gleichermaßen). Lediglich die Verknüpfung der Evaluationsverfahren mit der Mittelvergabe sei nur teilweise gelungen (Quality Assurance Agency, 2004, S. 56).[34]

---

34 Für implizite Evaluationskriterien, die den Studienfachevaluationen der *Quality Assurance Agency for Higher Education* (QAA) zugrunde liegen, und die sich auf die Lehrformen auswirken sollen, siehe Ottewill und Macfarlane (2004).

*Niederlande*

Publikation zu den Folgen des ersten Evaluationszyklus:

Frederiks, M. M. H., Westerheijden, D. F. & Weusthof, P. J. M. (1994). Effects of quality assessment in Dutch higher education. *European Journal of Education*, 29 (2), 181-199.

In den Niederlanden sind die Wirkungen der mehrstufigen Verfahren für die Evaluation von Studium und Lehre der *Association of Universities in the Netherlands* (VSNU) sowie der *Netherlands Association of Universities of Professional Education* (HBO Council) analysiert worden. Bei der Untersuchung des ersten Zyklus (VSNU: 1988-1992, HBO: 1990-1992) wurden eine schriftliche Erhebung und zwölf Fallstudien durchgeführt. Gegenstand der Fallstudien waren eine Dokumentenanalyse (Selbstreports, Gutachten, Follow-up-Dokumente) sowie insgesamt 35 Interviews (Frederiks, Westerheijden & Weusthof, 1994).

Frederiks, Westerheijden und Weusthof (1994) haben das Ausmaß der Folgeaktivitäten von interner und externer Evaluation untersucht. Dabei unterscheiden sie zwischen *no utilisation* (die Evaluationsergebnisse wurden nicht beachtet), *passive utilisation* (die Ergebnisse hatten keine direkte Auswirkung, die Berichte wurden aber in der evaluierten Einheit verbreitet, in Sitzungen diskutiert, oder es wurden Empfehlungen für zukünftige Veränderungen ausgesprochen) und *active utilisation* (auf der Grundlage der Evaluationsergebnisse wurden konkrete Maßnahmen ergriffen). Die Autoren geben zu bedenken, dass eine aktive Nutzbarmachung nicht notwendigerweise besser sei als eine passive: Eine passive Nutzbarmachung könne durch die diskursive Auseinandersetzung der Evaluierten mit den Evaluationsergebnissen eher zu langfristigen Veränderungen führen.

Im Rahmen der Studie wurde festgestellt, dass die Universitäten auf 13% der gutachterlichen Berichte (in 14 von 106 Studienprogrammen) in keiner Form reagiert haben (*no utilisation*). Bei den Fachhochschulen betrug dieser Anteil 19% (6 von 31 Studienprogrammen). In 6% der Fälle an den Universitäten und in 12% der Fälle an Fachhochschulen wurde kein Gebrauch von den Selbstevaluationsberichten gemacht.

In den Universitäten wurden nach Frederiks, Westerheijden und Weusthof (1994, S. 191ff.) sowohl der Selbstevaluationsbericht als auch der gutachterliche Bericht vom Fakultäts- bzw. Fachbereichsrat, von der Studienkommission sowie den Studierendenvertreterinnen und -vertretern in mehr als 50% der Fälle immerhin diskutiert (*passive utilisation*). In 15% der Fälle wurden die gutachterlichen Berichte und in 36% der Fälle die Selbstevaluationsberichte von einzelnen Lehrenden diskutiert. An den Fachhochschulen seien die Berichte durch ein entsprechendes Gremium auf Fachebene seltener diskutiert worden als an den Universitäten; dagegen hätten die Lehrenden an den Fachhochschulen die Berichte häufiger als in den Universitäten diskutiert (über 50%). Auf die gutachterlichen Berichte folgten sowohl in den Universitäten als auch in den Fachhochschulen auf etwa ein Fünftel (19% bzw. 18%) der Evaluationsergebnisse konkrete Maßnahmen (*active utilisation*); bei den Selbstevaluationsberichten betrug dieser Anteil jeweils etwa ein Viertel.

Nach Ansicht der Autoren gibt es keine linearen Beziehungen zwischen den Empfehlungen und den in Folge der Evaluationen ergriffenen Maßnahmen. Hierin wird auch der Grund für die, gegenüber der Anzahl der Empfehlungen, geringe Anzahl der konkreten Maßnahmen (aktive Nutzbarmachung) gesehen.

Durch die Evaluationsverfahren sei nach Frederiks, Westerheijden und Weusthof (1994, S. 196) vor allem dem Bereich *Studium und Lehre* ein viel höherer Stellenwert beigemessen worden; es hat sich eine „Qualitätskultur" etabliert. Nach Ansicht der Autoren ist bei der Analyse der Folgen von Evaluationen zu berücksichtigen, dass nicht immer die Bedingungen für Veränderungen gegeben seien und dass sich auch manche Gutachterkommission mit der Formulierung handlungsorientierter Empfehlungen schwer getan habe.

Die Autoren bedienen sich zweier Ansätze, um das Verhältnis zwischen den Charakteristika der Hochschuleinrichtung, ihren Akteuren und dem Ausmaß der Nutzbarmachung der Ergebnisse aus der internen und externen Evaluation zu verdeutlichen. Der *Contingency Approach* (Child, 1984, nach Frederiks, Westerheijden & Weusthof, 1994, S. 184f.) geht der Frage nach, unter welchen Bedingungen (z. B. Umwelteinflüsse, Technologisierungsgrad, Größe, Organisations- und Entscheidungsstrukturen) Organisationen am effektivsten funktionieren. Vor diesem Hintergrund werden vier Hypothesen formuliert: Es wird angenommen, dass (1) externe Evaluationen mit einem Vor-Ort-Besuch durch externe Expertinnen und Experten stärker als interne Evaluationen zu einer *active utilisation* führen; (2) je größer eine evaluierte Einheit, desto geringer das Ausmaß von der *active utilisation* ist; (3) eine starke Hierarchisierung (zentralisierte Entscheidungskompetenzen) in der Organisation von Studienprogrammen sowie (4) ein erhöhtes Maß an Daten, die im Rahmen der internen Evaluation durch die Evaluationseinrichtung zur Verfügung gestellt werden, in erhöhtem Maße in der *active utilisation* münden.

Beim *Political Economics Approach* (Lieshout, 1989, nach Frederiks, Westerheijden & Weusthof, 1994, S. 185f.) steht die Frage im Vordergrund, wie der Einfluss bzw. die Macht des Einzelnen maximiert werden kann. Die Auffassung eines Akteurs über die Macht anderer wichtiger Akteure steuert die Bewertung eigener alternativer Handlungsabläufe. Dabei wird versucht, das eigene Einflussvermögen, die eigene Macht, zu maximieren. Drei weitere Hypothesen werden formuliert: (5) Je geringer der Einfluss derjenigen Personen ist, die den Selbstevaluationsbericht erstellen, desto weniger münden die Ergebnisse des Selbstevaluationsberichts in eine *active utilisation*; (6) je mehr Entscheidungsträger in die Selbstevaluation eingebunden sind, desto größer ist die Wahrscheinlichkeit, dass die Ergebnisse der Selbstevaluation aktiv genutzt werden. Außerdem wird angenommen, dass (7) ein großer Einfluss von Entscheidungsträgern positive Auswirkungen auf die *active utilisation* hat. Frederiks, Westerheijden und Weusthof (1994, S. 186ff.) falsifizieren im Rahmen ihrer Analyse die Hypothesen (2), (3) und (5); die Hypothesen (1), (4), (6) und (7) werden jeweils teilweise verifiziert bzw. falsifiziert. Somit haben sich die beiden Ansätze in Bezug auf ein besseres Verständnis von Umsetzungsaktivitäten in Folge von Evaluationsverfahren nur bedingt bewährt.

Nach Ansicht der Autoren kann nicht gesagt werden, dass der Aufwand für die Verfahren dem Nutzen entspricht, da nicht jeder Empfehlung eine Maßnahme gefolgt sei und es sich bei den Folgen häufig nicht um konkrete Maßnahmen handele. Zudem merken die Autoren an, dass das Ergreifen von Maßnahmen nicht automatisch zur Verbesserung der Qualität führe. Das Verhältnis zwischen dem Ergreifen von Maßnahmen und der Beobachtung von Verbesserungen sei aufgrund der Komplexität des Bildungsprozesses und vieler schwer zu kontrollierender Faktoren unklar.

Publikation zu den Folgen des zweiten Evaluationszyklus:
Jeliazkova, M. (2002). Running the maze. Interpreting external review recommendations. *Quality in Higher Education, 8* (1), 89-96.

Eine weitere Wirkungsanalyse der VSNU- und HBO-Evaluationen wurde in den Jahren 1998 und 2000 unter der Leitung des *Center for Higher Education Policy Studies* (CHEPS, Universität Twente, Niederlande) durchgeführt (Jeliazkova, 2002). Dabei lag der Schwerpunkt auf der Verbesserung der Curriculumsentwicklung in Folge von Evaluationen. Acht Institutionen waren involviert; neben einer Gutachtenanalyse wurden 16 Interviews durchgeführt.

Die Untersuchung lehnt sich an ein bestehendes Modell an, das verschiedene Typen von Empfehlungen und die entsprechenden Follow-up-Aktivitäten klassifiziert (siehe Huitema, Jeliazkova & Westerheijden, 2002; Westerheijden, 1997; Westerheijden & Maassen, 1998). Jeliazkova (2002, S. 91f.) bildet zwei Typen von Empfehlungen: Bei dem einen Typus haben Gutachtende und Begutachtete ein gemeinsames Wertesystem, Gutachtergruppe und Fachangehörige teilen die Auffassung von den grundsätzlichen Zielen des Studienfachs. Probleme werden auf der Ebene der einzelnen Studienfächer identifiziert. Beim zweiten Typus existieren unterschiedliche Wertesysteme. Das Studienfach wird in den Kontext seiner Disziplin oder der gesamten Hochschule gesetzt; Anforderungen seitens der Studierenden, der Arbeitgeberinnen und Arbeitgeber und der Gesellschaft werden einbezogen. Die Ziele und damit die Kriterien für Erfolg und Misserfolg stehen dabei zur Diskussion. Die beiden Typen von Empfehlungen würden zeigen, dass Umsetzungserfolge und -misserfolge auf gemeinsame bzw. unterschiedliche Auffassungen über die Ziele von Bildung und ihrer Rolle im größeren sozialen Kontext sowie auf die einzuschlagenden Wege zurückgeführt werden können. Beide Typen von Empfehlungen werden auf jeweils zwei Ebenen verortet, auf denen Diskussionen über Qualitätsverbesserung stattfinden:

− *Problem definition*: Gutachterinnen und Gutachter akzeptieren die Sicht der Fachangehörigen, definieren die Probleme und schlagen Lösungen vor;

− *Problem recognition*: Gutachterinnen und Gutachter bringen neu zu berücksichtigende Aspekte und Elemente ein (z. B. bessere Koordination der einzelnen Bereiche des Studienfachs);

— *Defining program goals*: Gutachterinnen und Gutachter bringen andere Vorstellungen in Bezug auf die Problemdefinition mit, sie stellen die Organisation des Studienfachs in Frage und stellen Bezüge zur Hochschule und zur Disziplin im Allgemeinen her;

— *Educational philosophy*: Gutachterinnen und Gutachter bringen andere Vorstellungen von sozialen Werten und der Rolle des Faches in der Gesellschaft mit.

Empfehlungen auf den beiden zuerst genannten Ebenen (erster Typus von Empfehlungen) werden nach Jeliazkova (2002, S. 93) in der Regel anerkannt und haben eher einen kurzzeitigen Effekt. Empfehlungen auf den beiden zuletzt genannten Ebenen (zweiter Typus) seien eher langfristig angelegt und würden zu größeren Veränderungen oder aber auch zu voreiligen Handlungen und völligen Blockaden führen können. Je weniger die Empfehlungen der Gutachtergruppe in die existierenden Praktiken, Überzeugungen und Traditionen eines evaluierten Faches bzw. Instituts oder Fachbereichs passen, desto schwieriger sei es, das System umzugestalten. Die Lösung identifizierter Probleme hänge von der Intensität ab, mit der über die Empfehlungen (und über Qualität) kommuniziert wird.

Nach Jeliazkova (2002, S. 94) haben Empfehlungen, auch wenn sie von den Fachangehörigen kritisch gesehen werden, einen bedeutenden Einfluss auf die Entwicklung eines Studienfachs und der tieferen Überzeugungen der Fachangehörigen. Langfristige Veränderungen auf der Systemebene hätten möglicherweise weitreichendere Effekte auf die Qualität eines Studienfachs als Maßnahmen, die innerhalb klarer und unstrittiger Vorannahmen ergriffen werden. Gerade die Veränderungen auf der Systemebene würden am Ende eine veränderte Kultur mit sich bringen.

*Schweden*

Publikationen:

Karlsson, C., Lövgren, B., Nitzler, R. & Wahlén, St. (2003). *How did things turn out? The National Agency's quality appraisals 2002* (Högskoleverkets rapportserie, 25 R). Stockholm: National Agency for Higher Education.

Karlsson, C., Lövgren, B., Nitzler, R. & Wahlén, St. (2004). *How did things turn out? A mid-term report on the National Agency for Higher Education's quality evaluations 2001-2003* (Högskoleverkets rapportserie, 15 R). Stockholm: National Agency for Higher Education.

In Schweden konzentrieren sich die Verfahren der *National Agency for Higher Education* seit 2001 auf die Evaluation von Studienfächern (Franke, 2002; Wahlén, 2004). In einer Analyse der *National Agency for Higher Education* sind zehn Evaluationsverfahren in verschiedenen Fächern (mit 195 einzelnen Instituten oder Studiengängen an verschiedenen schwedischen Hochschulen), die 2002 und 2003 durchgeführt wurden (Karlsson, Lövgren, Nitzler & Wahlén, 2004), untersucht worden. In der Analyse werden die wichtigsten Ergebnisse der fachspezifischen und fachübergreifenden Begutachtungen zusammengefasst. Es wird darauf hingewiesen, dass Untersuchungen zum Follow-up geplant sind, aber noch nicht durchgeführt wurden (Karlsson, Lövgren, Nitzler & Wahlén, 2004, S. 41). Allerdings führte die *National Agency for Higher Education* 2002 eine Befragung aller Personen durch, die an den Hochschulen jeweils für die Qualitätssicherung bzw. die Koordination verschiedener Qualitätssicherungsinstrumente verantwortlich sind (Karlsson, Lövgren, Nitzler & Wahlén, 2003). Hierbei wurde festgestellt, dass es den Befragten schwer gefallen ist, zu differenzieren, welche Entwicklungen in Folge der Evaluationen eingetreten sind und welche auch unabhängig von ihnen stattgefunden hätten. Allerdings sei der Prozess der Selbstevaluation als wertvoll für den weiteren Prozess der internen Qualitätsentwicklung wahrgenommen worden. Ferner habe durch die Verfahren das Qualitätsbewusstsein zugenommen und würden systematische Verfahren der Qualitätssicherung stärker beachtet (Karlsson, Lövgren, Nitzler & Wahlén, 2003, S. 35f.).

## 4.3 Einzelfallstudien

*Belgien - Einzelfallstudie*

Publikation:

Hulpiau, V. & Waeytens, K. (2003). Improving the quality of education. What makes it actually work? A case study. In C. Prichard & P. Trowler (Hrsg.), *Realizing qualitative research in higher education* (Cardiff papers in qualitative research) (S. 145-169). Aldershot: Ashgate.

An der *University of Leuven* in Belgien sind die Evaluationsverfahren aus sechs Studienfächern untersucht worden. Hierfür wurden 36 Dokumente bzw. Berichte zur internen Evaluation, zur externen Evaluation und zum Follow-up ausgewertet (Hulpiau & Waeytens, 2003). Hulpiau und Waeytens (2003, S. 150) ordneten die in den Studienfächern identifizierten Probleme sowie die Absichten, Maßnahmen und Empfehlungen zur Behebung der festgestellten Mängel 87 möglichen Problembereichen aus 20 Kategorien zu. Dabei wurden die Problembereiche und Kategorien in Anlehnung an den Begutachtungsleitfaden für die externen Gutachterinnen und Gutachter im Rahmen der Evaluationsverfahren entwickelt (vgl. Übersicht 2). Die zentralen Fragestellungen lauten: Welche Problembereiche tauchen im Bereich *Studium und Lehre* systematisch auf? Gibt es einen Zusammenhang zwischen Problembereich und den Personen, die ein Problem identifiziert haben (Fachangehörige oder externe Gutachterinnen und Gutachter)? Auf welche Problembereiche reagieren die Evaluierten, auf welche nicht? Es werden vier Reaktionstypen unterschieden: (a) Maßnahme wurde im evaluierten Studienfach offiziell entschieden oder bereits umgesetzt, (b) es wurde eine Absichtsbekundung vorgenommen, (c) es ist eine Reaktion erfolgt (in Form eines Kommentars) und (d) es ist keine Handlung erfolgt.

Übersicht 2
Problemkategorien

| | |
|---|---|
| 1. goals (GO) | 11. success ratings (SR) |
| 2. characteristics of the programme (CH) | 12. total duration of study (TDS) |
| 3. programme-structure (PS) | 13. study time (STT) |
| 4. programme-content (PC) | 14. study advice and coaching (SA) |
| 5. instructional methods (IM) | 15. infrastructural facilities (IF) |
| 6. assessment (AS) | 16. alumni (AL) |
| 7. skills (SK) | 17. staff (ST) |
| 8. thesis (TH) | 18. internationalization (INT) |
| 9. practical training (PT) | 19. self-study (SST) |
| 10. number of students (NS) | 20. internal quality assurance (IQA) |

Quelle: Hulpiau & Waeytens (2003, S. 150)

Nach Hulpiau und Waeytens (2003, S. 155) wurden von den Gutachterinnen und Gutachtern oder den Fachangehörigen in den sechs Studienfächern in 24 der insgesamt 87 Problembereichen Schwächen identifiziert. Am häufigsten konnten im Rahmen der Evaluationen Schwächen im Lehrbereich festgestellt werden. Hierunter fallen:

— Defizite bei der Vermittlung von Schlüsselqualifikationen und beim Praxisbezug (Bereich *characteristics of the programme*),

— Defizite beim Aufbau und bei der Kohärenz des Studienangebotes (Bereich *programme-structure*);

— Defizite in Bezug auf die Aktualität der Lehre (Bereich *programme-content*);

— Schwächen bei der Angemessenheit der Lehrmethoden und dem Grad ihrer Nutzung (Bereich *instructional methods*) sowie

— Defizite beim Ablauf von Prüfungen, den Bewertungskriterien u. ä. (Bereich *assessment*).

Auch seien häufiger Probleme in Bezug auf die Rahmenbedingungen aufgetreten. Diese betreffen die Anzahl der Studienanfängerinnen und -anfänger, die Studienzeit, die Studienberatung und Absolventenkontakte auf der einen Seite sowie die Raum- und Computerausstattung, die Lehrqualifikationen, die Internationalisierungsstrategien und den Ablauf von Verfahren der internen Qualitätssicherung auf der anderen Seite.

Hulpiau und Waeytens (2003, S. 156) identifizieren nicht nur die Problembereiche, in denen Schwächen festgestellt wurden, sondern auch, ob die Gutachterinnen und Gutachter oder die Fachangehörigen die Probleme benannten. Probleme, die eher von der Peergroup identifiziert wurden, betreffen insbesondere den Ablauf von Verfahren der internen Qualitätssicherung (v. a. Einbindung von Studierenden bei der internen Evaluation) sowie die Lehrqualifikationen. Dagegen haben die Fachangehörigen eher Probleme in Bezug auf die Lehrmethoden, die Studiendauer, die Bewertungskriterien bei Prüfungen sowie die Raumausstattung benannt. Gleichermaßen seien die Angemessenheit von Entscheidungsstrukturen, Prüfungen bezüglich des abzufragenden Prüfungswissens und die IT-Ausstattung in den Studienfächern thematisiert worden.

Die Analyse der Dokumente zum Follow-up aus den Evaluationsverfahren hat nach Hulpiau und Waeytens (2003, S. 167) ergeben, dass bei etwa 60% der identifizierten Probleme bzw. ausgesprochenen Empfehlungen jegliche Handlung ausblieb. Bei 42% *der übrigen* Probleme bzw. Empfehlungen, *auf die eine Handlung folgte*, sind *konkrete* Maßnahmen ergriffen worden (dies entspricht etwa einem Fünftel aller Evaluationsergebnisse bzw. Empfehlungen); auf 18% folgten Absichtsbekundungen und auf 39% lediglich Reaktionen in Form von Kommentierungen (auf 1% der Probleme seien den Empfehlungen unangemessene Reaktionen gefolgt).

Auf Probleme, die sowohl bei der internen Evaluation durch die Fachangehörigen als auch bei der externen Evaluation durch die Gutachterinnen und Gutachter identifiziert wurden, sind nach Hulpiau und Waeytens (2003, S. 160) häufiger Follow-up-Aktivitäten gefolgt als auf Probleme, die nur durch die externen Gutachter identifiziert wurden. Dieser Unterschied wurde als statistisch hoch signifikant ausgewiesen. Insgesamt gesehen folgen nach Auffassung der Autoren auf zu wenige der identifizierten Probleme Follow-up-Aktivitäten.

Die Ergebnisse der Studie ließen kaum die Annahme eines Zusammenhangs zwischen dem Gegenstand eines identifizierten Problems bzw. der dazugehörigen Kategorie und dem Ausmaß der Follow-up-Aktivitäten (oder ihres Ausbleibens) zu.

Die Autoren sind der Auffassung, dass bei der Untersuchung von Wirkungen verschiedene Faktoren wie die jeweiligen Qualitätskriterien und unterschiedlichen Wertvorstellungen von Gutachtenden und Begutachteten eine Rolle spielen.

Hulpiau und Waeytens (2003, S. 161) resümieren, dass zwar ein großes Wissen bezüglich strategischer und kultureller Aspekte von Reformbestrebungen im Bildungsbereich existierten, der Aufwand für die Evaluationsverfahren entspreche jedoch häufig nicht den Erwartungen an deren Ergebnisse. Als Grund hierfür wird gesehen, dass Veränderungen im Bildungsbereich nicht nur strategische oder kulturelle, sondern multidimensionale Prozesse seien. Für die Interpretation der Umsetzung von Evaluationsergebnissen empfehlen sie daher eine multidimensionale Perspektive, um somit eher der Komplexität von Organisationen gerecht zu werden und organisationalen Wandel zu verstehen. Sie legen hierfür den Ansatz von Bolman und Deal (1997) nahe, der Organisationen und Ergebnisse aus Evaluationsverfahren aus unterschiedlichen Perspektiven betrachtet bzw. interpretiert: aus dem *polical frame*, dem *human resources frame*, dem *cultural frame* und aus dem *structural frame*. Je nachdem, welche Perspektive eingenommen wird, würden sich erfolgte oder ausbleibende Umsetzung von Evaluationsergebnissen erklären lassen. Werden gutachterliche Empfehlungen im Bereich *Didaktik* von Fachangehörigen eher nicht umgesetzt, so könnten Hinweise auf die Gründe in Bezug auf den *structural frame* (es gibt an der Hochschule kein Weiterbildungsangebot im Bereich *Didaktik*), in Bezug auf den *political* und den *human resources frame* (besonderes Engagement in der Lehre wird bei weitem weniger honoriert als Engagement in der Forschung) sowie auch in Bezug auf den *cultural frame* (sofern die Forschung als eigentliche Aufgabe einer Hochschule und die Lehre nur als „Beiprodukt" erachtet wird) gefunden werden.

*Großbritannien – Einzelfallstudie*

Publikationen:

Newton, J. (1999). An evaluation of the impact of external quality monitoring on a Higher Education College (1993-98). *Assessment & Evaluation in Higher Education, 24* (29), 215-236.

Newton, J. (2002a). Barriers to effective quality management and leadership. Case study of two academic departments. *Higher Education, 44* (2), 185-212.

Newton, J. (2002b). Views from below: academics coping with quality. *Quality in Higher Education, 8* (1), 39-61.

In Großbritannien gibt es im tertiären Bildungssektor neben den Universitäten ca. 100 *Institutes* bzw. *Colleges of Higher Education*, an denen akademische Abschlüsse erreicht werden können. Newton (1999, 2002a, 2002b) hat die Folgen von Verfahren für die Evaluation von Studienfächern des *Scottish Higher Education Funding Council* sowie von Audits des *Higher Education Quality Council* zwischen 1993 und 1998 und die Folgen der Studienfachevaluationen der *Quality Assurance Agency for Higher Education* (QAA) für 1999 bis 2001 in zwei Fachbereichen eines *Higher Education College* (*NewColl*) analysiert. Hierfür wurden Evaluations- bzw. Auditberichte und interne Dokumente analysiert sowie Collegeangehörige schriftlich und mündlich befragt. Nach Newton (1999) ist die große Mehrheit der schriftlich Befragten davon überzeugt, dass die internen und externen Anforderungen an die Rechenschaftslegung durch die Verfahren erfüllt worden sind (81% bzw. 70% der Befragten vergeben auf einer sechsstufigen Skala von 1 = „stimme voll und ganz zu" bis 6 = „stimme überhaupt nicht zu" die Werte 1 und 2). Den angegebenen Daten kann entnommen werden, dass bei den Prozentangaben die Antworten der Kategorie *don't know* eingerechnet wurden. Da diese Anteile jedoch relativ gering ausfallen, würden sich die weiteren Anteile (Werte 1-6) nur leicht verändern, wenn der Anteil Antworten „*don't know*" heraus gerechnet würde. Zur Stichprobengröße werden keine Angaben gemacht.

Die Antworten auf eine weitere Frage haben ergeben, dass 90% der Befragten der Auffassung sind, dass die Vorbereitung und die Ergebnisse der Verfahren gut sind. Zwischen 63% und 75% der Befragten sehen Verbesserungen in der Überprüfung und Begutachtung des Kursangebotes. Etwa ein Drittel meint, dass sich die Zusammenarbeit unter den Collegeangehörigen in Folge der Verfahren verbessert habe.

73% der *academic managers* haben nach Newton (1999, S. 224) zugestimmt (Werte 1-3 auf einer sechsstufigen Skala von 1 = „stimme voll und ganz zu" bis 6 = „stimme überhaupt nicht zu"), dass durch die Verfahren der Qualitätssicherung Verbesserungen für die Collegeangehörigen eingetreten sind, jedoch nur 40% der *course leaders* und 22% der *course team members* (Newton unterscheidet zwischen *academic managers*, *course leaders*, *course team members* und *all respondents*). Verbesserungen für die Studierenden haben 85% der *academic managers*, 53% der *course leaders* und 40% der *course team members* gesehen. Die Bewertungen der *academic managers* fielen insgesamt positiver aus als die Bewertungen der *course leaders* und der *course team members*.

Die Collegeangehörigen sehen nach Newton (1999, S. 225ff.; 2002b, S. 46) kaum Verbesserungen für sich und für die Studierenden als Folge der Verfahren. Daher würden die Verfahren stärker als Rechenschaftslegung nach außen verstanden und weniger mit einer tatsächlichen Qualitätsverbesserung in Verbindung gebracht werden. Faktoren, die zu dieser Einschätzung der Collegeangehörigen führen können, sind z. B., dass sich die Collegeangehörigen an die Qualitätssicherung gewöhnen oder diese lediglich als „Alibipolitik" verstehen. Die Folgenlosigkeit der Verfahren würde zusätzlich verstärkt, wenn nur bestimmte Themen im Rahmen der Verfahren fokussiert werden und zu wenig innerhalb des Colleges kommuniziert wird. Dass die *course leaders* und die *course team members* negativer bewerten als die *academic managers* liege an ihrem Widerstandsverhalten und Beharrungsvermögen sowie an ihrer Angst vor einem Autonomieverlust und einer als zu stark empfundenen Gewichtung von Teamwork.

Newton (2002a, S. 207ff.) zieht in Bezug auf die Auswirkungen von Qualitätssicherungsmaßnahmen auf die Betroffenen eine Reihe von Schlussfolgerungen: Erstens werde die Implementation von Qualitätssicherungsmaßnahmen durch situativ bedingte Faktoren, z. B. durch Widerstand der Betroffenen, beeinflusst. Zudem gebe es unterschiedliche Qualitätskonzepte unterschiedlicher Personengruppen (*policy implementation*). Zweitens würden Verfahren der Qualitätssicherung als Rechenschaftslegung verstanden (*leadership*). Drittens seien bei der Durchführung der Verfahren die Werte und Erwartungen der Betroffenen einzubeziehen; bei der Analyse von Wandlungsprozessen müssten unterschiedliche Perspektiven sowie die Auswirkungen der Einführung von Qualitätssicherungsmaßnahmen auf die Angehörigen einer evaluierten Einrichtung (z. B. die Entwicklung von Misstrauen und Abwehrhaltungen gegenüber Veränderungsprozessen) berücksichtigt werden (*management of change*).

## 4.4 Zusammenfassung der Ergebnisse und kritische Würdigung der Studien

Seitdem Ende der 1980er Jahre in Europa die mehrstufigen Verfahren für die systematische Evaluation von Studienfächern nach dem niederländischen Modell eingeführt wurden, sind nur wenige systematische Untersuchungen zu den Folgen der Verfahren durchgeführt worden. Insgesamt wurden elf Studien recherchiert, von denen zwei Einzelfallstudien sind (Gegenstand der Untersuchung sind die Folgen mehrstufiger Evaluationsverfahren an jeweils nur einer Hochschule).

Dass die Folgen aus Evaluationsverfahren nicht häufiger systematisch untersucht wurden, könnte u. a. darin begründet sein, dass bei der Einführung der Verfahren häufig das Hauptaugenmerk auf die Implementierung der internen und externen Evaluation gerichtet wurde. Die Phase des Follow-up bzw. der Umsetzung der Evaluationsergebnisse schien dagegen eine untergeordnete Rolle gespielt zu haben (van Bruggen, Scheele & Westerheijden, 1998; Europäische Kommission, 1995; Scheele, Maassen & Westerheijden, 1998; Thune & Staropoli, 1997). Daher wurden häufiger Bestandsaufnahmen zum genauen Ablauf von Evaluationsverfahren sowie Untersuchungen zur Verbesserung einzelner Verfahrenselemente durchgeführt (vgl. Kapitel 2) als Studien zu den Folgen der Verfahren. Westerheijden (1999, S. 244f.) weist darauf hin, dass es auch legitime Gründe dafür geben kann, dass bestimmte gutachterliche Empfehlungen nicht umgesetzt werden, z. B. würden einige Gutachten qualitative Mängel aufweisen. Zudem sei es schwierig, zwischen intendierten und nicht-intendierten Wirkungen zu unterscheiden (Harvey, 1999, S. 27). Stamm (2003a, S. 327ff.) übt grundsätzliche Kritik an einer Evaluationsforschung, bei der das Verständnis vorherrsche, Evaluationen würden nur durch nachweisbare Nützlichkeit legitimiert. Allerdings reicht nach Ansicht von Stamm (2003a) ein Konzept von Evaluation, nach dem lediglich bekannte Probleme noch einmal benannt werden, auch nicht aus.[35] Nach Stamm (2003a) ist direkte Nutzung „nie nur Passivum, sondern Aktivum im Sinne von bewusster und aktiver Gestaltung des Evaluationswissens als Transfer-, Transformations- und Reduktionsleistungen" (S. 338). Durch Evaluationen sollten Handlungsdefizite bewusst gemacht und Deutungsalternativen aufgezeigt werden. Bei einem solchen Verständnis der Folgen von Evaluationen scheint es jedoch besonders schwierig zu sein, diese zu identifizieren.

Frederiks, Westerheijden und Weusthof (1994) machen darauf aufmerksam, dass das Ergreifen von Maßnahmen nicht automatisch zur Verbesserung der Qualität führt:

> Furthermore, taking measures does not necessarily lead to improvement of education. The relation between taking measures and observing improvement is obscure. This originates in the complexity of the education process. There are many factors in this process that are very difficult to control. More important still is the lack of knowledge about cause and effect relationships in education; taking measures seems to be a matter of trial and error and of imitating behaviour. (S. 196)

Dennoch wurde sich im Rahmen der verschiedenen Studien, die recherchiert wurden, der Herausforderung gestellt, die Folgen der Evaluationsverfahren zu untersuchen und damit u. a. Fragen nach Effektivität und Effizienz der Verfahren zu beantworten. Die unterschiedlichen Untersuchungsdesigns und methodischen Vorgehen sowie die Ergebnisdarstellungen erschweren jedoch eine Vergleichbarkeit der Studien und ihrer Ergebnisse. Für die Datenerhebung wurden Fallstudien erstellt, schriftliche Befragungen, Interviews und / oder Dokumentenanalysen durchgeführt. Es werden Prozentwerte für die Umsetzung bzw. ausbleibende Umsetzung genannt, die teilweise für einzelne oder teilweise für verschiedene Themenbereiche bzw. Fächer insgesamt gelten; zum Teil werden auch keine

---

35 Stamm (2003a) hat die Folgen von Evaluationen von verschiedenen Schulprogrammen in der Schweiz untersucht. Die Untersuchung hat ergeben, dass direkte Nutzung von Evaluationsergebnissen bei etwa der Hälfte der Evaluationsergebnisse bzw. Empfehlungen vorliegt (Stamm, 2003a, S. 338). Auf der Grundlage der empirischen Befunde werden vier Rezeptions- und Nutzungsvarianten von Evaluationen abgeleitet: Blockade, Innovation, Alibi und Reaktion.

konkreten Angaben gemacht. Während bei einigen Studien das methodische Vorgehen und die Ergebnisse sehr umfassend dargestellt werden, wird bei anderen nicht einmal die Stichprobengröße genannt. Somit wirft das methodische Vorgehen bei einigen Studien Fragen auf. Manche Untersuchungen basieren ausschließlich auf subjektiven Einschätzungen zu Folgen der Evaluationsverfahren von Personen, die von den Verfahren direkt oder indirekt betroffen gewesen waren (Interviews und / oder schriftliche Befragungen). Andere klammern fachspezifische Kontextfaktoren aus, indem sie Berichte aus verschiedenen Evaluationsverfahren in unterschiedlichen Fächern vergleichen; auf dieser Grundlage identifizieren sie allgemeine Tendenzen zu Verbesserungen in bestimmten Bereichen. Teilweise werden Angaben nicht weiter spezifiziert und Ergebnisse wenig übersichtlich dargestellt. Zudem werden in keiner der Untersuchungen die Folgen aus den Evaluationsverfahren systematisch nach Fachgruppen und Themenbereichen dargestellt. Darüber hinaus ist die Form, in der die Ergebnisse dargestellt werden, sehr unterschiedlich: Sie reicht von der Monographie bis zur grauen Literatur (vor allem *conference papers*).

Allerdings lassen sich auf der Grundlage der Ergebnisse der Studien einige zusammenfassende Aussagen in Bezug auf (1) die konzeptionelle Einbettung, (2) die Typen von Wirkungen sowie 3) die identifizierten Einflussfaktoren treffen.

(1)    Durch die Studien wird deutlich, dass bei der Untersuchung von Folgen aus Evaluationsverfahren eine *konzeptionelle Einbettung* notwendig ist. Diese wird insbesondere im Rahmen der beiden länderübergreifenden Studien vorgenommen. Bei der *OECD-Studie* werden verschiedene Mechanismen und Ausprägungen von Wirkungen der Evaluationsverfahren (Belohnungen und Anreize, strukturelle bzw. strategische Veränderungen, Veränderungen der Kultur) identifiziert. Dabei sind Belohnungen und Anreize eher eine Folge gutachterlicher Berichte, veränderte Strategien und Strukturen sind eine Folge von gutachterlichen Berichten und institutionellem Qualitätsmanagement und organisationskulturelle Veränderungen ergeben sich eher aus den Erfahrungen mit dem internen Evaluationsprozess sowie dem institutionellen Qualitätsmanagement. Im Rahmen der EVALUE-Studie werden die Folgen aus Evaluationsverfahren durch drei Ansätze beschrieben: (1) Die Untersuchung von Folgen als kausaler Ursache-Wirkungs-Zusammenhang, (2) die Untersuchung von Folgen auf der Grundlage von Klassifizierungen (z. B. positiv/negativ, direkt/indirekt, Forschung/ Lehre) und (3) die Untersuchung von Folgen für die Identifizierung von Entwicklungen und Bedingungen, welche die Veränderungen an Hochschulen herbeiführen. Der dritte Ansatz, der auf den Prozesscharakter von Evaluationsverfahren abhebt, wird als bedeutend hervorgehoben. Es werden vier Empfehlungen abgeleitet, die die Wirksamkeit von Evaluationsverfahren positiv beeinflussen sollen (z. B. umfassende Einbeziehung der Betroffenen und Transparenz der Evaluationsergebnisse für die Erzielung von Lern- und anderen Effekten). Im Rahmen der Einzelfallstudie, die in Belgien durchgeführt wurde, werden für die Interpretation der Evaluationsergebnisse vier verschiedene Perspektiven eingenommen: *political frame*, *human resources frame*, *cultural frame* und *structural frame* (nach Bolman & Deal, 1997). Die erfolgte Umsetzung von Evaluationsergebnissen wird u. a. durch die folgenden Faktoren erklärt: (hochschul-)politische

Unterstützung, Personalkapazitäten, kulturelle Voraussetzungen (z. B. Anerkennung von Engagement in bestimmten Bereichen) sowie strukturelle Rahmenbedingungen (z. B. die Existenz eines Weiterbildungsangebotes).

(2)     In allen Studien lassen sich vor allem zwei Wirkungstypen ausmachen: die direkten, instrumentellen und die indirekten, konzeptionellen Wirkungen. Die Studien haben gezeigt, dass direkte Wirkungen vor allem dann eintreten, wenn Gutachterinnen und Gutachter auf der einen und Begutachtete auf der anderen Seite ein gemeinsames Wertesystem haben (z. B. darüber, wie Qualität in einem bestimmten Bereich definiert wird). Direkte Wirkungen sind eher kurzfristig angelegt. Bei einem Teil der Studien werden direkte, instrumentelle Wirkungen dargestellt, indem Prozentwerte für Umsetzungsaktivitäten genannt werden. Der Anteil direkter Wirkungen von Evaluationsverfahren liegt etwa zwischen einem Fünftel und zwei Drittel. So wird im Rahmen der HEFCE-Studie berichtet, dass 66% der gutachterlichen Empfehlungen umgesetzt wurden (Brennan, Frederiks & Shah, 1997, S. 15f.), wobei insbesondere Verbesserungen in den Arbeitsabläufen und ihrer Dokumentation, bei der Bewertung und Überarbeitung des Curriculums sowie der Lehr- und Prüfungsmethoden, der Personalentwicklung sowie der Reallokation von Ressourcen eingetreten sind. Am häufigsten von 15 Studienfächern hat es im Fach Informatik (88%), am seltensten in der Geographie (35%) Aktivitäten in Folge der gutachterlichen Empfehlungen gegeben (Brennan, Frederiks & Shah, 1997, S. 20f.). Für den ersten Evaluationszyklus in Dänemark wurde festgestellt, dass der Anteil der Folgeaktivitäten etwa 60% beträgt (The Danish Evaluation Institute, 2004, S. 30). Der Anteil konkreter Maßnahmen als Folge der gutachterlichen Empfehlungen bei Universitäten und Fachhochschulen in den Niederlanden (erster Zyklus) beträgt jeweils etwa ein Fünftel (Frederiks, Westerheijden & Weusthof, 1994, S. 191). Bei 13% (Universitäten) bzw. 19% (Fachhochschulen) der gutachterlichen Empfehlungen blieb jegliche Folgeaktivität aus. An der *University of Leuven* blieben etwa 60% der identifizierten Probleme bzw. Empfehlungen ohne Konsequenzen. Bei den übrigen identifizierten Defiziten, auf die eine Handlung folgte (40%), sind bei 42% konkrete Maßnahmen ergriffen worden, auf 18% folgten Absichtsbekundungen und auf 39% lediglich Reaktionen in Form von Kommentierungen (Hulpiau & Waeytens, 2003, S. 167). Dabei ergaben sich aus Schwächen, die sowohl bei der internen Evaluation durch die Fachangehörigen als auch bei der externen Evaluation durch die Gutachterinnen und Gutachter identifiziert wurden, häufiger Follow-up-Aktivitäten als aus Schwächen, die ausschließlich von den externen Gutachterinnen und Gutachtern aufgedeckt wurden. Auch in Dänemark hat sich für den ersten Evaluationszyklus gezeigt, dass die Umsetzung gutachterlicher Empfehlungen erfolgreicher war, wenn die Empfehlungen auf den Selbstreports basierten (Thune & Kristoffersen, 1999, S. 2). Für den zweiten Evaluationszyklus in Dänemark wurde festgestellt, dass die Hochschulangehörigen der Universität Roskilde davon überzeugt sind, dass 32% der gutachterlichen Empfehlungen weitgehend oder zumindest teilweise umgesetzt wurden, für die Angehörigen der Universität Aalborg beträgt dieser Anteil 27% (The Danish Evaluation Institute, 2004, S. 16). Am häufigsten sind Veränderungen im Bereich der Organisation von Studium und Lehre (in Roskilde waren drei Viertel der Befragten hiervon überzeugt, in Aalborg etwa zwei Drittel)

sowie der Entwicklung bzw. Stärkung regelmäßiger Qualitätssicherung (Roskilde: 53%, Aalborg: 67%) eingetreten. Am seltensten ist es nach Auffassung der Befragten zu Verbesserungen im Bereich der Profilbildung (*professional profile*) gekommen (Roskilde: 38%, Aalborg: 45%). Im Rahmen der Einzelfallstudie in Großbritannien wurde festgestellt, dass 73% der *academic managers*, 40% der *course leaders* und 22% der *course team members* des untersuchten *Higher Education College* der Meinung sind, dass durch die Verfahren der Qualitätssicherung Verbesserungen für die Collegeangehörigen eingetreten sind (Newton, 1999, S. 224). 85% der *academic managers*, 53% der *course leaders* und 40% der *course team members* sind überzeugt, dass sich die Bedingungen für die Studierenden verbessert haben.

Neben den direkten Wirkungen werden in den Studien auch indirekte, konzeptionelle Wirkungen identifiziert. Sie sind u. a. dadurch gekennzeichnet, dass sie eher auf unterschiedlichen Werteverständnissen von Gutachtenden und Begutachtenden beruhen (wodurch sich die Umsetzung der Evaluationsergebnisse schwierig gestaltet) und dass sie sich erst nach einem längeren Zeitraum zeigen. Indirekte Wirkungen sind z. B. Lerneffekte und Selbstreflexion durch die Phase der internen Evaluation, Auswirkungen auf die Moral der Fachangehörigen bzw. eine gestiegene Akzeptanz der Qualitätssicherung und die Entwicklung einer Qualitätskultur, ein gestiegener Stellenwert des Bereichs *Studium und Lehre*. In der OECD-Studie wird davon ausgegangen, dass die indirekten Wirkungen grundlegend und langwährend sind (Brennan & Shah, 2000a, S. 89).

(3)    In den Studien werden einige Einflussfaktoren identifiziert, die sich teilweise positiv oder negativ auf die Umsetzung von Evaluationsergebnissen auswirken. Folgen von Evaluationen fallen je nach Fachzugehörigkeit und Rahmenbedingungen bzw. Spezifika einer jeweiligen Hochschule unterschiedlich aus. Auch spielen die Beziehung zwischen Hochschule und Staat, die Größe einer Evaluationseinheit, die Methoden der Evaluation, die Trägerschaft für bestimmte Maßnahmen sowie der Zeitpunkt, zu dem die Folgen aus Evaluationsverfahren untersucht werden, eine bedeutende Rolle. Als Faktoren, die die Folgen von Evaluationsverfahren positiv beeinflussen, werden u. a. ausreichende Einbeziehung der Evaluierten in den Evaluationsprozess, die Akzeptanz des Evaluationsverfahrens durch die Evaluierten, Aufbau und Förderung von Selbstständigkeit der Evaluierten während der Evaluation sowie verständlich und handlungsorientiert formulierte Empfehlungen der Gutachterinnen und Gutachter genannt. Die Möglichkeit für die Evaluierten, die gutachterlichen Empfehlungen mit den Gutachterinnen und Gutachtern zu diskutieren, wirkt sich ebenfalls positiv auf die Umsetzung der Evaluationsergebnisse aus. Dagegen wirken sich z. B. Missverständnisse zwischen den Gutachtenden und den Begutachteten sowie unterschiedliche Schwerpunktsetzungen und Wertvorstellungen negativ auf die Umsetzung von Evaluationsergebnissen aus. Empfehlungen, die die Ressourcen zum Gegenstand haben, beeinträchtigen ebenfalls den Umsetzungserfolg. In der Fallstudie in Großbritannien (Newton, 1999, S. 225ff.) wurde festgestellt, dass es sich u. a. auch negativ auf die Umsetzung auswirkt, wenn bei den Betroffenen ein Routineeffekt einsetzt (Gewöhnung an Qualitätssicherung) und wenn während des Evaluationsprozesses nicht ausreichend kommuniziert wird.

Basierend auf den Ergebnissen der vorgestellten Studien soll mit der vorliegenden Arbeit ein Beitrag geleistet werden, die Folgen aus den Evaluationsverfahren auf einer breiten Datengrundlage und unter multimethodalem Vorgehen systematisch zu untersuchen. Dabei werden Einflussfaktoren bzw. Hinderungsgründe für die Umsetzung von Evaluationsergebnissen identifiziert. Für die mehrstufigen Evaluationsverfahren, die sich am niederländischen Modell orientieren, sollen verallgemeinerbare Ergebnisse erzielt werden, auf deren Grundlage Empfehlungen für die Optimierung der Umsetzung von Evaluationsergebnissen formuliert werden. Bevor im Folgenden die Ergebnisse der Untersuchung dargestellt werden, werden zunächst die beiden Evaluationseinrichtungen, deren Verfahren Gegenstand der Untersuchung sind, vorgestellt. Dieses sind die *Zentrale Evaluations- und Akkreditierungsagentur Hannover* (ZEvA) sowie der *Verbund Norddeutscher Universitäten* (VNU bzw. Nordverbund).

## 5 Die Evaluationsverfahren des Verbundes Norddeutscher Universitäten und der Zentralen Evaluations- und Akkreditierungsagentur Hannover

Die Verfahren des *Verbundes Norddeutscher Universitäten* (VNU, Nordverbund) und der *Zentralen Evaluations- und Akkreditierungsagentur Hannover* (ZEvA) folgen den Grundsätzen der mehrstufigen Verfahren nach dem niederländischen Modell, die von *Wissenschaftsrat* (WR) und *Hochschulrektorenkonferenz* (HRK) empfohlen werden und der allgemein anerkannten Praxis entsprechen (vgl. Kapitel 2). Die Verfahren von Nordverbund und ZEvA haben zum Ziel, die Qualität in Lehre und Studium zu sichern und zu verbessern. Sie bestehen aus der internen Evaluation, der externen Evaluation, der Veröffentlichung der Evaluationsergebnisse und dem Follow-up bzw. der Umsetzung der Evaluationsergebnisse. Auch wenn sich die Verfahren der beiden Einrichtungen in ihrem allgemeinen Ablauf entsprechen, so finden sich in den Details einige Unterschiede.

*Verbund Norddeutscher Universitäten (VNU, Nordverbund)*

Als erste Einrichtung für die systematische Evaluation von Studium und Lehre an deutschen Hochschulen gründete sich 1994 der *Verbund Norddeutscher Universitäten* auf Beschluss der Akademischen Senate der Universitäten Bremen, Hamburg, Kiel, Oldenburg und Rostock. 1998 schloss sich die Universität Greifswald dem Verbund an; seit 2004 beteiligt sich die Universität Oldenburg nicht mehr an den Evaluationen des Nordverbundes, da sie sich durch die ZEvA evaluieren lässt. Dafür hat sich die Universität Lübeck dem Nordverbund 2004 angeschlossen. Die Universität Groningen unterstützt die Evaluationen des Nordverbundes in beratender Funktion, indem sie u. a. eine Fachvertreterin bzw. einen Fachvertreter in jede Gutachterkommission entsendet. Die Geschäftsstelle des Nordverbundes befindet sich am Standort des Sprechers, das war bisher die Universität Hamburg. In jeder Universität fungieren einzelne Personen aus den Zentralverwaltungen (bspw. aus den Dezernaten für Studium und Lehre) als Ansprechpartner für die Fachangehörigen aus den evaluierten Fächern vor Ort. Die zu evaluierenden Fächer werden von den Präsidenten und Rektoren der Verbund-Universitäten benannt. Der Nordverbund führt die Evaluationsverfahren systematisch und periodisch (wiederholte Evaluationen nach acht bis zehn Jahren) durch. Als besondere Merkmale der Evaluation im Nordverbund gelten, dass die Verfahren ausschließlich in der Verantwortung der einzelnen Universitäten liegen und über die Grenzen der Bundesländer hinweg greifen, dass in allen Phasen der Evaluation Studierende beteiligt sind, die Gutachtenden ohne Honorar tätig werden und dass diese die Studienfächer sowohl beraten als auch beurteilen (Fischer-Bluhm, 2000, S. 23).

Im Rahmen der internen Evaluation erstellen die Fachangehörigen einen Selbstevaluationsbericht in Form einer Stärken- und Schwächenanalyse. Für den Bericht stellt die Geschäftsstelle des Nordverbundes einen Frageleitfaden als Gliederungsgrundlage zur Verfügung. Der Frageleitfaden enthält 14 Gliederungspunkte, die mit zahlreichen Unterpunkten erläutert sind. Für den Selbstevaluationsbericht ist folgende Gliederung vorgesehen:

(1) Kurzbeschreibung des Faches und seiner Studienangebote; (2) Ziele für Lehre und Studium; (3) Studienschwerpunkte; (4) Planung und Organisation des Lehrangebotes; (5) Lehr- und Lernformen; (6) Beratung, Betreuung und Kommunikation; (7) Studierende; (8) Prüfungen und Studienzeiten; (9) Absolventinnen und Absolventen; (10) Lehrende; (11) Förderung des wissenschaftlichen Nachwuchses; (12) Ausstattung für die Lehre; (13) Verwaltung und Selbstverwaltung für die Lehre sowie (14) Reformvorhaben und Evaluationen. Der Selbstevaluationsbericht stellt die zentrale Informationsgrundlage für die externen Gutachterinnen und Gutachter dar.

Die Zusammensetzung der Gutachterkommission erfolgt auf der Grundlage einer Vorschlagsliste der Fachangehörigen aller beteiligten Universitäten eines Evaluationsverfahrens. Die Fachangehörigen werden gebeten, renommierte Vertreterinnen und Vertreter ihres Faches vorzuschlagen. Durch die Notwendigkeit, dass sich die Fachangehörigen der einzelnen Standorte auf die zu benennenden Gutachterinnen und Gutachter einigen müssen, soll ausgeschlossen werden, dass Gefälligkeitsgutachten erstellt werden (Fischer-Bluhm, 1998, S. 29). Von Seiten des Nordverbundes wird gewünscht, dass mindestens ein Mitglied der Kommission weiblich ist. In Absprache mit den am Verfahren beteiligten Studierenden kann auch eine Studentin oder ein Student Mitglied der Kommission sein. Darüber hinaus ist eine Fachkollegin bzw. ein Fachkollege von der Universität Groningen beratendes Mitglied in der Kommission. Unmittelbar vor dem Besuch der Universitäten tauschen sich die Gutachterinnen und Gutachter auf einer ersten gemeinsamen Sitzung über ihre Einschätzungen zu den Selbstbeschreibungen aus, diskutieren die Kriterien, nach denen sie die Standorte beurteilen wollen, und legen eine kommissionsinterne Arbeitsteilung fest. Die Gutachterinnen und Gutachter sollen die Ziele für Lehre und Studium, die in der jeweiligen Universität von einem Fach entwickelt wurden, dem *the state of the art* in der *scientific community* gegenüberstellen und prüfen, ob diese Ziele die Erwartungen der Studierenden und die Anforderungen zukünftiger Beschäftigungsfelder berücksichtigen (Verbund Norddeutscher Universitäten, 2003, S. 15). Der Nordverbund bietet den Gutachterinnen und Gutachtern in Anlehnung an die Empfehlungen des *Wissenschaftsrates* (1996) einen „Referenzrahmen für die Beurteilung von Qualität in Lehre und Studium" an, der auf Anfrage in der Geschäftsstelle erhältlich ist. Dieser hat die Ziele von Studium und Lehre, die Konsistenz und Kohärenz in Studium und Lehre sowie den verantwortungsvollen Umgang mit zeitlichen und finanziellen Ressourcen zum Gegenstand.

Während eines Vor-Ort-Besuchs führt die Gutachterkommission Gespräche mit den Professorinnen und Professoren, den Angehörigen des Mittelbaus, mit Vertreterinnen und Vertretern der Studierenden, mit dem technischen und administrativen Personal sowie mit der Hochschulleitung und ggf. auch der Frauenbeauftragten. Der genaue Ablaufplan wird von der Geschäftstelle des Nordverbundes in Abstimmung mit den Fachangehörigen sowie den Gutachterinnen und Gutachtern entwickelt. Der Besuch dauert pro Standort etwa eineinhalb Tage; die einzelnen Universitäten werden in der Regel nacheinander von der Kommission besucht. Auf der Grundlage des Selbstevaluationsberichts sowie der Gespräche mit den Fachangehörigen und Studierenden der evaluierten Fächer verfassen die Gutachterinnen und Gutachter ihr Gutachten. Da die Fachangehörigen die Möglichkeit erhalten, im Rahmen einer sogenannten Auswertenden Konferenz Sachverhalte richtig zu stellen und Missverständnisse auszuräumen, handelt es sich zunächst um ein vorläufiges Gutachten. Erst nach Abschluss der Konferenz, an der die Fachvertreterinnen und -vertreter, die Gutachtenden, die Dekaninnen und Dekane, die Hochschulleitungen, die jeweiligen Ansprechpersonen für die Evaluation aus den zentralen Verwaltungen und die Angehörigen der Geschäftsstelle teilnehmen, verfasst die Gutachterkommission das endgültige Gutachten. Im Rahmen der Auswertenden Konferenz werden auch erste zu ergreifende Maßnahmen sowie Verbesserungsmöglichkeiten für das Evaluationsverfahren besprochen. Die Auswertenden Konferenzen sollen die Akzeptanz des Gutachtens seitens der Fachangehörigen erhöhen und den einzelnen Standorten ermöglichen, durch den Vergleich mit den jeweils anderen Standorten, die ebenfalls evaluiert wurden, die eigenen Schwerpunkte besser herauszuarbeiten (Fischer-Bluhm, 1998, S. 30). Nach Abschluss des Evaluationsverfahrens werden die zentralen Ergebnisse des Verfahrens veröffentlicht. Mit der Vorlage des endgültigen Gutachtens ist das Verfahren abgeschlossen, die Umsetzung liegt in den Händen der einzelnen Universitäten.

In den Universitäten des Nordverbundes wird in Folge der Evaluation zwischen den Fachangehörigen und der Hochschulleitung in der Regel eine Zielvereinbarung getroffen, in der die Maßnahmen, die jeweils Verantwortlichen und der Zeitrahmen für die Umsetzung festgehalten werden (siehe Verbund Norddeutscher Universitäten, 2000). An allen Universitäten ist vorgesehen, dass die Angehörigen der evaluierten Institute bzw. Fachbereiche zwei Jahre nach Abschluss der Evaluation einen schriftlichen Bericht zum Stand der Umsetzung der vereinbarten Maßnahmen verfassen. In manchen Universitäten des Nordverbundes findet zudem ein Jahr nach Abschluss des Verfahrens ein Folgegespräch zwischen der Evaluationseinrichtung bzw. den für die Evaluation verantwortlichen Personen aus den zentralen Verwaltungen und den Fachangehörigen statt, in dem der Zwischenstand resümiert wird.

Der erste Zyklus für die Evaluationsverfahren des Nordverbundes ist abgeschlossen. Alle größeren Fächer (mit Ausnahme der medizinischen Fächer), die an mehr als drei Universitäten im Nordverbund angeboten werden, wurden bis 2003 evaluiert; dieses sind: Biologie und Germanistik (1994/1995), Wirtschaftswissenschaften und Informatik (1995/1996), Chemie und Geschichte (1996/1997), Anglistik, Geowissenschaften und Mathematik (1997/1998), Erziehungswissenschaften, Physik und Romanistik (1998/1999), Jura, Psychologie und Sportwissenschaft (1999/2000), Geographie, Soziologie / Politologie (2000/ 2001), Philosophie (2001/2002) sowie Slawistik und Theologie (2002/2003). 2001/2002 wurden zudem die Internationalisierungsstrategien an den Universitäten des Nordverbundes evaluiert. Für die Evaluationen im zweiten Zyklus wurde das mehrstufige Evaluationsverfahren beibehalten. In der konkreten Ausführung wurden jedoch einige Modifikationen vorgenommen (vgl. Verbund Norddeutscher Universitäten, 2004a).

*Die Zentrale Evaluations- und Akkreditierungsagentur Hannover (ZEvA)*
Die ZEvA ist eine gemeinsame Einrichtung der niedersächsischen Hochschulen für die Evaluation von Studium und Lehre, die 1995 auf Beschluss der *Landeshochschulkonfe-*

renz Niedersachsen (LHK), in der die Hochschulleitungen aus den Universitäten und Fachhochschulen vereinigt sind, eingerichtet wurde. 2000 wurde die ZEvA nach Einrichtung einer organisatorisch unabhängigen Akkreditierungsabteilung von *Zentrale Evaluationsagentur niedersächsischer Hochschulen* in *Zentrale Evaluations- und Akkreditierungsagentur Hannover* umbenannt (auf Beschluss der LHK von 1998). Die ZEvA wird von der Landesregierung finanziert und hat ihren Sitz in Hannover. Die LHK hat eine Lenkungsgruppe eingerichtet, die den Evaluationsprozess steuert. Der bzw. die Vorsitzende der Lenkungsgruppe ist zugleich Leiterin bzw. Leiter der Agentur. Der Lenkungsgruppe gehören fünf stimmberechtigte Mitglieder an: der bzw. die Vorsitzende der LHK, ein amtierendes oder früheres Mitglied der Hochschulleitung einer Universität oder einer gleichgestellten Hochschule, ein amtierendes oder früheres Mitglied der Hochschulleitung einer Fachhochschule, ein Vertreter des *Ministeriums für Wissenschaft und Kultur in Niedersachsen* (MWK) sowie eine Person, die über Erfahrungen in der Evaluation im nationalen und internationalen Bereich verfügt (Zentrale Evaluations- und Akkreditierungsagentur Hannover, 2000, S. 32). Die Lenkungsgruppe verabschiedet eine auf zwei Jahre angelegte Arbeitsplanung (in Abstimmung mit der LHK) und benennt die zu evaluierenden Studienfächer. Die Evaluationen der ZEvA finden flächendeckend (unter Einbeziehung unterschiedlicher Hochschultypen), systematisch und periodisch (wiederholte Evaluationen nach etwa sechs Jahren) statt.

Im Rahmen des ZEvA-Verfahrens erstellen die Fachangehörigen während der internen Evaluation, ebenso wie beim Verfahren des Nordverbundes, einen Selbstevaluationsbericht auf der Grundlage eines Frageleitfadens. Der Leitfaden wird von der ZEvA zur Verfügung stellt und beinhaltet die folgenden Aspekte: (1) Organisatorische Struktur und weitere Entwicklung des Faches; (2) Bildungsziele; (3) Beschreibung des Curriculums; (4) Organisation von Lehre, Studium und Prüfungen; (5) Studierende und Studienverlauf; (6) Bewertung der Lehr-, Studien und Prüfungspraxis; (7) Absolventenverbleib und Arbeitsmarkt; (8) Ausstattung sowie (9) Stärken- und Schwächenprofil des Faches und seine Entwicklungsoptionen (Zentrale Evaluations- und Akkreditierungsagentur Hannover, 2000, S. 38ff.).[36] Der Bericht dient den Gutachterinnen und Gutachtern zur Vorbereitung ihres Vor-Ort-Besuchs. Für die Zusammensetzung der Kommission legt die ZEvA einen Strukturvorschlag vor, der die Grundlage für namentliche Vorschläge durch die Fachangehörigen bildet.

Die für die Gutachterkommission vorgeschlagenen Personen müssen unabhängig und unbefangen urteilen können. Zur Befangenheit zählen insbesondere eine Lehrtätigkeit an der zu evaluierenden Institution in den vergangenen fünf Jahren, die Beschäftigung an einer Hochschule desselben Bundeslandes, ein laufendes Berufungsverfahren an einer der zu begutachtenden Hochschulen oder aktuell bestehende enge Kooperationen. Die vorgeschlagenen Personen sollten angesehene Vertreterinnen und Vertreter ihres Faches

---

36 Der Gliederungsvorschlag für den Selbstevaluationsbericht wurde von der ZEvA zwischenzeitlich etwas modifiziert (siehe Zentrale Evaluations- und Akkreditierungsagentur Hannover, 2003, S. 20ff.).

sein und die Kommission sollte das Fächerspektrum des zu evaluierenden Faches widerspiegeln. Darüber hinaus wird gewünscht, dass mindestens eine Person aus dem Ausland kommt und über Evaluationserfahrung verfügt, dass eine Person Leitungserfahrung im Hochschulbereich mitbringt, dass eine Person aus der Berufspraxis kommt und dass Frauen angemessen in der Kommission vertreten sind.

Die ZEvA benennt die Gutachtergruppe unter Berücksichtigung der Fächervoten. Auch bei der ZEvA geht der externen Evaluation eine Vorbereitung der Gutachtergruppe voraus. Der genaue Ablauf des Vor-Ort-Besuchs wird mit den Fachangehörigen und den Gutachterinnen und Gutachtern abgestimmt. Die Aufgabe der Gutachterkommission ist es, „im Dialog mit dem jeweiligen Fach die im Selbstevaluationsbericht dokumentierte Selbsteinschätzung von Stärken und Schwächen in Lehre und Studium zu spiegeln und sie unter Einbeziehung der dort formulierten Ziele zu bewerten" (Zentrale Evaluations- und Akkreditierungsagentur Hannover, 2004, S. 10). Dabei sollen die Gutachterinnen und Gutachter lobende oder kritische Bewertungen erkennbar auf die selbst formulierten Ziele des jeweiligen Faches beziehen und handlungsorientierte Empfehlungen zur Sicherung und Verbesserung der Qualität von Studium und Lehre aussprechen. Die zentrale Funktion der Gutachtergruppe besteht darin, den in der internen Evaluation begonnenen Entwicklungsprozess des Faches durch Gespräche, Bewertungen und Empfehlungen weiter voranzutreiben. Für die Arbeit der Gutachterinnen und Gutachter hat die ZEvA Check- und Themenlisten bzw. einen Gutachterleitfaden entwickelt (Zentrale Evaluations- und Akkreditierungsagentur Hannover, 2000, 2003).

Im Rahmen des etwa eineinhalb Tage dauernden Vor-Ort-Besuchs werden Gespräche mit der Hochschulleitung, mit den Professorinnen und Professoren, den Angehörigen des Mittelbaus, mit Vertreterinnen und Vertretern der Studierenden sowie mit dem technischen und administrativen Personal geführt. Die Gutachterinnen und Gutachter verfassen einen vorläufigen gutachterlichen Bericht, zu dem die Fachangehörigen schriftlich Stellung nehmen können, um ggf. Sachverhalte richtig zu stellen und Missverständnisse auszuräumen. Daraufhin wird das endgültige Gutachten erstellt und die ZEvA veröffentlicht die zentralen Ergebnisse der Evaluation. Auch an den niedersächsischen Hochschulen werden teilweise Zielvereinbarungen geschlossen; zumindest verfassen die Fachangehörigen im Rahmen der Stellungnahmen einen Maßnahmenplan. Für die Umsetzung der Evaluationsergebnisse sind die jeweiligen Standorte verantwortlich. In den Verfahren ist jedoch vorgesehen, dass die evaluierten Fächer der ZEvA zwei Jahre nach Abschluss der externen Evaluation zum Stand der Umsetzung Bericht erstatten. Auch die ZEvA hat den ersten Evaluationszyklus abgeschlossen, wobei auch sie die medizinischen Fächer nicht einbezogen hat. Folgende Fächer wurden evaluiert: Chemie, Elektrotechnik (an Fachhochschulen), Geschichte sowie Sozialpädagogik / Sozialwesen / Sozialarbeit (1995/1996); Anglistik / Romanistik, Bauingenieurwesen, Elektrotechnik (an Universitäten), Geowissenschaften / Geoökologie / Geophysik sowie Geographie (1996/1997); Mathematik, Wirtschaftswissenschaften, Design sowie Kulturwissenschaften / Kulturpädagogik (1997/ 1998); Architektur, Rechtswissenschaften und Germanistik (1998/1999); Maschinenbau, Biologie sowie Politik- und Sozialwissenschaften (1999/2000); Lehramt an Grund-, Haupt-

und Realschulen / Lehramt an Sonderschulen (Grundwissenschaften), Erziehungswissenschaften und Physik (2000/2001); Agrarwissenschaft / Forstwirtschaft / Gartenbau / Landschafts- und Freiraumplanung / Landwirtschaft, Philosophie sowie Psychologie (2001/2002); Sportwissenschaften, Religionswissenschaft, Automatisierungstechnik, Vermessung / Geoinformatik sowie Fahrzeug- / Produktions- / Verfahrenstechnik (2002/2003).

Im Jahr 2002 hat die ZEvA begonnen, Fächer im zweiten Zyklus (*Folgeevaluation*) zu evaluieren. Ein zweiter Evaluationszyklus ist vor allem eine Follow-up-Evaluation der Erstevaluation, das heißt, dass sie an die Erstevaluation anschließt und auf deren Ergebnisse Bezug nimmt. Für die Folgeevaluationen wird auch bei der ZEvA das mehrstufige Verfahren beibehalten, jedoch entscheiden die Gutachterinnen und Gutachter auf der Grundlage der schriftlichen Dokumente (vor allem des Selbstevaluationsberichts) von Fall zu Fall, ob sie Gespräche vor Ort führen wollen (hierzu und zu weiteren Verfahrensänderungen des zweiten gegenüber dem ersten Zyklus siehe Zentrale Evaluations- und Akkreditierungsagentur Hannover, 2004).

# 6 Methode

## 6.1 Datengrundlage

Für die Beantwortung der Fragen, inwieweit gutachterliche Empfehlungen umgesetzt oder auch weitere Maßnahmen in Folge der Evaluationsverfahren ergriffen wurden und welche Gründe sich für Erfolge und Misserfolge bei der Umsetzung gutachterlicher Empfehlungen identifizieren lassen, wurde eine umfangreiche Dokumentenanalyse durchgeführt. Im Rahmen der Dokumentenanalyse wurden schriftliche Berichte, Stellungnahmen, Zielvereinbarungen und ähnliche Dokumente, die in Folge der Evaluationen von ZEvA und Nordverbund erstellt wurden, ausgewertet.

Die Untersuchung der Umsetzung der gutachterlichen Empfehlungen stützt sich auf die Themenanalyse aller 203 im Rahmen der Evaluationsverfahren von Nordverbund und ZEvA seit Bestehen der Einrichtungen bis zum Jahr 2001 erstellten Gutachten (Mittag, Bornmann & Daniel, 2003a, S. 105ff.). Damit schließt die vorliegende Arbeit an das Projekt „Verfahrens- und Wirksamkeitsanalyse der Evaluationsverfahren der *Zentralen Evaluations- und Akkreditierungsagentur Hannover* (ZEvA) und des *Verbundes Norddeutscher Universitäten* (Nordverbund) für die Evaluation von Studium und Lehre" an. Das Projekt wurde am Wissenschaftlichen Zentrum für Berufs- und Hochschulforschung der Universität Kassel (*WZ I*, heute *INCHER-Kassel*) in den Jahren 2001 bis 2003 unter der Leitung von Prof. Dr. Hans-Dieter Daniel durchgeführt. Im Rahmen des Projekts wurden ehemalige Gutachterinnen und Gutachter sowie ehemals beteiligte Fachangehörige zu den Verfahren schriftlich befragt. Es wurden Interviews mit Hochschulleitungen, Ansprechpartnerinnen und -partnern für die Evaluationen in den einzelnen Hochschulen und mit den Angehörigen der Evaluationseinrichtungen geführt. Ferner wurde eine Themenanalyse der Gutachten, die über einen Zeitraum von ca. sechs Jahren in den Verfahren erstellt wurden, durchgeführt. Die Ergebnisse der Verfahrensanalyse sind in Form eines Handbuches von Mittag, Bornmann und Daniel (2003a) publiziert worden (siehe auch Bornmann, Mittag & Daniel, 2003; Bornmann, Mittag & Daniel, in Druck; Bornmann, Mittag, Mutz & Daniel, 2004; Daniel, Mittag & Bornmann, 2003; Hochschulrektorenkonferenz, 2004; Mittag, Bornmann & Daniel, 2003b; Mittag, Bornmann & Daniel, 2004).

Darüber hinaus wurde im Rahmen der vorliegenden Arbeit eine sekundärstatistische Analyse mit den Daten aus der schriftlichen und der mündlichen Befragung, die bei der o. g. Verfahrensanalyse der Evaluationsverfahren von Nordverbund und ZEvA erhoben wurden, durchgeführt. Hierbei wurden die Einschätzungen der Evaluationsbeteiligten zu Verbesserungsmaßnahmen in Folge der Evaluationen und zu möglichen Gründen, die die Umsetzung von Evaluationsergebnissen erschwert oder verhindert haben, einbezogen. Die Daten aus der schriftlichen Erhebung wurden zudem genutzt, um Zusammenhänge zwischen den Einschätzungen der Befragten zu den Verfahren und den Ergebnissen der Dokumentenanalyse zu untersuchen.

### 6.1.1 Themenanalyse der Gutachten

Bei der Themenanalyse der Gutachten, die im Rahmen der Verfahrensanalyse durchgeführt wurde und auf der die vorliegende Untersuchung der Umsetzungsaktivitäten basiert, wurde analysiert, in welchen Themenbereichen bestimmte gutachterliche Empfehlungen ausgesprochen wurden.

Für die systematische Erfassung der Empfehlungen wurde zu Beginn der themenanalytischen Auswertung ein Kategoriensystem entwickelt. Die Kategorien, die bestimmte Themenbereiche abbilden, wurden unter Berücksichtigung verschiedener Übersichten bzw. Systematisierungen gebildet. Zentral bei der Kategorienbildung war der Frageleitfaden, der den Fachangehörigen von den beiden Evaluationseinrichtungen für die Erstellung des Selbstreports als Gliederungsgrundlage zur Verfügung gestellt wird. Die Selbstevaluationsberichte, die sich an den Frageleitfäden orientieren, sind wiederum die Basis für die Bewertungen der Gutachterinnen und Gutachter. Die ZEvA hat auf der Grundlage des Frageleitfadens auch einen Gliederungsvorschlag für die Gutachten entwickelt (Zentrale Evaluations- und Akkreditierungsagentur Hannover, 2000, 2003). Darüber hinaus wurden bei der Kategorienbildung weitere Quellen herangezogen (Mittag, Bornmann & Daniel, 2003a, S. 27), wie eine Systematisierung von Elementen und Problemfeldern im Rahmen einer Studie zu Lehrberichten an bayerischen Hochschulen (Sandfuchs & Stewart, 2002, S. 36ff.) sowie Ausführungen vom *Hochschul-Informations-System* (HIS) und dem *Centrum für Hochschulentwicklung* (CHE) zu Lehr- und Evaluationsberichten als Instrumente zur Qualitätsförderung (Barz, Carstensen & Reissert, 1997). Die Intersubjektivität wurde durch Testläufe verschiedener Kodiererinnen bzw. Kodierer überprüft (Mittag, Bornmann & Daniel, 2003a, S. 27). Die zu Codes zusammengefassten Empfehlungen der abschließenden Gutachten wurden dem Kategoriensystem zugeordnet; die Auswertung erfolgte computergestützt mit *atlas.ti*.

Die gutachterlichen Empfehlungen wurden den folgenden Themenbereichen zugeordnet:

1. Planung und Organisation von Studium und Lehre, z. B. Aufbau und Ablauf des Studiums optimieren (u. a. durch eine veränderte Gewichtung von fakultativen und obligatorischen Veranstaltungen, von Praxis- und Theorieanteilen sowie von Studienschwerpunkten, die Verlagerung von Lehrkapazitäten vom Haupt- ins Grundstudium oder die Entwicklung eines eigenständigen Grundstudiums); Aktualisierung bzw. Optimierung der Studienordnung; optimierte Stellenbesetzung (u. a. durch eine gleichmäßigere Verteilung der Lehrbelastung auf die Lehrkräfte, den Ausbau der Mittelbaustellen durch die Umwandlung von C2-Stellen oder die Vermeidung von Vakanzen); erhöhte bzw. optimierte Interdisziplinarität.

2. Ausstattung, z. B. Aufstockung des wissenschaftlichen Personalbestandes; Verbesserung des Literaturbestandes; Ausbau von Arbeitsplätzen oder Seminarräumen; Anschaffung von EDV- und Multimediageräten; Verbesserung der EDV-Vernetzung.

3. Prüfungen, z. B. Aktualisierung bzw. Optimierung der Prüfungsordnung (u. a. durch die Erhöhung oder Verringerung der Anzahl von Leistungsnachweisen, die Einführung

studienbegleitender Leistungsnachweise, die Begrenzung der Dauer und des Umfangs von Examensarbeiten oder die Erstellung verbindlicher Vorgaben für das Lehramtsstudium); bessere Leistungskontrolle (u. a. durch häufigere oder detailliertere Leistungsrückmeldungen oder den Ersatz von Klausuren durch alternative Formen der Leistungsüberprüfung); bessere Abstimmung von Prüfungs- und Studienordnung.

4. Lehr- und Lernformen, z. B. Praktika optimieren (etwa durch die Erhöhung oder Verminderung der Anzahl obligatorischer Praktika, eine stärkere Vor- und Nachbereitung der Praktika oder eine bessere Integration der Praktika in das Studium u. a.); optimiertes Angebot an Tutorien; Einführung bzw. Optimierung von Arbeitsgemeinschaften und Veranstaltungen zur Aufarbeitung von Wissenslücken; verstärkter Einsatz neuer Medien in der Lehre.

5. Studierendenberatung und -betreuung, z. B. Verbesserung der Beratung und Betreuung von Studierenden im Grund- bzw. Hauptstudium (u. a. durch die bessere Organisation bestimmter Studienabschnitte, ein erhöhtes Sprechstundenangebot, das Angebot von Vorlesungsskripten oder eine verbesserte Beratung während der vorlesungsfreien Zeit); Verbesserung bzw. Einführung von Einführungsveranstaltungen zu Beginn des Studiums; Schaffung bzw. Ausbau eines Tutoren- bzw. Mentorensystems für Studierende; bessere Beratung für Studieninteressierte sowie Studienanfängerinnen und -anfänger.

6. Lehrinhalte, z. B. Praxisbezug oder Aktualität in der Lehre verstärken; Beibehaltung bzw. Ausbau bestimmter Lehrinhalte; stärkere Nutzung angebotener Sprachkurse; (bessere) Verknüpfung von Forschung und Lehre bzw. mehr Forschung in der Lehre; Definition studienrelevanter Lehrinhalte.

7. Wissenschaftlicher Nachwuchs, z. B. Förderung des wissenschaftlichen Nachwuchses (etwa durch eine bessere fachliche Betreuung, die Einführung von Graduiertenkollegs, die Unterstützung in Forschungsvorhaben, eine Entlastung von Betreuungs- und Korrekturaufgaben oder eine Besserstellung hinsichtlich der Dauer und des Umfangs der Beschäftigungsverhältnisse); bessere Ausstattung mit Qualifikationsstellen; Erhöhung des Frauenanteils auf Qualifikationsstellen.

8. Positionierung und Profilbildung, z. B. Verbesserung von Marketing und Öffentlichkeitsarbeit (u. a. durch Werbemaßnahmen an Schulen oder eine stärkere Kommunikation mit Wirtschaft und Politik bzw. der allgemeinen Öffentlichkeit); Bildung bzw. Ausbau universitäts- bzw. facheigener Schwerpunkte (u. a. durch eine Diskussion über die Profilbildung, die Konzeption von Forschungsperspektiven oder die Verbesserung der internen Vernetzung); Stärkung der Position des Faches innerhalb der Hochschule.

9. Qualitätssicherung und -verbesserung von Studium und Lehre, z. B. regelmäßiger bzw. optimierter Einsatz von Instrumenten zur Verbesserung von Studium und Lehre (u. a. durch Studierenden- und Absolventenbefragungen, Lehrveranstaltungsbeurteilungen, die Evaluation der Hochschulverwaltung oder detaillierte Studierendenstatistiken); Institutionalisierung eines Diskurses über Studium und Lehre (durch die Stu-

dienkommission, im Rahmen von Klausurtagungen, durch regelmäßige Auditverfahren oder durch die Schaffung einer Stelle für einen Qualitätsbeauftragten).

10. Verwaltung und akademische Selbstverwaltung, z. B. optimierte Prozesse in der Planung und Verwaltung von Studium und Lehre (u. a. durch die Koordination durch einen Studiendekan, eine digitale Datenverwaltung, die Abstimmung zwischen zentraler Verwaltung und dezentralen Einheiten bei der Literaturbeschaffung und sonstigen Anschaffungen, zentrale Anmeldeverfahren für Lehrveranstaltungen oder die Verlängerung der Amtszeit von Dekanen).

11. Bildungs- und Ausbildungsziele, z. B. Verbesserung der EDV-Ausbildung; bessere Vermittlung überfachlicher sowie inter- und transdiziplinärer Qualifikationen.

### 6.1.2 Dokumentenanalyse

Für die Beschreibung der Datengrundlage der Dokumentenanalyse wird im Folgenden auf die einbezogenen Verfahren, die einbezogenen Dokumente sowie die Interraterreliabilität eingegangen.

*Einbezogene Verfahren*

Für die Auswertung der Dokumente, in denen die Umsetzungsaktivitäten der Evaluationsergebnisse an den einzelnen Standorten festgehalten sind, wurden diejenigen Verfahren in die Analyse einbezogen, bei denen zum Zeitpunkt der Datenerhebung (Juli 2003) bereits Berichte zur Umsetzung der vereinbarten Maßnahmen vorlagen. Somit konnten insgesamt 117 von 203 Evaluationsverfahren (58%), die bis Mitte 2001 abgeschlossen waren, berücksichtigt werden. Als *Verfahren* wird die Evaluation eines Studienfaches an einem Standort verstanden (z. B. die Evaluation des Studienfachs Mathematik in Kiel). Der Nordverbund führte 30 der 117 Verfahren durch (16 Fächer an insgesamt sechs Standorten) und die *Zentrale Evaluations- und Akkreditierungsagentur Hannover* 87 Verfahren (16 Fächer an insgesamt 21 Standorten). Bei 69 der insgesamt 203 Verfahren lagen bis Juli 2003 zwar Zielvereinbarungen bzw. Maßnahmenprogramme vor, aber noch keine Berichte, die die Umsetzung der vereinbarten Maßnahmen dokumentieren. Bei den übrigen 17 Verfahren lag lediglich ein Gutachten vor.[37]

Zwar konnten nicht alle Evaluationsverfahren in die Analyse einbezogen werden, es hat sich jedoch gezeigt, dass die einbezogenen Verfahren (*n* = 117) in den Merkmalen *Evaluationseinrichtung*, *Fachgruppe*, *Fachgruppe nach Evaluationseinrichtung* sowie *Fachgruppe nach Hochschultyp* keine statistisch signifikanten Unterschiede zur Grundgesamtheit (alle 203 Verfahren, die bis Mitte 2001 abgeschlossen wurden) aufweisen. Somit sind

---

37 Erste Ergebnisse der Dokumentenanalyse hat die Verfasserin dieser Arbeit für 89 der 117 Verfahren im Rahmen einer Tagung der *Hochschulrektorenkonferenz* im Jahr 2003 präsentiert (Hochschulrektorenkonferenz, 2004).

die Verfahren, die in die vorliegende Untersuchung einbezogenen wurden, repräsentativ für alle Verfahren, die bis 2001 von Nordverbund und ZEvA abgeschlossen wurden.

Tabelle 1 zeigt die Verteilung der einbezogenen Verfahren und der Verfahren insgesamt nach Evaluationseinrichtung. Es wird deutlich, dass der Anteil der Verfahren des Nordverbundes (VNU), die in die Analyse einbezogen werden konnten, im Vergleich zu den Verfahren insgesamt geringer ausfällt (26% gegenüber 36%). Dagegen ist der Anteil der ZEvA-Verfahren, zu denen Umsetzungsberichte vorlagen, höher als der Anteil der ZEvA-Verfahren insgesamt (74% gegenüber 64%). Dieser Unterschied ist jedoch statistisch nicht signifikant (Chi$^2$-Anpassungstest): $\chi^2$ (1, $n$ = 320) = 3.62, $p$ = .06, Cramér's V = -0.11.[38]

Tabelle 1
Einbezogene Verfahren und Verfahren insgesamt nach Evaluationseinrichtung (absteigend sortiert; in absoluten und relativen Häufigkeiten)

| Evaluationseinrichtung | einbezogene Verfahren | | Verfahren insgesamt | |
|---|---|---|---|---|
| | absolut | **in Prozent** | absolut | **in Prozent** |
| ZEvA | 87 | **74** | 130 | **64** |
| VNU | 30 | **26** | 73 | **36** |
| Gesamt | 117 | **100** | 203 | **100** |

Anmerkung.
$\chi^2$ (1, $n$ = 320) = 3.62, $p$ = .06, Cramér's V = -0.11 (Chi$^2$-Anpassungstest)

Tabelle 2 zeigt, dass von den 117 Verfahren, die in die Untersuchung einbezogen werden konnten, jeweils 30 Verfahren (26%) in die drei Fachgruppen Sprach- und Kulturwissenschaften, Rechts-, Wirtschafts-, Sozialwissenschaften sowie Mathematik und Naturwissenschaften fallen. 19 Verfahren (16%) wurden in der Fachgruppe Ingenieurwissenschaften und 8 Verfahren (6%) in der Fachgruppe Kunst, Kunstwissenschaft, Lehramt und Sport durchgeführt.[39] Die Unterschiede zwischen den einbezogenen Verfahren und den Verfahren insgesamt (alle Verfahren, die bis Mitte 2001 abgeschlossen wurden) nach Fachgruppen sind ebenfalls statistisch nicht signifikant (Chi$^2$-Anpassungstest): $\chi^2$ (4, $n$ = 320) = .85, $p$ = .93, Cramér's V = .05. Keine Fachgruppe ist in der Stichprobe über- oder unterrepräsentiert.[40]

---

38 Zu den statistischen Verfahren siehe Kapitel 6.2.

39 Bei der Interpretation der Daten (Kapitel 7.1) muss die geringe Fallzahl in der Fachgruppe Kunst, Kunstwissenschaft, Lehramt und Sport berücksichtigt werden (geringe Aussagekraft der Ergebnisse in Bezug auf diese Fachgruppe).

40 Bei der Bildung von Fachgruppen wurde sich an der Einteilung des Statistischen Bundesamtes orientiert. Für die Zuteilung der Fächer zu den Fachgruppen siehe Übersicht 4 im Anhang.

Tabelle 2
Einbezogene Verfahren und Verfahren insgesamt nach Fachgruppen (absteigend sortiert nach den einbezogenen Verfahren; in absoluten und relativen Häufigkeiten)

| Fachgruppe | Einbezogene Verfahren | | Verfahren insgesamt | |
|---|---|---|---|---|
| | absolut | in Prozent | absolut | in Prozent |
| Mathematik und Naturwissenschaften | 30 | 26 | 58 | 28 |
| Rechts-, Wirtschafts-, Sozialwissenschaften | 30 | 26 | 44 | 22 |
| Sprach- und Kulturwissenschaften | 30 | 26 | 52 | 26 |
| Ingenieurwissenschaften | 19 | 16 | 33 | 16 |
| Kunst, Kunstwissenschaft, Lehramt, Sport | 8 | 6 | 16 | 8 |
| Gesamt | 117 | 100 | 203 | 100 |

*Anmerkung.*
$\chi^2$ (4, $n$ = 320) = .85, $p$ = .93, *Cramér's V* = .05 (Chi$^2$-Anpassungstest)

Wird für jede Evaluationseinrichtung nach Fachgruppen differenziert, so zeigen sich auch hier keine signifikanten Unterschiede (Chi$^2$-Anpassungstest): $\chi^2$ (4, $n$ = 217) = 2.65, $p$ = .62, *Cramér's V* = .11 (ZEvA) und $\chi^2$ (3, $n$ = 103) = 3.35, $p$ = .34, *Cramér's V* = .18 (Nordverbund).

Im Rahmen der Verfahren, die die ZEvA durchführt, sind unterschiedliche Hochschultypen involviert, während dem Nordverbund keine Fachhochschulen angehören. Insgesamt wurden im Untersuchungszeitraum durch die ZEvA 36 Fachbereiche bzw. Institute an Fachhochschulen evaluiert (18% aller durchgeführten Verfahren), und zwar in den drei Fachgruppen Rechts-, Wirtschafts- und Sozialwissenschaften, Ingenieurwissenschaften sowie Kunst, Kunstwissenschaft, Lehramt und Sport. An Universitäten wurden 167 Evaluationsverfahren durchgeführt. Unter den Verfahren, die in die vorliegende Analyse einbezogen wurden, haben 90 Verfahren an Universitäten und 27 Verfahren an Fachhochschulen stattgefunden. Die Verteilung der einbezogenen Verfahren und der Verfahren insgesamt nach Fachgruppen wird für jeden Hochschultyp in Tabelle 3 und Tabelle 4 dargestellt. Weder bei den Universitäten noch bei den Fachhochschulen besteht ein statistisch signifikanter Unterschied zwischen den einbezogenen Verfahren und den Verfahren insgesamt in der Verteilung der Verfahren auf die Fachgruppen (Chi$^2$-Anpassungstest): $\chi^2$ (4, $n$ = 257) = .37, $p$ = .99, *Cramér's V* = .04 (Universitäten) und $\chi^2$ (2, $n$ = 63) = 1.19, $p$ = .55, *Cramér's V* = .14 (Fachhochschulen).

Tabelle 3
Einbezogene Verfahren und Verfahren insgesamt nach Fachgruppen an Universitäten (absteigend sortiert nach den einbezogenen Verfahren; in absoluten und relativen Häufigkeiten)

| Fachgruppe | Einbezogene Verfahren (nur Universitäten) | | Verfahren insgesamt (nur Universitäten) | |
|---|---|---|---|---|
| | absolut | in Prozent | absolut | in Prozent |
| Mathematik und Naturwissenschaften | 30 | 33 | 58 | 35 |
| Sprach- und Kulturwissenschaften | 30 | 33 | 52 | 31 |
| Rechts-, Wirtschafts- und Sozialwissenschaften | 17 | 19 | 31 | 19 |
| Ingenieurwissenschaften | 7 | 8 | 12 | 7 |
| Kunst, Kunstwissenschaft, Lehramt und Sport | 6 | 7 | 14 | 8 |
| Gesamt | 90 | 100 | 167 | 100 |

*Anmerkung.*
$\chi^2$ (4, n = 257) = .37, p = .99, *Cramér's* V = .04 (Chi$^2$-Anpassungstest)


Tabelle 4
Einbezogene Verfahren und Verfahren insgesamt nach Fachgruppen an Fachhochschulen (absteigend sortiert nach den einbezogenen Verfahren; in absoluten und relativen Häufigkeiten)

| Fachgruppe | Einbezogene Verfahren (nur Fachhochschulen) | | Verfahren insgesamt (nur Fachhochschulen) | |
|---|---|---|---|---|
| | absolut | in Prozent | absolut | in Prozent |
| Rechts-, Wirtschafts- und Sozialwissenschaften | 13 | 48 | 13 | 36 |
| Ingenieurwissenschaften | 12 | 45 | 21 | 58 |
| Kunst, Kunstwissenschaft, Lehramt und Sport | 2 | 7 | 2 | 6 |
| Mathematik und Naturwissenschaften | 0 | 0 | 0 | 0 |
| Sprach- und Kulturwissenschaften | 0 | 0 | 0 | 0 |
| Gesamt | 27 | 100 | 36 | 100 |

*Anmerkung.*
$\chi^2$ (2, n = 63) = 1.19, p = .55, *Cramér's* V = .14 (Chi$^2$-Anpassungstest)

Während zum Zeitpunkt der Datenerfassung nur bei etwa der Hälfte aller Verfahren, die an Universitäten durchgeführt wurden, Umsetzungsberichte vorlagen, lagen bereits bei drei Viertel aller Verfahren, die an Fachhochschulen durchgeführt wurden, Berichte zu den Umsetzungsaktivitäten vor.

***Einbezogene Dokumente***

Im Rahmen der Dokumentenanalyse wurden für die 117 Verfahren insgesamt 242 Dokumente ausgewertet, das sind durchschnittlich zwei Dokumente pro Verfahren (siehe Tabelle 5). Bei den Dokumenten, die in die Analyse einbezogen wurden, handelt es sich um die folgenden:

a) Insgesamt elf Protokolle von Auswertenden Konferenzen, die beim Nordverbund-Verfahren zum Ende der externen Evaluation durchgeführt werden und in deren Rahmen u. a. die vorläufigen Gutachten diskutiert und erste Maßnahmen besprochen werden.

b) Insgesamt 109 Stellungnahmen und Maßnahmenprogramme, die direkt nach Abschluss der Evaluationsverfahren von den Fachangehörigen verfasst wurden (vor allem ZEvA-Verfahren) bzw. Zielvereinbarungen, die zwischen evaluiertem Institut und Hochschulleitung in Folge der Evaluation geschlossen wurden (vor allem Nordverbund-Verfahren). Nicht zu allen 117 Verfahren lagen Stellungnahmen / Maßnahmenprogramme bzw. Zielvereinbarungen vor.

c) Insgesamt 122 Dokumente aus den 117 evaluierten Instituten, die die Umsetzung der vereinbarten Maßnahmen dokumentieren. Dieses sind vor allem schriftliche Berichte, die die Fachangehörigen zwei Jahre nach Abschluss der Evaluationsverfahren verfasst haben. Teilweise handelt es sich auch um Protokolle von Folgegesprächen, die ein Jahr nach Abschluss eines Evaluationsverfahrens zwischen der Evaluationseinrichtung bzw. den für die Evaluation verantwortlichen Personen aus den zentralen Verwaltungen und den Fachangehörigen geführt wurden und den Zwischenstand der Maßnahmenumsetzung zum Gegenstand hatten (vor allem Nordverbund-Verfahren). Bei fünf Verfahren des Nordverbundes lagen jeweils zwei Dokumente zu den Umsetzungsaktivitäten in Folge der Evaluationen vor.

Tabelle 5
Einbezogene Dokumente nach Evaluationseinrichtung (in absoluten Häufigkeiten)

| | Dokumententyp | ZEvA | VNU | Gesamt |
|---|---|---|---|---|
| a) | Protokolle von Auswertenden Konferenzen | 0 | 11 | 11 |
| b) | Stellungnahmen und Maßnahmenprogramme / Zielvereinbarungen | 79 | 30 | 109 |
| c) | Berichte zur Umsetzung / Gesprächsprotokolle zum Stand der Umsetzung | 87 | 35 | 122 |
| | Gesamt | 166 | 76 | 242 |

Bei der Entwicklung des Kategorienschemas standen die Fragestellungen im Vordergrund, inwieweit die gutachterlichen Empfehlungen umgesetzt (bzw. entsprechende Maßnahmen eingeleitet) wurden, inwieweit die Empfehlungen aus bestimmten Gründen nicht umgesetzt wurden und inwieweit die Umsetzung ohne Nennung von Gründen ausblieb.

Zu Beginn der Inhaltsanalyse wurde das Kodierschema einem Pretest unterzogen. In den Pretest gingen neun Dokumente (Stellungnahmen, Zielvereinbarungen, Berichte zur Umsetzung) aus vier Evaluationsverfahren ein, wobei auf die Heterogenität des Datenmaterials geachtet wurde (Berücksichtigung beider Evaluationseinrichtungen, unterschiedlicher Hochschultypen und unterschiedlicher Fachgruppen). Die Dokumente wurden von zwei Kodierern unabhängig voneinander kodiert. Das Codesystem wurde überarbeitet und auf die Dokumente angewendet, die zwischen zwei Ratern aufgeteilt wurden (vgl. Mayring, 2000; Merten, 1995). Zu einem späteren Zeitpunkt wurde die Interraterreliabilität statistisch überprüft (siehe Abschnitt zur Interraterreliabilität).

Das überarbeitete Kodierschema sieht insgesamt elf Codes vor. Da sich in den Dokumenten nicht nur Maßnahmen identifizieren ließen, die sich auf die gutachterlichen Empfehlungen beziehen, sondern auch weitere Maßnahmen, die in Folge der Evaluationsverfahren verabredet bzw. ergriffen wurden, sind diese ebenfalls ausgewertet worden. Acht Codes beziehen sich auf die gutachterlichen Empfehlungen und drei auf die weiteren Maßnahmen. Die Codes, die die gutachterlichen Empfehlungen zum Gegenstand haben, differenzieren zwischen (1) einer nicht umgesetzten Empfehlung bzw. (2) einer erneut aufgegriffenen Empfehlung (z. B. in Form einer Absichtsbekundung), ohne dass eine Maßnahme eingeleitet wurde (beides gilt als nicht umgesetzt), (3) der Einleitung einer entsprechenden Maßnahme und (4) der Umsetzung gutachterlicher Empfehlungen. Die Codes 5 bis 8 beziehen sich auf Empfehlungen, die aus bestimmten Gründen nicht umgesetzt wurden: (5) Die Fachangehörigen sehen ein Problem als extern bedingt an (z. B. weil Mittel für die Einrichtung einer neuen Professur fehlen); (6) die Fachangehörigen halten die facheigenen Ressourcen für nicht ausreichend (z. B. für die Bezahlung von Tutorinnen und Tutoren oder studentischen Hilfskräften), um eine Empfehlung umzusetzen; (7) die Fachangehörigen üben inhaltliche Kritik an den gutachterlichen Empfehlungen; (8) die Fachangehörigen sehen eine gutachterliche Empfehlung als Folge eines Missverständnisses an. Bei den weiteren Maßnahmen, die in den Dokumenten festgehalten werden, wird danach differenziert, ob (1) ein Problem bzw. eine Maßnahme zwar (z. B. in einer Zielvereinbarung) genannt, aber nicht wieder aufgegriffen wurde oder ob (2) eine Maßnahme eingeleitet bzw. (3) umgesetzt wurde. Die Differenzierung nach Gründen für die ausbleibende Umsetzung dieser Maßnahmen war nicht sinnvoll, da es sich vor allem um Maßnahmen handelte, die die Fachangehörigen maßgeblich mitbestimmt hatten. Die folgenden Codes wurden vergeben:[41]

---

41 Beispielverläufe für kodierte Textstellen sind im Anhang, Übersicht 5, aufgeführt.

*Umsetzung der gutachterlichen Empfehlungen:*

(1) Eine Empfehlung bzw. Maßnahme wurde nicht wieder aufgegriffen.

(2) Eine Empfehlung wurde erneut aufgegriffen (z. B. in Form einer Absichtsbekundung), aber keine Maßnahme eingeleitet.

(3) Eine Maßnahme zur Umsetzung einer Empfehlung wurde eingeleitet.

(4) Eine Empfehlung wurde umgesetzt.

(5) Es wurde keine Maßnahme ergriffen, da das Problem als extern bedingt angesehen wird (z. B. fehlende Mittel für eine weitere Professur).

(6) Es wurde keine Maßnahme ergriffen, da die facheigenen Ressourcen, die für die Umsetzung eingesetzt werden sollten, als nicht ausreichend angesehen wurden (z. B. für Tutorien und Hilfskräfte).

(7) Es wurde keine Maßnahme ergriffen, da inhaltliche Kritik an der gutachterlichen Empfehlung geübt wird.

(8) Es wurde keine Maßnahme ergriffen, da die Empfehlung als Folge eines Missverständnisses angesehen wird.

*Umsetzung weiterer Maßnahmen, die von den Angehörigen der evaluierten Fächer ergriffen wurden, und die sich nicht auf die Gutachten zurückführen lassen:*

(1) Ein Problem bzw. eine Maßnahme wurde genannt (z. B. in der Zielvereinbarung), aber nicht wieder aufgegriffen.

(2) Eine Maßnahme wurde eingeleitet.

(3) Eine Maßnahme wurde umgesetzt.


*Interraterreliabilität*

Um die Zuverlässigkeit der Kodierungen durch die beiden Kodierer zu gewährleisten, wurde die Interraterreliabilität überprüft.

Für die Überprüfung der Interraterreliabilität ist aus dem vorhandenen Datenmaterial eine Stichprobe gezogen worden, die etwa 10% der Textstellen insgesamt umfasst. Die Dokumente aus der Stichprobe wurden von dem jeweils anderen Kodierer kodiert. Eine Reliabilitätsüberprüfung anhand einer Stichprobe vorzunehmen wird allgemein als ausreichend angesehen (Wirtz & Caspar, 2002, S. 15; Lauf, 2001, S. 59; Friedrichs, 1990, S. 331; Früh, 2001, S. 177ff.).

In Anbetracht des heterogenen Datenmaterials, das unter anderem aus der Zugehörigkeit zu unterschiedlichen Fachgruppen und verschiedenen Evaluationseinrichtungen resultiert, wurde sich für eine geschichtete Stichprobe in Abhängigkeit von Fachgruppe, Evaluationseinrichtung und Hochschultyp entschieden. Schnell, Hill und Esser (1999, S. 261) betonen die Vorteile geschichteter Stichproben gegenüber einfachen Zufallsstichproben.

Die Übereinstimmung zwischen den Ratings der beiden unabhängigen Kodierer wurde für 190 Textstellen (etwa 10% aller Textstellen) mit dem gleichen Kodierschema überprüft (siehe Tabelle 6). 170 von 190 Kodierungen haben zwischen den beiden Ratern übereingestimmt (absolute Übereinstimmung). Um das Verhältnis der beobachteten zu der bei Zufall erwarteten Übereinstimmung zu berücksichtigen, wurde *Cohen's Kappa* ($\kappa$) berechnet (nach Wirtz & Caspar, 2002, S. 56, ist *Cohen's Kappa* das am häufigsten angewandte Maß zur Übereinstimmung zwischen Ratern). Der Wert von $\kappa$ kann theoretisch zwischen 1.0 (perfekte Übereinstimmung der beiden Rater) und -1.0 (perfekte negative Übereinstimmung der beiden Rater, z. B. wenn Rater 1 den ersten Code und Rater 2 den letzten Code wählt) liegen. Für die beiden Kodierer ergab sich eine mittlere Kodierungsübereinstimmung $\kappa$ = .88. Damit liegt eine sehr gute Übereinstimmung zwischen den beiden Kodierern vor (zur Interpretation des Koeffizienten siehe z. B. Wirtz & Caspar, 2002, S. 59), so dass die von den beiden Ratern produzierten Kodierungen vorbehaltlos für die statistischen Analysen verwendet werden können.

Tabelle 6
Übereinstimmungsmatrix für 2 Rater, die *n* = 190 Textstellen mittels eines 11-stufigen Kodierschemas (k1 bis k11) für die Bestimmung von Umsetzungsaktivitäten beurteilt haben

| Rater 1 \ Rater 2 | k1 | k2 | k3 | k4 | k5 | k6 | k7 | k8 | k9 | k10 | k11 | Gesamt |
|---|---|---|---|---|---|---|---|---|---|---|---|---|
| k1 | 42 | 0 | 0 | 0 | 0 | 0 | 2 | 0 | 0 | 0 | 0 | 44 |
| k2 | 0 | 8 | 2 | 0 | 0 | 0 | 1 | 0 | 0 | 0 | 0 | 11 |
| k3 | 3 | 0 | 30 | 0 | 0 | 0 | 0 | 0 | 0 | 0 | 0 | 33 |
| k4 | 1 | 0 | 4 | 35 | 0 | 0 | 0 | 0 | 0 | 0 | 0 | 40 |
| k5 | 2 | 0 | 0 | 0 | 6 | 0 | 0 | 0 | 0 | 0 | 0 | 8 |
| k6 | 0 | 0 | 0 | 0 | 0 | 2 | 0 | 0 | 0 | 0 | 0 | 2 |
| k7 | 0 | 0 | 2 | 1 | 0 | 0 | 10 | 0 | 0 | 0 | 0 | 13 |
| k8 | 0 | 0 | 0 | 0 | 0 | 0 | 0 | 3 | 0 | 0 | 0 | 3 |
| k9 | 0 | 0 | 0 | 0 | 0 | 0 | 0 | 0 | 8 | 0 | 0 | 8 |
| k10 | 0 | 0 | 0 | 0 | 0 | 0 | 0 | 0 | 2 | 16 | 0 | 18 |
| k11 | 0 | 0 | 0 | 0 | 0 | 0 | 0 | 0 | 0 | 0 | 10 | 10 |
| Gesamt | 48 | 8 | 38 | 36 | 6 | 2 | 13 | 3 | 10 | 16 | 10 | 190 |

*Anmerkung.*
*Cohen's* $\kappa$ = .88

## 6.1.3 Schriftliche Erhebung

Im Rahmen der Verfahrensanalyse der Verfahren von Nordverbund und ZEvA wurden die Fachangehörigen, die an den Evaluationen beteiligt waren, sowie die ehemaligen Gutachterinnen und Gutachter zu ihren Erfahrungen und Einschätzungen bezüglich der Evaluationsverfahren schriftlich befragt (Mittag, Bornmann & Daniel, 2003a). Befragt wurden die Beteiligten aller Verfahren (n = 1 649), die seit Bestehen der Evaluationseinrichtungen bis zum Wintersemester 2000/2001 die externe Evaluation beendet hatten; die Befragung wurde im April 2002 abgeschlossen. Insgesamt wurden 648 Fragebogen ausgefüllt zurückgesandt (492 von Fachangehörigen und 156 von Gutachterinnen und Gutachtern).

Der Fragebogen umfasste insgesamt 92 Fragen zu folgenden Themenbereichen (Mittag, Bornmann & Daniel, 2003a, S. 18f):

— Person, Funktion und Status der Befragten.

— Interne Evaluation und ihre Vorbereitung: Bewertung der Wichtigkeit der einzelnen Gliederungspunkte des Frageleitfadens für die Erstellung des Selbstreports; Bewertung der Wichtigkeit bestimmter Daten und Statistiken für den Selbstreport; fehlende Aspekte im Frageleitfaden für die Erstellung des Selbstreports; Umfang des Selbstreports; Einschätzung der internen Evaluation insgesamt.

— Vor-Ort-Begutachtung und ihre Vorbereitung: Vorbereitungstreffen für die Gutachterkommission; Vorgespräch für die Fachangehörigen; Themen für die Gespräche während der Vor-Ort-Begutachtung; Ablauf und Dauer der Vor-Ort-Begutachtung; Bewertung der Gespräche während der Vor-Ort-Begutachtung; Bewertung der Arbeit der Gutachterkommission; Konflikt zwischen beratender und begutachtender Funktion der Gutachtenden; Honorierung der Gutachterinnen und Gutachter; personelle Besetzung der Gutachterkommission; Auswertende Konferenz (nur Nordverbund).

— Abschließendes Gutachten: Auseinandersetzung des Faches mit den gutachterlichen Empfehlungen; Bedeutung des Gutachtens; Akzeptanz der gutachterlichen Empfehlungen; Umfang des Gutachtens.

— Umsetzung der Empfehlungen / Follow-up: Bewertung der Dokumente, in denen die aus den gutachterlichen Empfehlungen resultierenden Maßnahmen festgehalten wurden; Aktivitäten in Folge der Evaluation; Veränderungen in der Kommunikation im Fach durch die Evaluation; Gründe, die Aktivitäten zur Qualitätssicherung und -verbesserung von Studium und Lehre erschwert oder verhindert haben; Veröffentlichungen zum Evaluationsverfahren.

— Einschätzungen zum gesamten Evaluationsverfahren: Zufriedenheit mit dem Ablauf des Verfahrens insgesamt; persönlicher Nutzen durch die Beteiligung am Verfahren; Bewährung des mehrstufigen Verfahrens; Verhältnis zwischen Aufwand und Nutzen; Ranking der beteiligten Hochschulen, Einbeziehung der Forschung.

Die Daten der schriftlichen Erhebung sind im Rahmen der vorliegenden Untersuchung für die Beantwortung der Fragen einbezogen worden, welche Verbesserungsmaßnahmen nach Ansicht der Befragten in Folge der Evaluationen eingetreten sind, welche Gründe die Umsetzung von Evaluationsergebnissen möglicherweise erschwert oder verhindert haben und inwieweit sich ein Zusammenhang zwischen erfolgter Umsetzung gutachterlicher Empfehlungen und der Bewertung der Verfahren insgesamt bzw. einzelner zentraler Verfahrensschritte durch die Befragten erkennen lässt.

### 6.1.4 Interviews

Insgesamt wurden im Rahmen der Verfahrensanalyse der Verfahren von Nordverbund und ZEvA 33 Interviews geführt (Mittag, Bornmann & Daniel, 2003a). Die Daten wurden in der ersten Jahreshälfte 2002 erhoben. Interviewt wurden die Hochschulleitungen, die Evaluationsbeauftragten bzw. Ansprechpartnerinnen und -partner in den Zentralverwaltungen an den einzelnen Standorten, der Sprecher und die Geschäftsführerin des Nordverbundes, der wissenschaftliche Leiter und der Geschäftsführer der ZEvA sowie die Mitarbeiterinnen und Mitarbeiter der beiden Geschäftsstellen (siehe Tabelle 7).

Tabelle 7
Anzahl der Interviews nach Befragtengruppen (in absoluten Häufigkeiten)

| Befragtengruppe | absolut |
| --- | --- |
| Hochschulleitungen ZEvA / Nordverbund (davon drei Fachhochschulen) | 14 |
| Evaluationsbeauftragte (ZEvA) bzw. Ansprechpartnerinnen und Ansprechpartner (Nordverbund) in den Zentralen Verwaltungen | 11 |
| Sprecher des Nordverbundes / Wissenschaftlicher Leiter der ZEvA | 2 |
| Geschäftsführerin des Nordverbundes / Geschäftsführer der ZEvA | 2 |
| Mitarbeiterinnen und Mitarbeiter der ZEvA | 3 |
| Mitarbeiterinnen der Geschäftsstelle des Nordverbundes | 1 |
| Gesamt | 33 |

Quelle: Mittag, Bornmann & Daniel (2003a, S. 24)

Mit den Befragten wurden leitfadenorientierte Experteninterviews (Meuser & Nagel, 1991, 1997) durchgeführt. Der Interviewleitfaden, der zunächst einem Pretest unterzogen wurde, orientierte sich an folgenden Themenfeldern (Mittag, Bornmann & Daniel, 2003a, S. 25):

− Entstehung des Evaluationsverfahrens;

− Einbettung der Verfahren in ein Qualitätsmanagement-System;

− Stärken und Schwächen des gesamten Evaluationsverfahrens / der einzelnen Verfahrensschritte;

− die Phase der Umsetzung und ihre Probleme;

− wichtige Ergebnisse bisheriger Evaluationsverfahren;

− Qualitätskriterien im Verfahren / eigene Qualitätsdefinition;

− Voraussetzungen für ein gutes Lehr- und Studienangebot;

− Finanzierung des Verfahrens;

− Rolle des Ministeriums;

− Verfahrensalternativen;

− Verknüpfung der Evaluation von Studium und Lehre mit der Forschungsevaluation sowie der Akkreditierung und

− Zukunftsperspektiven.

Das Kategoriensystem wurde deduktiv auf der Grundlage der Themenfelder des Interviewleitfadens entwickelt und im Verlauf des Kodierprozesses induktiv ergänzt (Mayring, 2000; siehe Mittag, Bornmann & Daniel, 2003a, S. 25). In Anlehnung an Meuser und Nagel (1991, 1997) orientierte sich die Auswertung an thematisch zusammenhängenden Einheiten: Inhaltlich zusammengehörige Textpassagen aus den einzelnen Interviews wurden in kodierter Form in den Kategorien zusammengeführt, miteinander verglichen und konzeptualisiert. Die Intersubjektivität wurde durch Testläufe verschiedener Kodiererinnen bzw. Kodierer überprüft (Mittag, Bornmann & Daniel, 2003a, S. 25). Die Auswertung erfolgte computergestützt mit *atlas.ti*. Der Versuch, die Daten mit weiteren Auswertungsprogrammen, wie z. B. *Textminer* im *Clementine*-Paket von SPSS zu analysieren, erwies sich als nicht erfolgreich, da sich die durch die Algorithmen des Programms produzierten Zusammenhänge nicht inhaltlich interpretieren ließen.

Für die vorliegende Arbeit werden die Interviewdaten zu den Ergebnissen der Verfahren sowie zu den Problemen, die die Interviewten in der Phase der Umsetzung der Evaluationsergebnisse sehen, einbezogen.

## 6.2 Verfahren für die statistische Analyse

Für die Untersuchung der Umsetzungsaktivitäten in Folge der Evaluationsverfahren werden verschiedene statistische Analyseverfahren eingesetzt. Diese Verfahren werden im Folgenden vorgestellt, bevor die Ergebnisse in Kapitel 7 präsentiert werden.

Für die Überprüfung der Gültigkeit der Ergebnisse werden Signifikanzprüfungen durchgeführt, sofern dies sinnvoll erscheint (Bortz, 1999, S. 150ff.; Cohen, 1988, S. 215ff; Sachs, 2002, S. 421ff.). Mit ihnen können gesicherte Ergebnisse von eventuell nur zufällig entstandenen Ergebnissen unterschieden werden (Bortz & Döring, 2002, S. 14). Für die statistische Analyse des Unterschieds von Umsetzungsaktivitäten nach Fachgruppen oder Themenbereichen im Rahmen der Dokumentenanalyse (Kapitel 7.1) werden auf der Grundlage der absoluten Häufigkeiten $Chi^2$-Tests nach Pearson berechnet (k x m-Felder-$Chi^2$-Test und $Chi^2$-Anpassungstest für den Vergleich von zwei kategorialen Verteilungen; Bortz & Lienert, 1999, S. 51ff.; Sachs, 2002, S. 421ff.). Ist bei der Berechnung der statistischen Signifikanz der erwartete Wert in mehr als 20% der Felder kleiner als 5, wird statt des $Chi^2$-Tests der Fisher-Freeman-Halton-Test (Freeman & Halton, 1951)[42] mit dem Statistikprogramm *StatXact* (Cytel Software Corporation) berechnet.

Für die Untersuchung, auf welche Kombination von Merkmalsausprägungen in einer Tabelle ein statistisch signifikanter $Chi^2$-Wert zurückzuführen ist, wird auf der Grundlage der absoluten Häufigkeiten eine Residuenanalyse durchgeführt (vergleichbar mit der $Chi^2$-Zerlegung, vgl. Kimball, 1954). Unter der Annahme, dass kein Zusammenhang zwischen Spaltenkategorien und Zeilenkategorien besteht, wird bei der Residuenanalyse aus der

---

42 Fisher's Exact-Test wird bei 2 x 2-Tabellen angewendet; die Erweiterung auf k x m Felder wurde von Freeman und Halton (1951) entwickelt.

Differenz zwischen beobachteter Häufigkeit und erwarteter Häufigkeit für jede Zelle ein Residuum geschätzt, das so standardisiert wird, dass es einer Standardnormalverteilung folgt (Bortz & Lienert, 1998, S. 101, Fuchs-Kennet-Ausreißertest). Mit diesen Residuen lassen sich die Felder ausmachen, deren Häufigkeiten überzufällig bzw. unterzufällig und damit maßgeblich für die Höhe des Chi$^2$-Werts und für die Abhängigkeiten innerhalb der Kreuztabelle sind (Agresti, 2002, S. 81). Sind Werte unter- oder überzufällig, liegen sie unter oder über den Werten, die der Wahrscheinlichkeit nach zu erwarten wären (die Nullhypothese trifft nicht zu); sie sind gegenüber dem Zufall über- oder unterrepräsentiert. Werte gelten im Folgenden als unter- oder überzufällig, wenn in nur 1% der Fälle davon ausgegangen werden kann ($p < .01$), dass das Ergebnis zufällig ist ($z = 2.57$, zweiseitig). Liegen auffällige Werte vor, so sind diese in den Tabellen kenntlich gemacht.

Da sich bei einem genügend großen Stichprobenumfang jede Nullhypothese verwerfen lässt, sollte das Konzept der statistischen Signifikanz mit Kriterien der praktischen Bedeutsamkeit (Effektgrößen) verbunden werden (Bortz, 1999, S. 119). Hierfür wird für die vorliegende Untersuchung *Cramér's V* (CV) berechnet (Bortz, 1999, S. 225; Bortz & Lienert, 1998, S. 229; Cohen, 1988, S. 223f.). Nach Kline (2004) ist *Cramér's V* „probably the best known measure of association for contingency tables" (S. 151). Bei der Interpretation von *Cramér's V* wird von einer geringen Effektstärke ausgegangen, wenn *Cramér's V* = .10, von einer mittleren Effektstärke, wenn *Cramér's V* = .30 und von einer großen Effektstärke, wenn *Cramér's V* = .50 (vgl. Cohen, 1988, S. 223f.). Cohen (1988) weist jedoch darauf hin, dass in manchen Forschungsbereichen häufiger als in anderen mit geringeren Effektstärken zu rechnen ist und große Effektstärken auch häufiger strittig sein können: „Many effects sought in personality, social, and clinical-psychological research are likely to be small effects as here defined, both because of the attenuation in validity of the measures employed and the subtlety of the issues frequently involved ... Large effects are frequently at issue in such fields as sociology, economics, and experimental and physiological psychology ..." (S. 13).

Im Rahmen der sekundärstatistischen Analyse werden die Daten aus der schriftlichen Erhebung verwendet (siehe Kapitel 7.2 und 7.3). Dabei werden (1) die Angaben der schriftlich Befragten zu den Aktivitäten in Folge der Evaluation sowie zu möglichen Gründen, die diese Aktivitäten erschwert oder verhindert haben, in die Analyse einbezogen. Zudem wird (2) der Frage nachgegangen, inwiefern sich ein Zusammenhang zwischen erfolgter Umsetzung gutachterlicher Empfehlungen und der Einschätzung der Befragten zu den Verfahren (insgesamt bzw. zu einzelnen zentralen Verfahrensschritten) erkennen lassen.

(1)     Aus der schriftlichen Befragung sind die Antworten auf zwei Fragen, bei denen die Fachangehörigen die durch die Evaluationen eingetretenen Veränderungen einschätzen sollten, in die Analyse eingegangen. Zum einen wurde nach Veränderungen in der Kommunikation, zum anderen nach einer Vielzahl einzelner Verbesserungsaktivitäten in Folge der Evaluation gefragt. Bei beiden Fragen verteilen sich die Antworten der Fachangehörigen nicht gleichmäßig auf alle 117 Evaluationsverfahren bzw. Standorte. So haben 94 Fachangehörige aus 55 der 117 Verfahren die Frage nach Veränderungen in der Kom-

munikation beantwortet. Hierbei sollten die Fachangehörigen angeben, inwiefern sich durch das Evaluationsverfahren Änderungen in der Kommunikation innerhalb der verschiedenen Statusgruppen eines Faches (Professorenschaft, Studierende und Mittelbau), zwischen diesen (zwischen der Professorenschaft und den Studierenden bzw. dem Mittelbau und zwischen dem Mittelbau und den Studierenden) sowie zwischen dem Fach und der Hochschulleitung ergeben haben. In der Analyse werden die Antworten auf die Frage berücksichtigt, inwiefern sich die Kommunikation innerhalb der Professorenschaft sowie zwischen der Professorenschaft und der Hochschulleitung verändert hat. Bei der Frage nach den Verbesserungsaktivitäten, bei der insgesamt 146 Einzelaktivitäten angegeben werden konnten, haben 200 Fachangehörige aus 82 Verfahren geantwortet. Da pro Verfahren (Evaluation eines Studienfaches an einem Standort) teilweise nur eine Person, teilweise auch mehrere Personen beteiligt waren, wurden die Aussagen der Fachangehörigen bei beiden Fragen aggregiert: Bei der Frage nach Veränderungen in der Kommunikation wurde aus den Angaben der Fachangehörigen, die auf einer dreistufigen Antwortskala (1 = „hat sich gebessert", 2 = „hat sich nicht verändert" und 3 = „hat sich verschlechtert") antworten konnten, pro Verfahren der Mittelwert gebildet. Somit ging für jedes der 55 Verfahren jeweils nur ein Wert in die Analyse ein. Bei der zweiten Frage, bei der die Fachangehörigen aus 146 einzelnen Verbesserungsaktivitäten wählen konnten, werden die Nennungen von Befragten, die an demselben Verfahren beteiligt waren, zu einer einfachen Nennung zusammengefasst, wenn eine Verbesserungsmaßnahme von diesen Befragten mehrfach genannt wurde. Haben z. B. fünf Angehörige eines Faches an einem Standort fünf Mal dieselbe Verbesserungsaktivität angegeben, so wird diese nur als ein Mal gezählt, so dass bei der Summierung der Verbesserungsaktivitäten für dieses Verfahren keine Verzerrungen auftreten.

Ähnlich wird bei der Frage nach den Gründen, die nach Ansicht der Fachangehörigen Aktivitäten mit dem Ziel der Qualitätssicherung und -verbesserung von Studium und Lehre in Folge der Evaluation erschwert oder verhindert wurden, vorgegangen: Gleiche Nennungen verschiedener Angehöriger eines Faches an einem Standort gehen nur einfach in die Analyse ein. Insgesamt konnten die Befragten 28 Hinderungsgründe angeben. Bei dieser Frage konnten die Antworten von 135 Fachangehörigen aus 87 Verfahren, die sich zum Zeitpunkt der Befragung bereits in der Phase der Umsetzung befanden (oder diese schon abgeschlossen hatten), einbezogen werden.

(2) Für die Analyse des Zusammenhangs zwischen den Einschätzungen der Befragten zum Verfahren und dem Anteil umgesetzter gutachterlicher Empfehlungen bzw. eingeleiteter Maßnahmen konnten die Aussagen von 186 Fachangehörigen von 71 Standorten in die Auswertungen einbezogen werden. Dieses sind 84% aller befragten Fachangehörigen und 61% aller Standorte aus Verfahren, zu denen Umsetzungsberichte vorlagen und die in die Dokumentenanalyse eingingen. In diesen 71 Verfahren wurden 1 428 Empfehlungen ausgesprochen (73% aller Empfehlungen) – durchschnittlich 20 Empfehlungen pro Verfahren.

Es wurden zehn Fragen aus dem Fragebogen ausgewählt: fünf Fragen zum Verfahren insgesamt (Zufriedenheit mit dem Verfahren, persönlicher Nutzen durch das Verfahren, Zielerreichung, Bewährung des mehrstufigen Verfahrens, Verhältnis zwischen Aufwand und Nutzen) und fünf Fragen zu zentralen Verfahrensschritten (Ablauf der internen Evaluation, Auseinandersetzung der Fachangehörigen mit den gutachterlichen Empfehlungen, Akzeptanz sowie Verbindlichkeit der gutachterlichen Empfehlungen, Bedeutung von Zielvereinbarungen bzw. ähnlicher Dokumente). Alle Fragen waren auf einer sechsstufigen Antwortskala zu beantworten, wobei der Wert 1 jeweils die größtmögliche Bestätigung und der Wert 6 jeweils die größtmögliche Ablehnung darstellte (siehe hierzu ausführlicher Kapitel 7.3).

Für jede der genannten Fragen wird ermittelt, inwieweit der Umsetzungserfolg mit den Einschätzungen zum Verfahren korrespondiert. Hierfür wurden zwei Datensätze zusammengefasst: die Ergebnisse aus der schriftlichen Befragung von Fachangehörigen zu den oben genannten Fragen und die Ergebnisse der Dokumentenanalyse.[43] In einem ersten Schritt wurde für jeden Standort eines Evaluationsverfahrens (z. B. für das Studienfach Mathematik in Kiel) der Anteil umgesetzter Empfehlungen bzw. eingeleiteter Maßnahmen ermittelt. Dieser Anteil wurde aus der erfolgten und nicht erfolgten Umsetzung der von den Gutachterinnen und Gutachtern formulierten Empfehlungen für einen Standort gebildet. In einem zweiten Schritt wurde aus den von den Fachangehörigen an einem Standort vergebenen Werten der Mittelwert gebildet. Drittens wurde der pro Verfahren und Standort ermittelte Anteil umgesetzter Empfehlungen den einzelnen Standorten zugeordnet, an denen die Fachangehörigen schriftlich befragt wurden. Dann wurden die Antwortkategorien der zehn Fragen dichotomisiert: Die Werte 1 bis 3 sind als eine positive, und die Werte 4 bis 6 als eine negative Antwort gewertet worden. Wurde beispielsweise bei der Frage, ob sich das mehrstufige Verfahren bewährt hat, ein Wert zwischen 1 und 3 vergeben, so wurde dies als eine positive Antwort gewertet; ein Wert zwischen 4 und 6 galt als eine negative Antwort. Schließlich wurden jeweils die Standorte zusammengefasst, an denen die Fachangehörigen durchschnittlich positiv (Werte 1 bis 3) bzw. negativ (Werte 4 bis 5) geantwortet haben und jeweils der durchschnittliche Anteil umgesetzter Empfehlungen berechnet. Somit wird ermittelt, wie hoch der Anteil umgesetzter Empfehlungen ausfällt, wenn an einem Standort eine positive oder eine negative Einschätzung durch die Fachangehörigen für eine Frage vorliegt.

Wenn für jeden Standort eines Evaluationsverfahrens der Anteil umgesetzter Empfehlungen ermittelt wird, zeigt sich, dass an einigen Standorten nur sehr wenige Empfehlungen ausgesprochen wurden. Um nur aussagekräftige Anteile erfolgter oder ausgebliebener Umsetzung in die Analyse aufzunehmen, wurden nur jene Verfahren

---

43 Die Gutachterinnen und Gutachter konnten nicht in diese Analyse einbezogen werden, da sich ihre Einschätzungen immer auf mehrere Standorte beziehen und nur diejenigen Verfahren bzw. Standorte in die Analyse einbezogen werden sollten, zu denen auch bereits Umsetzungsberichte vorlagen.

berücksichtigt, bei denen pro Verfahren mehr als zehn Empfehlungen ausgesprochen wurden. Die Einbeziehung von Verfahren, bei denen bspw. nur vier Empfehlungen ausgesprochen wurden (von denen möglicherweise drei umgesetzt wurden, wodurch sich ein Anteil umgesetzter Empfehlungen von 75% ergibt), erschien nicht sinnvoll.

Für die Überprüfung der statistischen Signifikanz von Unterschieden zwischen den Anteilen umgesetzter Empfehlungen bei positiven und negativen Antworten wird ein *t*-Test für unabhängige Stichproben berechnet (Vergleich von zwei Stichprobenmittelwerten aus unabhängigen Stichproben, Bortz, 1999, S. 137ff.). Als Voraussetzung für die Berechnung des *t*-Tests ist zunächst für die abhängige Variable *Umsetzung* geprüft worden, ob eine statistisch signifikante Abweichung von der Normalverteilung vorliegt. Das Ergebnis eines Kolmogorov-Smirnov-Normalverteilungs-Tests (Sachs, 2002, S. 379ff.) zeigt, dass das nicht der Fall ist ($p = .16$). Als zweite Voraussetzung für die Berechnung des *t*-Tests wurde zur Bestimmung der Varianzhomogenität der Levene's-Test (Sachs, 2002, S. 350f.) angewendet. Je nach Resultat des Tests wird für die Bestimmung der statistischen Signifikanz der Zweistichproben-*t*-Test für homogene Varianzen bzw. der Zweistichproben-*t*-Test für heterogene Varianzen berechnet. Neben der statistischen Signifikanz wird für alle Fragen die Effektstärke berechnet, Eta-Quadrat ($\eta^2$, Anteil aufgeklärter Streuung). Bei der Interpretation der Effektstärke wird sich an den Vorgaben von Bortz und Lienert (1998, S. 44) orientiert, wobei für die Interpretation der Effektstärke nach $\eta^2$ die vorgegebenen Werte zu quadrieren sind, so dass von einem kleinen Effekt ausgegangen werden kann, wenn $\eta^2 = .01$, von einem mittleren Effekt, wenn $\eta^2 = .1$ und von einem großen Effekt, wenn $\eta^2 = .25$.

# 7 Umsetzung von Evaluationsergebnissen aus Verfahren von Nordverbund und ZEvA

Bei der Untersuchung der Umsetzung von Evaluationsergebnissen aus Verfahren des *Verbundes Norddeutscher Universitäten* (Nordverbund) und der *Zentralen Evaluations- und Akkreditierungsagentur Hannover* (ZEvA) sollen Antworten auf die folgenden Forschungsfragen gefunden werden:

— In welchem Ausmaß wurden Empfehlungen, die im Rahmen der Evaluationsverfahren von Nordverbund und ZEvA von den Gutachterinnen und Gutachtern ausgesprochen wurden, umgesetzt bzw. entsprechende Maßnahmen für die Umsetzung gutachterlicher Empfehlungen ergriffen? Inwieweit wurden weitere Maßnahmen, die sich nicht direkt auf die Gutachten zurückführen lassen, von den evaluierten Standorten in Folge der Evaluation umgesetzt? Existieren thematische Schwerpunkte, in denen Maßnahmen für die Qualitätssicherung und -verbesserung von Studium und Lehre ergriffen oder nicht ergriffen wurden? Gibt es bei einzelnen Fachgruppen Auffälligkeiten in Bezug auf die Umsetzung bzw. ausbleibende Umsetzung von gutachterlichen Empfehlungen und weiteren Maßnahmen?

— Welche Gründe für Erfolge und Misserfolge bei der Umsetzung von gutachterlichen Empfehlungen lassen sich identifizieren?

— Wie kann die Umsetzung von Evaluationsergebnissen verbessert werden?

Im Folgenden sollen die Fragen beantwortet werden, inwieweit die gutachterlichen Empfehlungen und die weiteren Maßnahmen umgesetzt wurden und welche Gründe sich für den Umsetzungserfolg bzw. -misserfolg identifizieren lassen. Da sich die Verfahren der beiden Evaluationseinrichtungen in ihrem allgemeinen Ablauf entsprechen (vgl. Kapitel 5) und sie die dieselben Ziele verfolgen, wird bei der folgenden Analyse nicht nach Evaluationseinrichtung differenziert.

## 7.1 Umsetzung der gutachterlichen Empfehlungen und der weiteren Maßnahmen: Ergebnisse der Dokumentenanalyse

In Dokumenten, die in Folge der Evaluationsverfahren an den Hochschulen verfasst wurden, wurde nicht nur die Umsetzung gutachterlicher Empfehlungen festgehalten. Es konnte auch eine Reihe weiterer Maßnahmen identifiziert werden, die sich nicht bzw. nicht direkt auf die gutachterlichen Empfehlungen zurückführen lassen. Diese Maßnahmen sind zwar nicht von den Gutachterinnen und Gutachtern vorgeschlagen worden, sie wurden aber z. B. in einer Zielvereinbarung zwischen Fach und Hochschulleitung in Folge einer Evaluation verabredet und in der Regel in den Berichten für die Umsetzung wieder aufgegriffen. Sie können als Folge von Erkenntnissen gesehen werden, die während des gesamten Evaluationsprozesses (z. B. während der internen Evaluation) gewonnen oder durch den Evaluationsprozess gefestigt wurden. Die weiteren Maßnahmen können auch eine indirekte Folge gutachterlicher Empfehlungen sein: So können gutachterliche Empfehlungen den Anstoß für weitere Veränderungen gegeben haben. Es kann auch sein, dass eine Empfehlung der Gutachterinnen und Gutachter von Seiten der Fachangehörigen aus bestimmten Gründen abgelehnt und alternativ eine andere Maßnahme vereinbart bzw. ergriffen wurde.

### 7.1.1 Verteilung der gutachterlichen Empfehlungen und weiteren Maßnahmen nach Themenbereichen und Fachgruppen

In den 117 Gutachten wurden insgesamt 1 948 Empfehlungen sowie 407 weitere Maßnahmen formuliert. Tabelle 8 zeigt die Verteilung der gutachterlichen Empfehlungen (Spalten 2 und 3), der weiteren Maßnahmen (Spalten 4 und 5) und der einbezogenen Verfahren (Spalten 6 und 7) nach Fachgruppen. Jeweils etwa ein Viertel der Empfehlungen und der weiteren Maßnahmen wurde in den Fachgruppen Sprach- und Kulturwissenschaften sowie Rechts-, Wirtschafts- und Sozialwissenschaften genannt. Etwa jeweils ein Fünftel der gutachterlichen Empfehlungen wurde in den Fachgruppen Ingenieurwissenschaften sowie Mathematik und Naturwissenschaften ausgesprochen; bei den weiteren Maßnahmen betragen die Anteile 9% für die Ingenieurwissenschaften und 32% für die Fachgruppe Mathematik und Naturwissenschaften. Auf die Fachgruppe Kunst, Kunstwissenschaft, Lehramt und Sport entfallen jeweils 6% der gutachterlichen Empfehlungen und der weiteren Maßnahmen.

Tabelle 8
Gutachterliche Empfehlungen, weitere Maßnahmen und einbezogene Verfahren nach Fachgruppen (absteigend sortiert nach den gutachterlichen Empfehlungen; in absoluten und relativen Häufigkeiten)

| Fachgruppe | Gutachterliche Empfehlungen [1] | | Weitere Maßnahmen [2] | | Einbezogene Verfahren | |
|---|---|---|---|---|---|---|
| | absolut | in Prozent | absolut | in Prozent | absolut | in Prozent |
| Sprach- und Kulturwissenschaften | 549 | **28** | 111 | **27** | 30 | **26** |
| Rechts-, Wirtschafts- und Sozialwissenschaften | 482 | **25** | 106 | **26** | 30 | **26** |
| Ingenieurwissenschaften | 413 | **21** | 36 | **9** | 19 | **16** |
| Mathematik und Naturwissenschaften | 386 | **20** | 128 | **32** | 30 | **26** |
| Kunst, Kunstwissenschaft, Lehramt und Sport | 118 | **6** | 26 | **6** | 8 | **6** |
| Gesamt | 1 948 | **100** | 407 | **100** | 117 | **100** |

*Anmerkungen.*
[1] $\chi^2$ (4, n = 2 065) = 3.56, p = .47, *Cramér's V* = .04 (Chi$^2$-Anpassungstest zu den einbezogenen Verfahren)
[2] $\chi^2$ (4, n = 524) = 5.87, p = .21, *Cramér's V* = .11 (Chi$^2$-Anpassungstest zu den einbezogenen Verfahren)

Wenn in einer Fachgruppe vergleichsweise viele Empfehlungen oder weitere Maßnahmen formuliert wurden, bedeutet das nicht unbedingt, dass dort besonders viele Mängel festgestellt wurden. Tabelle 8 zeigt, dass der Anteil der Empfehlungen sowie der Anteil weiterer Maßnahmen pro Fachgruppe in etwa dem Anteil einer Fachgruppe an den einbezogenen Verfahren insgesamt entsprechen. Die Unterschiede zwischen den Empfehlungen sowie den weiteren Maßnahmen und den einbezogenen Verfahren nach Fachgruppen wurden mit dem Chi$^2$-Anpassungstest geprüft: $\chi^2$ (4, $n$ = 2 065) = 3.56, $p$ = .47 (Anteil Empfehlungen gegenüber einbezogenen Verfahren) und $\chi^2$ (4, $n$ = 524) = 5.87, $p$ = .21, Cramér's V = .11 (Anteil weiterer Maßnahmen gegenüber einbezogenen Verfahren). Die Unterschiede sind statistisch nicht signifikant. Das heißt, dass in Fachgruppen, in denen vergleichsweise häufiger Evaluationen durchgeführt wurden, auch entsprechend mehr Empfehlungen und weitere Maßnahmen formuliert wurden als in Fachgruppen, in denen seltener Evaluationsverfahren stattgefunden haben. In jeder Fachgruppe wurden pro Verfahren zwischen 13 und 22 Empfehlungen ausgesprochen und zwischen zwei und vier weitere Maßnahmen festgehalten. Insgesamt wurden pro Verfahren durchschnittlich drei weitere Maßnahmen verabredet und 17 gutachterliche Empfehlungen ausgesprochen (das Verhältnis von weiteren Maßnahmen zu gutachterlichen Empfehlungen entspricht damit 1:5).

In Tabelle 9 ist die Verteilung der gutachterlichen Empfehlungen (Spalten 2 und 3) und der genannten weiteren Maßnahmen (Spalten 4 und 5) auf die Fachgruppen dargestellt. Eine annähernde Gleichverteilung würde darauf hinweisen, dass das Vereinbaren weiterer Maßnahmen durch die Fachangehörigen mit der Formulierung von gutachterlichen Empfehlungen einhergeht. Die Ergebnisse in Tabelle 9 zeigen jedoch, dass der Unterschied zwischen den Anteilen genannter weiterer Maßnahmen und ausgesprochener gutachterlicher Empfehlungen nach Fachgruppen statistisch hoch signifikant ist (Chi$^2$-Anpassungstest): $\chi^2$ (4, $n$ = 2 355) = 48.23, $p$ < .001. Die Effektstärke ist jedoch gering: Cramér's V = .14. Nur in drei Fachgruppen entspricht der Anteil gutachterlicher Empfehlungen dem Anteil weiterer Maßnahmen; bei zwei Fachgruppen unterscheidet sich der Anteil weiterer Maßnahmen von dem Anteil gutachterlicher Empfehlungen deutlich. So wurden in den Ingenieurwissenschaften weit weniger weitere Maßnahmen vereinbart, als nach der Anzahl ausgesprochener gutachterlicher Empfehlungen zu erwarten wäre; es zeigt sich ein auffällig geringer Residualwert ($z_{res}$ = -5.77). Die Anteile in dieser Fachgruppe betragen 9% für die weiteren Maßnahmen und 21% für die gutachterlichen Empfehlungen. In dieser Fachgruppe wurde sich offensichtlich stark an den Empfehlungen im Gutachten orientiert. Dagegen wurden in der Fachgruppe Mathematik und Naturwissenschaften im Vergleich zu den gutachterlichen Empfehlungen weit mehr weitere Maßnahmen vereinbart, als zu erwarten wären; der Residualwert ist auffällig hoch ($z_{res}$ = 5.17). In dieser Fachgruppe betragen die Anteile für die genannten weiteren Maßnahmen 32% und für die ausgesprochenen gutachterlichen Empfehlungen 20%. Damit wurden in der Fachgruppe Mathematik und Naturwissenschaften auffällig häufiger als in den anderen Fachgruppen Aktivitäten über die gutachterlichen Empfehlungen hinaus entwickelt.

Tabelle 9
Gutachterliche Empfehlungen und weitere Maßnahmen nach Fachgruppen (absteigend sortiert nach den gutachterlichen Empfehlungen; in absoluten und relativen Häufigkeiten)

| Fachgruppe | Gutachterliche Empfehlungen | | Weitere Maßnahmen | |
|---|---|---|---|---|
| | absolut | in Prozent | absolut | in Prozent |
| Sprach- und Kulturwissenschaften | 549 | 28 | 111 | 27 |
| Rechts-, Wirtschafts- und Sozialwissenschaften | 482 | 25 | 106 | 26 |
| Ingenieurwissenschaften | 413 $^+$ | 21 | 36 $^-$ | 9 |
| Mathematik und Naturwissenschaften | 386 $^-$ | 20 | 128 $^+$ | 32 |
| Kunst, Kunstwissenschaft, Lehramt, Sport | 118 | 6 | 26 | 6 |
| Gesamt | 1 948 | 100 | 407 | 100 |

*Anmerkungen.*
$\chi^2$ (4, n = 2 355) = 48.23, p < .001, *Cramér's V* = .14 (Chi²-Anpassungstest)
$^-$ unterzufällig, p < .01
$^+$ überzufällig, p < .01

Tabelle 10 zeigt die Verteilung der gutachterlichen Empfehlungen (Spalten 2 und 3) und der weiteren Maßnahmen (Spalten 4 und 5) auf elf Themenbereiche (vgl. Kapitel 6.1.1). Es zeigt sich, dass für beide Verteilungen am häufigsten in den Bereichen *Planung und Organisation von Studium und Lehre* (jeweils 36%) sowie *Ausstattung* (jeweils 17%) Empfehlungen bzw. weitere Maßnahmen formuliert wurden, am seltensten in den Bereichen *Bildungs- und Ausbildungsziele* sowie *Verwaltung und akademische Selbstverwaltung* (je 2% bzw. 1%). Auch wenn die Verteilungen nach Themenbereichen ähnlich erscheinen, ist der Unterschied statistisch hoch signifikant (Chi²-Anpassungstest), jedoch bei geringer Effektstärke: $\chi^2$ (10, n = 2 355) = 28.76, p < .01, *Cramér's V* = .11. Dieser Unterschied ist insbesondere auf die unterschiedlichen Anteile im Themenbereich *Studienberatung und -betreuung* zurückzuführen. In diesem Bereich wurden weit mehr weitere Maßnahmen verabredet, als dies gegenüber den gutachterlichen Empfehlungen zu erwarten wäre ($z_{res}$ = 2.66). Das könnte darauf hinweisen, dass Verbesserungen der Studienberatung und -betreuung weniger von den Gutachterinnen und Gutachtern als von den weiteren Personen, die an den Evaluationsverfahren beteiligt waren (insbesondere Fachangehörige und Hochschulleitungen), ins Blickfeld gerückt wurden.

Tabelle 10
Gutachterliche Empfehlungen und weitere Maßnahmen nach Themenbereichen (absteigend sortiert nach den gutachterlichen Empfehlungen; in absoluten und relativen Häufigkeiten)

| Themenbereich | Gutachterliche Empfehlungen | | Weitere Maßnahmen | |
|---|---|---|---|---|
| | absolut | in Prozent | absolut | in Prozent |
| Planung und Organisation von Studium und Lehre | 700 | 36 | 145 | 36 |
| Ausstattung | 329 | 17 | 71 | 17 |
| Lehr- und Lernformen | 163 | 8 | 34 | 8 |
| Studienberatung und -betreuung | 155 − | 8 | 49 + | 12 |
| Prüfungen | 146 | 8 | 17 | 4 |
| Lehrinhalte | 145 | 7 | 19 | 5 |
| Wissenschaftlicher Nachwuchs | 83 | 4 | 15 | 4 |
| Positionierung und Profilbildung | 80 | 4 | 25 | 6 |
| Qualitätssicherung und -verbesserung von Studium und Lehre | 69 | 4 | 24 | 6 |
| Bildungs- und Ausbildungsziele | 40 | 2 | 2 | 1 |
| Verwaltung und akademische Selbstverwaltung | 38 | 2 | 6 | 1 |
| Gesamt | 1 948 | 100 | 407 | 100 |

Anmerkungen.
$\chi^2$ (10, $n$ = 2 355) = 28.76, $p$ < .01, Cramér's V = .11 (Chi$^2$-Anpassungstest)
− unterzufällig, $p$ < .01
+ überzufällig, $p$ < .01

### 7.1.2 Umsetzungsaktivitäten in Folge gutachterlicher Empfehlungen sowie weiterer Maßnahmen im Vergleich

Aus Tabelle 11 geht hervor, dass insgesamt 56% aller gutachterlichen Empfehlungen umgesetzt bzw. zu den Empfehlungen entsprechende Maßnahmen eingeleitet wurden. 15% der Empfehlungen wurden aus bestimmten Gründen und 29% ohne Angabe von Gründen nicht umgesetzt. Wurden Empfehlungen begründet nicht umgesetzt, wurde am häufigsten angegeben, dass das betreffende Problem extern bedingt sei (8%) – insbesondere fehlten für die Umsetzung laut den Fachangehörigen die notwendigen Mittel von der Hochschulleitung (z. B. für die Einrichtung oder Wiederbesetzung einer Professur). Bei 4% der Empfehlungen teilen die Fachangehörigen nicht die Meinung der Gutachterinnen und Gutachter und üben inhaltliche Kritik an den Empfehlungen. Die Fachangehörigen sind außerdem überzeugt, dass 2% der Empfehlungen Folgen von Missverständnissen sind. Bei 1% der Empfehlungen wurde als Grund für eine ausgebliebene Umsetzung angegeben, dass die facheigenen Ressourcen, die für die Umsetzung von Empfehlungen aufgewendet werden sollten, nicht ausreichten (z. B. für Tutorien oder studentische Hilfskräfte).

Tabelle 11
Umsetzung der gutachterlichen Empfehlungen (n = 1 948; in absoluten und relativen Häufigkeiten)

| Umsetzungsaktivität | absolut | in Prozent |
|---|---|---|
| Maßnahme eingeleitet / Empfehlung umgesetzt | 1 096 | 56 |
| Empfehlung nicht umgesetzt, aus folgendem Grund: | | |
| *Problem extern bedingt* | *145* | *8* |
| *Inhaltliche Kritik* | *86* | *4* |
| *Missverständnis* | *40* | *2* |
| *Fehlende Ressourcen innerhalb des Instituts / Fachbereichs* | *26* | *1* |
| Empfehlung begründet nicht umgesetzt, insgesamt | 297 | 15 |
| Keine Maßnahme ergriffen | 555 | 29 |
| Gesamt | 1 948 | 100 |

Da die Fachangehörigen an der Verabredung der weiteren Maßnahmen maßgeblich beteiligt waren, ist bei diesen der Umsetzungserfolg erwartungsgemäß weit größer als bei den gutachterlichen Empfehlungen (siehe Tabelle 12). Insgesamt wurden 81% aller genannten Maßnahmen, die sich nicht direkt auf die gutachterlichen Empfehlungen zurückführen lassen, eingeleitet bzw. umgesetzt; 19% dieser Maßnahmen wurden nicht umgesetzt.

Tabelle 12
Umsetzung der weiteren Maßnahmen (n = 407; in absoluten und relativen Häufigkeiten)

| Umsetzungsaktivität | absolut | in Prozent |
|---|---|---|
| Maßnahme eingeleitet bzw. umgesetzt | 330 | 81 |
| Maßnahme nicht umgesetzt | 77 | 19 |
| Gesamt | 407 | 100 |

Sowohl der Anteil umgesetzter gutachterlicher Empfehlungen als auch der Anteil ergriffener weiterer Maßnahmen ist in den Ingenieurwissenschaften mit 62% und 86% und in der Fachgruppe Rechts-, Wirtschafts- und Sozialwissenschaften mit 61% und 87% am höchsten (siehe Tabelle 13). Dagegen sind diese Anteile bei beiden Verteilungen in den Sprach- und Kulturwissenschaften mit 49% und 76% am geringsten. In jeder Fachgruppe liegt der Umsetzungserfolg bei den weiteren Maßnahmen um 15 bis 27 Prozentpunkte höher als bei den gutachterlichen Empfehlungen. Der Unterschied zwischen den beiden Verteilungen nach Fachgruppen ist statistisch hoch signifikant (Chi$^2$-Anpassungstest):

$\chi^2$ (4, n = 1 426) = 40.10, p < .001; die Effektstärke ist jedoch mit Cramér's V = .17 gering. Es zeigt sich, dass in der Fachgruppe Mathematik und Naturwissenschaften nicht nur auffällig häufiger weitere Maßnahmen im Vergleich zu den gutachterlichen Empfehlungen genannt wurden (siehe Tabelle 9), sondern dass in dieser Fachgruppe mit einem Anteil von 81% auch weit mehr weitere Maßnahmen umgesetzt wurden ($z_{res}$ = 4.40) als im Vergleich zu den gutachterlichen Empfehlungen zu erwarten wäre. Auch wurden in den Ingenieurwissenschaften, gemäß der auffällig selteneren Nennung von weiteren Maßnahmen gegenüber den gutachterlichen Empfehlungen in dieser Fachgruppe (siehe Tabelle 9), weit weniger weitere Maßnahmen umgesetzt ($z_{res}$ = -5.58) als zu erwarten wäre.

Tabelle 13
Umgesetzte gutachterliche Empfehlungen (E; n = 1 096) und umgesetzte weitere Maßnahmen (wM; n = 330) bzw. eingeleitete Maßnahmen nach Fachgruppen (absteigend sortiert nach den gutachterlichen Empfehlungen; in absoluten und relativen Häufigkeiten)

| Fachgruppe | Gutachterliche Empfehlungen | | Weitere Maßnahmen | |
|---|---|---|---|---|
| | absolut | in Prozent | absolut | in Prozent |
| Ingenieurwissenschaften (E: n=413; wM: n=36) | 257 + | 62 | 31 - | 86 |
| Rechts-, Wirtschafts- und Sozialwissenschaften (E: n=482; wM: n=106) | 292 | 61 | 92 | 87 |
| Mathematik und Naturwissenschaften (E: n=386; wM: n=128) | 216 - | 56 | 103 + | 81 |
| Kunst, Kunstwissenschaft, Lehramt und Sport (E: n=118; wM: n=26) | 64 | 54 | 20 | 77 |
| Sprach- und Kulturwissenschaften (E: n=549; wM: n=111) | 267 | 49 | 84 | 76 |

Anmerkungen.
$\chi^2$ (4, n = 1 426) = 40.10, p < .001, Cramér's V = .17 (Chi²-Anpassungstest)
- unterzufällig, p < .01
+ überzufällig, p < .01

Werden die weiteren Maßnahmen, die in Folge der Evaluationen ergriffen wurden, für sich betrachtet, so zeigt sich, dass der Unterschied zwischen den Fachgruppen statistisch nicht signifikant ist: $\chi^2$ (4, n = 407) = 5.29, p = .26, Cramér's V = .11 (5 x 2-Felder-Chi²-Test). Das heißt, dass in keiner Fachgruppe auffällig häufiger als in einer anderen Fachgruppe weitere Maßnahmen umgesetzt wurden. Auf die Unterschiede zwischen den Fachgruppen sowie auf weitere Merkmale in Bezug auf die umgesetzten gutachterlichen Empfehlungen wird im folgenden Abschnitt eingegangen.

### 7.1.3 Umsetzungsaktivitäten in Folge gutachterlicher Empfehlungen nach Fachgruppen und Themenbereichen

In Tabelle 14 werden die Umsetzungsaktivitäten in Folge von Empfehlungen, die die Gutachterinnen und Gutachter im Rahmen der Evaluationsverfahren ausgesprochen haben, nach Fachgruppen differenziert dargestellt. Der Unterschied zwischen den Fachgruppen ist für umgesetzte Empfehlungen bzw. entsprechende eingeleitete Maßnahmen sowie für begründet nicht umgesetzte Empfehlungen statistisch hoch signifikant; die Effektstärke ist jedoch jeweils gering: $\chi^2$ (4, $n$ = 1 948) = 22.82, $p < .001$, Cramér's V = .11 sowie $\chi^2$ (4, $n$ = 1 948) = 16.87, $p < .01$, Cramér's V = .09. Der Unterschied zwischen den Fachgruppen hinsichtlich der ausbleibenden Umsetzung gutachterlicher Empfehlungen ist bei geringer Effektstärke statistisch signifikant: $\chi^2$ (4, $n$ = 1 948) = 22.82, $p < .05$, Cramér's V = .07.

Tabelle 14
Umsetzung der gutachterlichen Empfehlungen nach Fachgruppen ($n$ = 1 948; absteigend sortiert nach der Spalte „Empfehlung umgesetzt bzw. Maßnahme eingeleitet"; in absoluten und relativen Häufigkeiten)

| Fachgruppe | Empfehlung umgesetzt bzw. Maßnahme eingeleitet [1] | | Empfehlung begründet nicht umgesetzt [2] | | keine Maßnahme ergriffen [3] | | Gesamt | |
|---|---|---|---|---|---|---|---|---|
| | absolut | in Prozent | absolut | in Prozent | absolut | in Prozent | absolut | in Prozent |
| Ingenieurwissenschaften | 257 [+] | **62** | 50 | **12** | 106 | **26** | 413 | **100** |
| Rechts-, Wirtschafts- und Sozialwissenschaften | 292 | **61** | 59 | **12** | 131 | **27** | 482 | **100** |
| Mathematik und Naturwissenschaften | 216 | **56** | 72 | **19** | 98 | **25** | 386 | **100** |
| Kunst, Kunstwissenschaft, Lehramt, Sport | 64 | **54** | 13 | **11** | 41 | **35** | 118 | **100** |
| Sprach- und Kulturwissenschaften | 267 [−] | **49** | 103 [+] | **19** | 179 | **32** | 549 | **100** |

*Anmerkungen.*
[1] $\chi^2$ (4, $n$ = 1 948) = 22.82, $p < .001$, Cramér's V = .11 (5 x 2-Felder-Chi$^2$-Test nach Pearson)
[2] $\chi^2$ (4, $n$ = 1 948) = 16.87, $p < .01$, Cramér's V = .09 (5 x 2-Felder-Chi$^2$-Test nach Pearson)
[3] $\chi^2$ (4, $n$ = 1 948) = 22.82, $p < .05$, Cramér's V = .07 (5 x 2-Felder-Chi$^2$-Test nach Pearson)
[−] unterzufällig, $p < .01$
[+] überzufällig, $p < .01$

Insbesondere zwei Fachgruppen unterscheiden sich von den jeweils anderen Fachgruppen in den Umsetzungsaktivitäten. So wurden in den Ingenieurwissenschaften weit häufiger gutachterliche Empfehlungen umgesetzt bzw. entsprechende Maßnahmen eingeleitet ($z_{res}$ = 2.75), als nach den Anteilen umgesetzter Empfehlungen in den anderen Fachgruppen zu erwarten wäre. 62% aller Empfehlungen, die von den Gutachterinnen und Gutachtern in dieser Fachgruppe ausgesprochen wurden, wurden umgesetzt bzw. zu diesen Empfehlungen wurden entsprechende Maßnahmen eingeleitet. Dagegen ist dieser Anteil in der Fachgruppe Sprach- und Kulturwissenschaften im Vergleich zu den anderen Fachgruppen auffällig gering ($z_{res}$ = -4.25). Hier wurden nur 49% der gutachterlichen Empfehlungen umgesetzt bzw. auf diese folgten entsprechende Maßnahmen. Außerdem ist in den Sprach- und Kulturwissenschaften der Anteil gutachterlicher Empfehlungen, die aus bestimmten Gründen nicht umgesetzt wurden, mit $z_{res}$ = 2.70 auffällig hoch (19%). In der Fachgruppe Rechts-, Wirtschafts- und Sozialwissenschaften fällt der Anteil umgesetzter Empfehlungen bzw. eingeleiteter Maßnahmen mit 61% ebenfalls vergleichsweise hoch aus. Bei einer etwas weniger strengen Interpretation des Residualwerts (p<.05 statt p<.01) ist dieser Anteil ebenfalls überzufällig.

Tabelle 15 zeigt, dass die Umsetzungsaktivitäten nicht nur in Bezug auf die Fachgruppen, sondern auch in Bezug auf die Themenbereiche unterschiedlich ausfallen. Der Unterschied zwischen den Themenbereichen bei den umgesetzten Empfehlungen bzw. entsprechenden eingeleiteten Maßnahmen sowie bei den begründet nicht umgesetzten Empfehlungen ist jeweils statistisch hoch signifikant (bei geringer Effektstärke): $\chi^2$ (10, $n$ = 1 948) = 44.20, $p$ < .001, *Cramér's V* = .15 sowie $\chi^2$ (10, $n$ = 1 948) = 51.68, $p$ < .001, *Cramér's V* = .16. Ebenso ist der Unterschied zwischen den Themenbereichen bei Empfehlungen mit ausbleibender Umsetzung statistisch signifikant: $\chi^2$ (10, $n$ = 1 948) = 20.71, $p$ < .05; die Effektstärke ist jedoch ebenfalls mit *Cramér's V* = .10 gering.

Auffällig ist, dass im Bereich *Planung und Organisation von Studium und Lehre* weit häufiger Empfehlungen umgesetzt bzw. entsprechende Maßnahmen eingeleitet wurden, als dies nach der Anzahl der umgesetzten Empfehlungen in den weiteren Themenbereichen zu erwarten wäre. Der Residualwert ist auffällig hoch: $z_{res}$ = 4.11. Der Anteil begründet nicht umgesetzter Empfehlungen ist in diesem Themenbereich auffällig gering ($z_{res}$ = -3.38). Umgekehrt verhält es sich mit Empfehlungen, die im Bereich *Ausstattung* ausgesprochen wurden: Hier ist der Anteil umgesetzter Empfehlungen bzw. eingeleiteter Maßnahmen auffällig gering ($z_{res}$ = -3.43), der Anteil begründet nicht umgesetzter Empfehlungen dagegen auffällig hoch ($z_{res}$ = 6.03). Auch im Bereich *Verwaltung und akademische Selbstverwaltung* wurden im Vergleich zu den weiteren Themenbereichen auffällig weniger Empfehlungen umgesetzt ($z_{res}$ = -3.10). Während im Bereich *Planung und Organisation von Studium und Lehre* 62% der gutachterlichen Empfehlungen umgesetzt wurden, waren es im Bereich *Ausstattung* 48% und im Bereich *Verwaltung und akademische Selbstverwaltung* nur 32%. Im Bereich *Ausstattung* wurde etwa ein Viertel der gutachterlichen Empfehlungen aus bestimmten Gründen nicht umgesetzt, im Bereich *Planung und Organisation von Studium und Lehre* beträgt dieser Anteil nur 12%. Weitere Analysen haben ergeben, dass am häufigsten – nämlich bei 76 von 86 Empfehlungen (88%), die im Bereich *Ausstattung* begründet nicht umgesetzt wurden – in den Dokumenten das Problem als extern bedingt betrachtet wurde.

Darüber hinaus blieb die Umsetzung gutachterlicher Empfehlungen im Bereich *Wissenschaftlicher Nachwuchs* mit einem Anteil von 42% weit häufiger als in den anderen Themenfeldern ohne Nennung von Gründen aus ($z_{res}$ = 2.82). Das heißt, dass fast die Hälfte aller Empfehlungen, die sich auf den wissenschaftlichen Nachwuchs beziehen, in Folge der Evaluation nicht wieder erwähnt wurde.

Tabelle 15
Umsetzung der gutachterlichen Empfehlungen nach Themenbereichen ($n$ = 1 948; absteigend sortiert nach der Spalte „Empfehlung umgesetzt bzw. Maßnahme eingeleitet"; in absoluten und relativen Häufigkeiten)

| Themenbereich | Empfehlung umgesetzt bzw. Maßnahme eingeleitet [1] | | Empfehlung begründet nicht umgesetzt [2] | | keine Maßnahme ergriffen [3] | | Gesamt | |
|---|---|---|---|---|---|---|---|---|
| | absolut | in Prozent | absolut | in Prozent | absolut | in Prozent | absolut | in Prozent |
| Positionierung und Profilbildung | 55 | 69 | 7 | 9 | 18 | 22 | 80 | 100 |
| Planung und Organisation von Studium und Lehre | 437 [+] | 62 | 81 [−] | 12 | 182 | 26 | 700 | 100 |
| Studienberatung und -betreuung | 95 | 61 | 20 | 13 | 40 | 26 | 155 | 100 |
| Qualitätssicherung / -verbesserung von Studium und Lehre | 39 | 57 | 10 | 14 | 20 | 29 | 69 | 100 |
| Lehrinhalte | 80 | 55 | 13 | 9 | 52 | 36 | 145 | 100 |
| Prüfungen | 80 | 55 | 24 | 16 | 42 | 29 | 146 | 100 |
| Lehr- und Lernformen | 85 | 52 | 28 | 17 | 50 | 31 | 163 | 100 |
| Bildungs- und Ausbildungsziele | 20 | 50 | 5 | 13 | 15 | 37 | 40 | 100 |
| Ausstattung | 157 [−] | 48 | 86 [+] | 26 | 86 | 26 | 329 | 100 |
| Wissenschaftlicher Nachwuchs | 36 | 43 | 12 | 15 | 35 [+] | 42 | 83 | 100 |
| Verwaltung und akademische Selbstverwaltung | 12 [−] | 32 | 11 | 29 | 15 | 39 | 38 | 100 |

Anmerkungen.
[1] $\chi^2$ (10, $n$ = 1 948) = 44.20, $p$ < .001, Cramér's V = .15 (11 x 2-Felder-Chi$^2$-Test nach Pearson)
[2] $\chi^2$ (10, $n$ = 1 948) = 51.68, $p$ < .001, Cramér's V = .16 (11 x 2-Felder-Chi$^2$-Test nach Pearson)
[3] $\chi^2$ (10, $n$ = 1 948) = 20.71, $p$ < .05, Cramér's V = .10 (11 x 2-Felder-Chi$^2$-Test nach Pearson)
[−] unterzufällig, $p$ < .01
[+] überzufällig, $p$ < .01

Im Folgenden wird für jeden Themenbereich untersucht, inwieweit die Empfehlungen der Gutachterinnen und Gutachter im Rahmen der ZEvA- und der Nordverbund-Verfahren in den Fachgruppen umgesetzt wurden. In Tabelle 16, Tabelle 17, Tabelle 18 und Tabelle 19 wird für jeden Themenbereich der Anteil umgesetzter gutachterlicher Empfehlungen bzw. eingeleiteter Maßnahmen nach Fachgruppen dargestellt. Die Anzahl der Empfehlungen, die insgesamt in einem Themenbereich ausgesprochen wurden, ist für jede Fachgruppe in Klammern angegeben. So zeigt beispielsweise Tabelle 16, dass in den Ingenieurwissenschaften 94 von 144 gutachterlichen Empfehlungen im Themenbereich *Planung und Organisation von Studium und Lehre* (Spalten 4 und 5) umgesetzt wurden (65%). Insgesamt zeigen sich in den Themenbereichen nur wenige statistisch signifikante Unterschiede zwischen den Fachgruppen.

Für zwei Themenbereiche zeigen sich allerdings auffällige Ergebnisse: Der Unterschied zwischen den Fachgruppen bei der Umsetzung gutachterlicher Empfehlungen bzw. Einleitung entsprechender Maßnahmen im Bereich *Qualitätssicherung und -verbesserung von Studium und Lehre* (siehe Tabelle 17 Spalten 2 und 3) ist bei mittlerer Effektstärke statistisch signifikant (5 x 2-Felder-Fisher-Freeman-Halton-Test): $\chi^2$ (4, $n$ = 69) = 11.27, $p_{exact}$ < .05, *Cramér's V* = .4. In den Rechts-, Wirtschafts- und Sozialwissenschaften wurden, im Vergleich zu den weiteren Fachgruppen, mit einem Anteil von 82% in diesem Bereich weit mehr Empfehlungen umgesetzt, als zu erwarten wäre ($z_{res}$ = 2.90).

Weiterhin zeigt sich, dass die Unterschiede zwischen den Fachgruppen bei Empfehlungen im Bereich *Ausstattung* statistisch hoch signifikant sind (siehe Tabelle 18); die Effektstärke ist jedoch eher gering (5 x 2-Felder-Chi$^2$-Test nach Pearson): $\chi^2$ (4, $n$ = 329) = 15.2, $p$ < .01, *Cramér's V* = .22. In diesem Themenbereich zeigt sich ein auffällig geringer Anteil umgesetzter gutachterlicher Empfehlungen in den Sprach- und Kulturwissenschaften ($z_{res}$ = -3.65). Nur 34% der gutachterlichen Empfehlungen zu Ausstattungsfragen wurden in dieser Fachgruppe umgesetzt (siehe Spalten 6 und 7). Dieser geringe Anteil umgesetzter gutachterlicher Empfehlungen im Bereich *Ausstattung* in den Sprach- und Kulturwissenschaften gibt sowohl einen Hinweis auf den auffällig geringen Anteil umgesetzter gutachterlicher Empfehlungen von insgesamt 48% in diesem Themenbereich (siehe Tabelle 15) als auch auf den auffällig geringen Anteil umgesetzter Empfehlungen von insgesamt 49% in dieser Fachgruppe (siehe Tabelle 14).

Bei allen anderen Themenbereichen konnten keine signifikanten Unterschiede zwischen den Fachgruppen festgestellt werden. Vorangegangene Analysen haben gezeigt, dass nicht nur im Ausstattungsbereich, sondern auch in den Bereichen *Verwaltung und akademische Selbstverwaltung* sowie *Wissenschaftlicher Nachwuchs* weitaus seltener Empfehlungen umgesetzt wurden (bzw. weitaus häufiger die Umsetzung ausblieb), als im Vergleich mit den übrigen Bereichen zu erwarten wäre. Und im Bereich *Planung und Organisation von Studium und Lehre* wurden die Empfehlungen im Vergleich weit häufiger umgesetzt (siehe Tabelle 15). Offensichtlich sind diese Ergebnisse auf alle Fachgruppen gleichermaßen zurückzuführen.

Tabelle 16

Umgesetzte gutachterliche Empfehlungen / eingeleitete Maßnahmen für die Themenbereiche *Positionierung und Profilbildung* (PP), *Planung und Organisation von Studium und Lehre* (POSL) sowie *Studienberatung und -betreuung* (S) nach Fachgruppen (die Anzahl der Empfehlungen in einem Themenbereich ist für jede Fachgruppe in Klammern angegeben; absteigend sortiert nach dem Anteil umgesetzter Empfehlungen / eingeleiteter Maßnahmen pro Themenbereich über alle Fachgruppen; in absoluten und relativen Häufigkeiten)

| Fachgruppe | Positionierung und Profilbildung [1] | | Planung und Organisation von Studium und Lehre [2] | | Studienberatung und -betreuung [3] | |
|---|---|---|---|---|---|---|
| | absolut | in Prozent | absolut | in Prozent | absolut | in Prozent |
| Ingenieurwissenschaften (PP: $n=14$, POSL: $n=144$, S: $n=35$) | 10 | **71** | 94 | **65** | 27 | **77** |
| Rechts-, Wirtschafts- und Sozialwissenschaften (PP: $n=19$, POSL: $n=185$, S: $n=32$) | 14 | **74** | 125 | **68** | 16 | **50** |
| Mathematik und Naturwissenschaften (PP: $n=11$, POSL: $n=150$, S: $n=32$) | 8 | **73** | 97 | **65** | 22 | **69** |
| Kunst, Kunstwissenschaft, Lehramt und Sport (PP: $n=11$, POSL: $n=42$, S: $n=4$) | 9 | **82** | 24 | **57** | 2 | **50** |
| Sprach- und Kulturwissenschaften (PP: $n=25$, POSL: $n=179$, S: $n=52$) | 14 | **56** | 97⁻ | **54** | 28 | **54** |

*Anmerkungen.*
[1] $\chi^2 (4, n = 80) = 3.11$, $p_{exact} = .56$, *Cramér's V* = .2 (5 x 2-Felder-Fisher-Freeman-Halton-Test)
[2] $\chi^2 (4, n = 700) = 8.58$, $p = .07$, *Cramér's V* = .11 (5 x 2-Felder-Chi²-Test nach Pearson)
[3] $\chi^2 (4, n = 155) = 7.61$, $p = .11$, *Cramér's V* = .22 (5 x 2-Felder-Chi²-Test nach Pearson)
⁻ unterzufällig, $p < .01$, $z_{res} = -2.64$

Tabelle 17
Umgesetzte gutachterliche Empfehlungen / eingeleitete Maßnahmen für die Themenbereiche *Qualitätssicherung und -verbesserung von Studium und Lehre* (Q), *Lehrinhalte* (L) sowie *Prüfungen* (P) nach Fachgruppen (die Anzahl der Empfehlungen in einem Themenbereich ist für jede Fachgruppe in Klammern angegeben; absteigend sortiert nach dem Anteil umgesetzter Empfehlungen / eingeleiteter Maßnahmen pro Themenbereich über alle Fachgruppen; in absoluten und relativen Häufigkeiten)

| Fachgruppe | Qualitätssicherung und -verbesserung von Studium und Lehre [1] | | Lehrinhalte [2] | | Prüfungen [3] | |
|---|---|---|---|---|---|---|
| | absolut | in Prozent | absolut | in Prozent | absolut | in Prozent |
| Ingenieurwissenschaften (Q: $n$=15, L: $n$=29, P: $n$=36) | 9 | **60** | 22 | **76** | 25 | **69** |
| Rechts-, Wirtschafts- und Sozialwissenschaften (Q: $n$=22, L: $n$=39, P: $n$=40) | 18 [+] | **82** | 20 | **51** | 19 | **48** |
| Mathematik und Naturwissenschaften (Q: $n$=11, L: $n$=29, P: $n$=26) | 3 | **27** | 12 | **41** | 14 | **54** |
| Kunst, Kunstwissenschaft, Lehramt und Sport (Q: $n$=2, L: $n$=10, P: $n$=7) | 1 | **50** | 5 | **50** | 3 | **43** |
| Sprach- und Kulturwissenschaften (Q: $n$=19, L: $n$=38, P: $n$=37) | 8 | **42** | 21 | **55** | 19 | **51** |

*Anmerkungen.*
[1] $\chi^2 (4, n = 69) = 11.27$, $p_{exact} < .05$, *Cramér's V* = .4 (5 x 2-Felder-Fisher-Freeman-Halton-Test)
[2] $\chi^2 (4, n = 145) = 7.6$, $p = .11$, *Cramér's V* = .23 (5 x 2-Felder-Chi$^2$-Test nach Pearson)
[3] $\chi^2 (4, n = 146) = 4.57$, $p = .34$, *Cramér's V* = .18 (5 x 2-Felder-Chi$^2$-Test nach Pearson)
[+] überzufällig, $p < .01$, $z_{res} = 2.90$

Tabelle 18
Umgesetzte gutachterliche Empfehlungen / eingeleitete Maßnahmen für die Themenbereiche *Lehr- und Lernformen* (L), *Bildungs- und Ausbildungsziele* (B) sowie *Ausstattung* (A) nach Fachgruppen (die Anzahl der Empfehlungen in einem Themenbereich ist für jede Fachgruppe in Klammern angegeben; absteigend sortiert nach dem Anteil umgesetzter Empfehlungen / eingeleiteter Maßnahmen pro Themenbereich über alle Fachgruppen; in absoluten und relativen Häufigkeiten)

| Fachgruppe | Lehr- und Lernformen [1] | | Bildungs- und Ausbildungsziele [2] | | Ausstattung [3] | |
|---|---|---|---|---|---|---|
| | absolut | in Prozent | absolut | in Prozent | absolut | in Prozent |
| Ingenieurwissenschaften (L: $n$=49, B: $n$=13, A: $n$=58) | 25 | **51** | 7 | **54** | 33 | **57** |
| Rechts-, Wirtschafts- und Sozialwissenschaften (L: $n$=51, B: $n$=17, A: $n$ = 51) | 29 | **57** | 6 | **35** | 31 | **61** |
| Mathematik und Naturwissenschaften (L: $n$=22, B: $n$=2, A: $n$ = 79) | 12 | **55** | 2 | **100** | 39 | **49** |
| Kunst, Kunstwissenschaft, Lehramt und Sport (L: $n$=3, B: $n$=3, A: $n$ = 24) | 1 | **33** | 2 | **67** | 14 | **58** |
| Sprach- und Kulturwissenschaften (L: $n$=38, B: $n$=5, A: $n$ = 117) | 18 | **47** | 3 | **60** | 40⁻ | **34** |

*Anmerkungen.*
[1] $\chi^2$ (4, $n$ = 163) = 1.3, $p$ = .86, *Cramér's V* = .09 (5 x 2-Felder-Chi$^2$-Test nach Pearson)
[2] $\chi^2$ (4, $n$ = 40) = 4.08, $p_{exact}$ = .44, *Cramér's V* = .32 (5 x 2-Felder-Fisher-Freeman-Halton-Test)
[3] $\chi^2$ (4, $n$ = 329) = 15.2, $p$ < .01, *Cramér's V* = .22 (5 x 2-Felder-Chi$^2$-Test nach Pearson)
⁻ unterzufällig, $p$ < .01, $z_{res}$ = -3.65

Tabelle 19
Umgesetzte gutachterliche Empfehlungen / eingeleitete Maßnahmen für die Themenbereiche *Wissenschaftlicher Nachwuchs* (WN) und *Verwaltung und akademische Selbstverwaltung* (V) nach Fachgruppen (die Anzahl der Empfehlungen in einem Themenbereich ist für jede Fachgruppe in Klammern angegeben; absteigend sortiert nach dem Anteil umgesetzter Empfehlungen / eingeleiteter Maßnahmen pro Themenbereich über alle Fachgruppen; in absoluten und relativen Häufigkeiten)

| Fachgruppe | Wissenschaftlicher Nachwuchs [1] | | Verwaltung und akademische Selbstverwaltung [2] | |
|---|---|---|---|---|
| | absolut | in Prozent | absolut | in Prozent |
| Ingenieurwissenschaften (WN: $n=13$, V: $n=7$) | 4 | 31 | 1 | 14 |
| Rechts-, Wirtschafts- und Sozialwissenschaften (WN: $n=14$, V: $n=12$) | 7 | 50 | 7 | 58 |
| Mathematik und Naturwissenschaften (WN: $n=16$, V: $n=8$) | 6 | 38 | 1 | 13 |
| Kunst, Kunstwissenschaft, Lehramt und Sport (WN: $n=6$, V: $n=6$) | 1 | 17 | 2 | 33 |
| Sprach- und Kulturwissenschaften (WN: $n=34$, V: $n=5$) | 18 | 53 | 1 | 20 |

*Anmerkungen.*
[1] $\chi^2 (4, n = 83) = 4.33$, $p = .36$, *Cramér's V* = .23 (5 x 2-Felder-Chi²-Test nach Person)
[2] $\chi^2 (4, n = 38) = 6.61$, $p_{exact} = .17$, *Cramér's V* = .42 (5 x 2-Felder-Fisher-Freeman-Halton-Test)

Nachdem zunächst untersucht wurde, inwieweit die gutachterlichen Empfehlungen umgesetzt bzw. zu den Empfehlungen entsprechende Maßnahmen eingeleitet wurden, soll nun geprüft werden, ob es in bestimmten Themenbereichen bei den Fachgruppen Auffälligkeiten in Bezug auf begründet nicht umgesetzte Empfehlungen gibt. Entsprechend der Darstellung umgesetzter Empfehlungen bzw. eingeleiteter Maßnahmen werden im Folgenden die Anteile begründet nicht umgesetzter Empfehlungen nach Fachgruppen und Themenbereichen differenziert dargestellt. Tabelle 20, Tabelle 21, Tabelle 22 und Tabelle 23 zeigen, dass in drei Themenbereichen der Unterschied zwischen den Fachgruppen statistisch signifikant ist. Tabelle 22 zeigt, dass der Unterschied zwischen den Fachgruppen für den Bereich *Ausstattung* (siehe Spalten 6 und 7) sogar statistisch hoch signifikant ist (bei geringer Effektstärke): $\chi^2 (4, n = 329) = 15.04$, $p < .01$, *Cramér's V* = .21. Auch hier fällt die Fachgruppe Sprach- und Kulturwissenschaften auf: In dieser Fachgruppe wurden im Vergleich zu den weiteren Fachgruppen mit einem Anteil von 35% auffällig häufiger Empfehlungen aus bestimmten Gründen nicht umgesetzt ($z_{res} = 2.73$). Demgegenüber beträgt der geringste Anteil Empfehlungen, die im Bereich *Ausstattung* begründet nicht umgesetzt wurden, 14% (Ingenieurwissenschaften sowie Rechts-, Wirtschafts- und Sozialwissenschaften). Bei der Betrachtung der Gründe zeigt sich, dass die Fachangehörigen externe Gründe für die ausbleibende Umsetzung von 36 der insgesamt 41 Empfehlungen

(88%) in der Fachgruppe Sprach- und Kulturwissenschaften im Bereich *Ausstattung* verantwortlich machen.

Zudem ist der Unterschied zwischen den Fachgruppen für den Themenbereich *Qualitätssicherung und -verbesserung von Studium und Lehre* statistisch hoch signifikant (bei mittlerer Effektstärke): $\chi^2$ (4, $n$ = 69) = 15.33, $p_{exact}$ < .01, *Cramér's V* = .47 (siehe Tabelle 21). Empfehlungen, die im Bereich *Lehrinhalte* aus bestimmten Gründen nicht umgesetzt wurden (siehe Tabelle 21), weisen ebenfalls einen statistisch signifikanten Unterschied in den Fachgruppen bei geringer bis mittlerer Effektstärke auf: $\chi^2$ (4, $n$ = 145) = 9.42, $p_{exact}$ < .05, *Cramér's V* = .26. Aufgrund der geringen Fallzahlen, auf denen die Berechnungen zu diesen beiden Fachgruppen basieren, ist jedoch bei der Interpretation der Ergebnisse Vorsicht geboten.

Tabelle 20
Begründet nicht umgesetzte gutachterliche Empfehlungen für die Themenbereiche *Positionierung und Profilbildung* (PP), *Planung und Organisation von Studium und Lehre* (POSL) sowie *Studienberatung und -betreuung* (S) nach Fachgruppen (die Anzahl der Empfehlungen in einem Themenbereich ist für jede Fachgruppe in Klammern angegeben; absteigend sortiert nach dem Anteil umgesetzter Empfehlungen / eingeleiteter Maßnahmen pro Themenbereich über alle Fachgruppen; in absoluten und relativen Häufigkeiten)

| Fachgruppe | Positionierung und Profilbildung [1] | | Planung und Organisation von Studium und Lehre [2] | | Studienberatung und -betreuung [3] | |
|---|---|---|---|---|---|---|
| | absolut | in **Prozent** | absolut | in **Prozent** | absolut | in **Prozent** |
| Ingenieurwissenschaften (PP: $n$=14, POSL: $n$=144, S: $n$=35) | 1 | **7** | 20 | **14** | 1 | **3** |
| Rechts-, Wirtschafts- und Sozialwissenschaften (PP: $n$=19, POSL: $n$=185, S: $n$=32) | 0 | **0** | 22 | **12** | 4 | **13** |
| Mathematik und Naturwissenschaften (PP: $n$=11, POSL: $n$=150, S: $n$=32) | 2 | **18** | 15 | **10** | 5 | **16** |
| Kunst, Kunstwissenschaft, Lehramt und Sport (PP: $n$=11, POSL: $n$=42, S: $n$=4) | 1 | **9** | 3 | **7** | 0 | **0** |
| Sprach- und Kulturwissenschaften (PP: $n$=25, POSL: $n$=179, S: $n$=52) | 3 | **12** | 21 | **12** | 10 | **19** |

*Anmerkungen.*
[1] $\chi^2$ (4, $n$ = 80) = 3.43, $p_{exact}$ = .53, *Cramér's V* = .21 (5 x 2-Felder-Fisher-Freeman-Halton-Test)
[2] $\chi^2$ (4, $n$ = 700) = 1.95, $p$ = .75, *Cramér's V* = .05 (5 x 2-Felder-Chi$^2$-Test nach Pearson)
[3] $\chi^2$ (4, $n$ = 155) = 5.8, $p_{exact}$ = .21, *Cramér's V* = .19 (5 x 2-Felder-Fisher-Freeman-Halton-Test)

Tabelle 21

Begründet nicht umgesetzte gutachterliche Empfehlungen für die Themenbereiche *Qualitätssicherung und -verbesserung von Studium und Lehre* (Q), *Lehrinhalte* (L) sowie *Prüfungen* (P) nach Fachgruppen (die Anzahl der Empfehlungen in einem Themenbereich ist für jede Fachgruppe in Klammern angegeben; absteigend sortiert nach dem Anteil umgesetzter Empfehlungen / eingeleiteter Maßnahmen pro Themenbereich über alle Fachgruppen; in absoluten und relativen Häufigkeiten)

| Fachgruppe | Qualitätssicherung und -verbesserung von Studium und Lehre [1] | | Lehrinhalte [2] | | Prüfungen [3] | |
|---|---|---|---|---|---|---|
| | absolut | in Prozent | absolut | in Prozent | absolut | in Prozent |
| Ingenieurwissenschaften (Q: $n$=15, L: $n$=29, P: $n$=36) | 0 | 0 | 0 | 0 | 3 | 8 |
| Rechts-, Wirtschafts- und Sozialwissenschaften (Q: $n$=22, L: $n$=39, P: $n$=40) | 0 | 0 | 7 | 18 | 5 | 13 |
| Mathematik und Naturwissenschaften (Q: $n$=11, L: $n$=29, P: $n$=26) | 4 | 36 | 4 | 14 | 8 | 31 |
| Kunst, Kunstwissenschaft, Lehramt und Sport (Q: $n$=2, L: $n$=10, P: $n$=7) | 0 | 0 | 1 | 10 | 0 | 0 |
| Sprach- und Kulturwissenschaften (Q: $n$=19, L: $n$=38, P: $n$=37) | 6 | 32 | 1 | 3 | 8 | 22 |

*Anmerkungen.*
[1] $\chi^2$ (4, $n$ = 69) = 15.33, $p_{exact}$ < .01, *Cramér's V* = .47 (5 x 2-Felder-Fisher-Freeman-Halton-Test)
[2] $\chi^2$ (4, $n$ = 145) = 9.42, $p_{exact}$ < .05, *Cramér's V* = .26 (5 x 2-Felder-Fisher-Freeman-Halton-Test)
[3] $\chi^2$ (4, $n$ = 146) = 8.16, $p$ = .09, *Cramér's V* = .24 (5 x 2-Felder-Chi$^2$-Test nach Pearson)

Tabelle 22

Begründet nicht umgesetzte gutachterliche Empfehlungen für die Themenbereiche *Lehr- und Lernformen* (L), *Bildungs- und Ausbildungsziele* (B) sowie *Ausstattung* (A) nach Fachgruppen (die Anzahl der Empfehlungen in einem Themenbereich ist für jede Fachgruppe in Klammern angegeben; absteigend sortiert nach dem Anteil umgesetzter Empfehlungen / eingeleiteter Maßnahmen pro Themenbereich über alle Fachgruppen; in absoluten und relativen Häufigkeiten)

| Fachgruppe | Lehr- und Lernformen [1] | | Bildungs- und Ausbildungsziele [2] | | Ausstattung [3] | |
|---|---|---|---|---|---|---|
| | absolut | in Prozent | absolut | in Prozent | absolut | in Prozent |
| Ingenieurwissenschaften (L: $n=49$, B: $n=13$, A: $n=58$) | 12 | **25** | 2 | **15** | 8 | **14** |
| Rechts-, Wirtschafts- und Sozialwissenschaften (L: $n=51$, B: $n=17$, A: $n = 51$) | 8 | **16** | 3 | **18** | 7 | **14** |
| Mathematik und Naturwissenschaften (L: $n=22$, B: $n=2$, A: $n = 79$) | 3 | **14** | 0 | **0** | 25 | **32** |
| Kunst, Kunstwissenschaft, Lehramt und Sport (L: $n=3$, B: $n=3$, A: $n = 24$) | 0 | **0** | 0 | **0** | 5 | **21** |
| Sprach- und Kulturwissenschaften (L: $n=38$, B: $n=5$, A: $n = 117$) | 5 | **13** | 0 | **0** | 41 [+] | **35** |

*Anmerkungen.*
[1] $\chi^2 (4, n = 163) = 3.17$, $p_{exact} = .51$, *Cramér's V* = .14 (5 x 2-Felder-Fisher-Freeman-Halton-Test)
[2] $\chi^2 (4, n = 40) = 1.94$, $p_{exact} = .85$, *Cramér's V* = .22 (5 x 2-Felder-Fisher-Freeman-Halton-Test)
[3] $\chi^2 (4, n = 329) = 15.04$, $p < .01$, *Cramér's V* = .21 (5 x 2-Felder-Chi$^2$-Test nach Pearson)
[+] überzufällig, $p < .01$, $z_{res} = 2.73$

Tabelle 23
Begründet nicht umgesetzte gutachterliche Empfehlungen für die Themenbereiche *Wissenschaftlicher Nachwuchs* (WN) und *Verwaltung und akademische Selbstverwaltung* (V) nach Fachgruppen (die Anzahl der Empfehlungen in einem Themenbereich ist für jede Fachgruppe in Klammern angegeben; absteigend sortiert nach dem Anteil umgesetzter Empfehlungen / eingeleiteter Maßnahmen pro Themenbereich über alle Fachgruppen; in absoluten und relativen Häufigkeiten)

| Fachgruppe | Wissenschaftlicher Nachwuchs [1] | | Verwaltung und akademische Selbstverwaltung [2] | |
|---|---|---|---|---|
| | absolut | in Prozent | absolut | in Prozent |
| Ingenieurwissenschaften (WN: $n$=13, V: $n$=7) | 1 | 8 | 2 | 29 |
| Rechts-, Wirtschafts- und Sozialwissenschaften (WN: $n$=14, V: $n$=12) | 1 | 7 | 2 | 17 |
| Mathematik und Naturwissenschaften (WN: $n$=16, V: $n$=8) | 2 | 13 | 4 | 50 |
| Kunst, Kunstwissenschaft, Lehramt und Sport (WN: $n$=6, V: $n$=6) | 2 | 33 | 1 | 17 |
| Sprach- und Kulturwissenschaften (WN: $n$=34, V: $n$=5) | 6 | 18 | 2 | 40 |

*Anmerkungen.*
[1] $\chi^2 (4, n = 83) = 3.15$, $p_{exact} = .55$, *Cramér's V* = .2 (5 x 2-Felder-Fisher-Freeman-Halton-Test)
[2] $\chi^2 (4, n = 38) = 3.34$, $p_{exact} = .54$, *Cramér's V* = .3 (5 x 2-Felder-Fisher-Freeman-Halton-Test)

## 7.2 Einschätzungen der Evaluationsbeteiligten zu Verbesserungsmaßnahmen in Folge der Evaluationen sowie zu Umsetzungsproblemen: Ergebnisse der sekundärstatistischen Analyse

Im Rahmen der sekundärstatistischen Analyse wurden die Einschätzungen der Evaluationsbeteiligten (Fachangehörige, Hochschulleitungen, Ansprechpartnerinnen und -partner für die Evaluationen in den einzelnen Hochschulen und Angehörige der Evaluationseinrichtungen) zu Verbesserungsmaßnahmen in Folge der Evaluationen und zu möglichen Gründen, die die Umsetzung von Evaluationsergebnissen erschwert oder verhindert haben, untersucht.

### 7.2.1 Einschätzungen der schriftlich befragten Fachangehörigen sowie der Interviewpartnerinnen und -partner zu erfolgten Verbesserungsmaßnahmen

Sowohl die schriftlich befragten Fachangehörigen als auch die Interviewpartnerinnen und -partner sind direkt gefragt worden, zu welchen Aktivitäten bzw. Verbesserungen es in Folge der Evaluation(en) ihrer Meinung nach gekommen ist.

*Aussagen der schriftlich befragten Fachangehörigen zu Verbesserungsaktivitäten in Folge der Evaluationsverfahren*

Die Fachangehörigen sollten einschätzen, inwiefern sich durch die Evaluationsverfahren Änderungen in der Kommunikation ergeben haben und zu welchen konkreten Verbesserungsaktivitäten es gekommen ist. Für die Untersuchung, inwiefern sich die Kommunikation innerhalb der Professorenschaft sowie zwischen der Professorenschaft und der Hochschulleitung verändert hat, konnten die Antworten von 94 Fachangehörigen aus 55 Verfahren einbezogen werden. Dabei gingen die Antworten von mehreren Befragten, die an der Evaluation eines Faches an einem Standort beteiligt waren, nur einfach in die Analyse ein.

Tabelle 24
Veränderungen der Kommunikation durch das Evaluationsverfahren 1) innerhalb der Professorenschaft und 2) zwischen Fach und Hochschulleitung (*n* = 55 Evaluationsverfahren; in absoluten und relativen Häufigkeiten)

| Veränderungen der Kommunikation | absolut | in Prozent |
|---|---|---|
| 1) Innerhalb der Professorenschaft | | |
| verbessert | 33 | 60 |
| gleich geblieben | 21 | 38 |
| verschlechtert | 1 | 2 |
| *Gesamt* | *55* | *100* |
| 2) Zwischen Fach und Hochschulleitung | | |
| verbessert | 27 | 49 |
| gleich geblieben | 25 | 46 |
| verschlechtert | 3 | 5 |
| *Gesamt* | *55* | *100* |

Aus Tabelle 24 geht hervor, dass die Fachangehörigen in 60% der Verfahren davon überzeugt sind, dass sich durch das Evaluationsverfahren die Kommunikation innerhalb der Professorenschaft verbessert hat. Außerdem hat sich nach Meinung der Befragten in etwa der Hälfte der Verfahren die Kommunikation zwischen Fach und Hochschulleitung verbessert. Die Fachangehörigen aus 38% der Verfahren meinen, dass sich die Kommunikation innerhalb der Professorenschaft nicht verändert hat (Verschlechterung: 2%). In etwa der Hälfte der Verfahren habe sich auch die Kommunikation zwischen Fach und Hochschulleitung nicht verändert (Verschlechterung: 5%).

Zu denselben Themenbereichen, die bei der Analyse der Gutachten sowie der Umsetzungsaktivitäten im Rahmen der Dokumentenanalyse verwendet wurden (Kapitel 6.1.1 und 6.1.2), wurde im Fragebogen über 146 Items nach Verbesserungsaktivitäten gefragt. Bei dieser Frage konnten die Antworten von 200 Fachangehörigen aus 82 Verfahren einbezogen werden. Wie Tabelle 25 zeigt, entspricht die Verteilung der Verfahren, aus denen die Angaben der Fachangehörigen in die Analyse eingegangen sind (n = 82), nach Fachgruppen der Verteilung der einbezogenen Verfahren insgesamt ($n = 117$); der Unterschied ist statistisch nicht signifikant (Chi²-Anpassungstest): $\chi^2$ (4, $n = 199$) = 0.32, $p = .99$, Cramér's V = .04. Das bedeutet, dass keine Fachgruppe, aus der die Einschätzungen der Fachangehörigen zu dieser Frage einbezogen wurden, gegenüber einer Fachgruppe der einbezogenen Verfahren insgesamt über- oder unterrepräsentiert ist.

Tabelle 25
Verfahren mit Antworten von Fachangehörigen ($n = 82$) zu erfolgten Verbesserungsaktivitäten und einbezogene Verfahren insgesamt ($n = 117$) nach Fachgruppen (in absoluten und relativen Häufigkeiten)

| Fachgruppe | Anteil Verfahren mit Antworten von Fachangehörigen | | Einbezogene Verfahren | |
|---|---|---|---|---|
| | absolut | in Prozent | absolut | in Prozent |
| Sprach- und Kulturwissenschaften | 21 | **26** | 30 | **26** |
| Rechts-, Wirtschafts-, Sozialwissenschaften | 21 | **26** | 30 | **26** |
| Mathematik und Naturwissenschaften | 19 | **23** | 30 | **26** |
| Ingenieurwissenschaften | 14 | **17** | 19 | **16** |
| Kunst, Kunstwissenschaft, Lehramt, Sport | 7 | **8** | 8 | **6** |
| Gesamt | 82 | **100** | 117 | **100** |

*Anmerkung.*
$\chi^2$ (4, $n = 199$) = 0.32, $p = .99$, *Cramér's V* = .04 (Chi²-Anpassungstest)

Die schriftlich befragten Fachangehörigen aus den 82 Verfahren nennen insgesamt 3 753 Verbesserungsaktivitäten aus elf Themenbereichen. Dabei gingen die Antworten verschiedener Personen, die an demselben Verfahren beteiligt waren und dieselbe Verbesserungsaktivität genannt haben, als einfache Nennung für diesen Standort in die Auswertung ein. Die Verteilung der Verbesserungsmaßnahmen, die nach Auffassung der Fachangehörigen in Folge der Evaluation an den Standorten ergriffen wurden, nach Themenbereichen zeigt jedoch einen starken Zusammenhang zwischen der Häufigkeit *genannter* Verbesserungsmaßnahmen und der im Fragebogen innerhalb eines Themenbereichs *zur Auswahl stehenden* Einzelaktivitäten. So erhielten Themenbereiche, für die im Fragebogen viele Einzelaktivitäten aufgeführt waren, von den Fachangehörigen eine hohe Anzahl Nennungen. Für Bereiche mit einer kleineren Auswahl an Antwortmöglichkeiten wurden dagegen weniger Aktivitäten genannt. Die Anzahl der Verbesserungsaktivitäten, die im Fragebogen angegeben werden konnten, variiert je nach Themenbereich zwischen drei und 37 Aktivitäten. Um die unterschiedliche Anzahl *möglicher* Nennungen je Themenbereich zu berücksichtigen, wird im Folgenden die Anzahl der Verfahren dargestellt, in denen die Fachangehörigen für einen Themenbereich *mindestens eine* Verbesserungsaktivität nennen. Darüber hinaus werden die drei Verbesserungsaktivitäten aufgeführt, die jeweils am häufigsten genannt werden. Aus Tabelle 26 geht hervor, dass der

Unterschied zwischen den Themenbereichen bei mittlerer Effektstärke statistisch hoch signifikant ist: $\chi^2$ (10, $n$ = 912) = 140.35, $p$ < .001, Cramér's V = .39.

In den Themenbereichen Planung und Organisation von Studium und Lehre, Lehrinhalte, Prüfungen sowie Bildungs- und Ausbildungsziele berichten die Fachangehörigen besonders häufig von Verbesserungsaktivitäten in Folge der Evaluationen; der Anteil Verfahren mit jeweils mindestens einer Nennung in diesen Themenbereichen liegt zwischen 93% und 100%. Tabelle 26 zeigt, dass für den Bereich Planung und Organisation von Studium und Lehre im Fragebogen 37 mögliche Folgeaktivitäten aufgeführt waren und von den Fachangehörigen angegeben werden konnten. In allen 82 Verfahren haben die Fachangehörigen für diesen Themenbereich mindestens eine dieser Aktivitäten bestätigt (100%). Nach Ansicht der Befragten wurde als Folge der Evaluation am häufigsten die Studienordnung aktualisiert bzw. optimiert (aus 70 Verfahren mindestens eine Nennung), wurden standortspezifische Ursachen von Problemen erkannt (aus 61 Verfahren mindestens eine Nennung) und wurde sich im Fach stärker mit den Studierendenstatistiken (Anzahl der Studienanfänger usw.) auseinandergesetzt (aus 50 Verfahren mindestens eine Nennung).

Für die Bereiche Lehrinhalte und Prüfungen berichten die Fachangehörigen aus 95% der Verfahren von jeweils mindestens einer Verbesserungsaktivität in Folge der Evaluation. Dabei werden für den Bereich Lehrinhalte insbesondere die Verständigung über Inhalte, die in den obligatorischen Lehrveranstaltungen vermittelt werden sollen ($n$ = 63), ein größeres Lehrangebot mit internationalem Bezug ($n$ = 41) sowie eine stärkere Berücksichtigung aktueller Themen in der Lehre ($n$ = 40) als Folgeaktivitäten genannt. Im Bereich Prüfungen wurde nach Ansicht der Befragten vor allem die Prüfungsordnung aktualisiert bzw. optimiert ($n$ = 60), wurde die Prüfungs- mit der Studienordnung besser abgestimmt ($n$ = 50) und wurden Leistungspunkte bzw. zusätzliche Leistungsnachweise für Lern- und Prüfungsleistungen eingeführt ($n$ = 46).

Bei 93% der Verfahren sind die Fachangehörigen davon überzeugt, dass im Bereich Bildungs- und Ausbildungsziele Verbesserungen in Folge der Evaluationsverfahren eingetreten sind. Diese führen sie vor allem darauf zurück, dass sich über Qualitätskriterien in Lehre und Studium ($n$ = 62) sowie über das zu vermittelnde Fachwissen ($n$ = 53) verständigt wurde. Außerdem seien die Vorstellungen von Studierenden zu den Bildungs- und Ausbildungszielen in der Lehre durch die Evaluation (stärker) berücksichtigt worden ($n$ = 49).

Am seltensten geben die Fachangehörigen eine Verbesserungsaktivität in Folge der Evaluation in den Bereichen Qualitätssicherung und -verbesserung von Studium und Lehre (71%), Verwaltung und akademische Selbstverwaltung (61%) sowie Wissenschaftlicher Nachwuchs (54%) an.

Tabelle 26
Anzahl der Verfahren (n = 82), in denen die Fachangehörigen für einen Themenbereich mindestens eine Verbesserungsaktivität nennen (in absoluten und relativen Häufigkeiten; die Anzahl möglicher Einzelaktivitäten ist für jeden Themenbereich in Klammern angegeben; zu jedem Themenbereich sind die drei Aktivitäten aufgeführt, die am häufigsten genannt wurden, wobei das n in Klammern der Anzahl der Verfahren entspricht, in denen die jeweilige Aktivität mindestens einmal genannt wurde)

| Themenbereich | absolut | in Prozent |
|---|---|---|
| Planung und Organisation von Studium und Lehre (37 mögliche Einzelaktivitäten) | 82 $^+$ | 100 |
| 1) Aktualisierung / Optimierung der Studienordnung (n=70) | | |
| 2) Erkennen standortspezifischer Ursachen von Problemen im Bereich Studium und Lehre (n=61) | | |
| 3) Stärkere Auseinandersetzung im Fach mit den Studierenden-Statistiken (z. B. Anzahl der Studienanfänger, Durchschnittsalter, Anzahl ausländischer Studierender) (n=50) | | |
| Lehrinhalte (13 mögliche Einzelaktivitäten) | 78 $^+$ | 95 |
| 1) Verständigung über Inhalte, die in den obligatorischen Lehrveranstaltungen vermittelt werden sollen (n=63) | | |
| 2) Größeres Lehrangebot mit internationalem Bezug (n=41) | | |
| 3) Stärkere Berücksichtigung aktueller Themen in der Lehre (n=40) | | |
| Prüfungen (21 mögliche Einzelaktivitäten) | 78 $^+$ | 95 |
| 1) Aktualisierung / Optimierung der Prüfungsordnung (n=60) | | |
| 2) Bessere Abstimmung der Prüfungs- mit der Studienordnung (n=50) | | |
| 3) Einführung von Leistungspunkten bzw. zusätzlichen Leistungsnachweisen für Lern- und Prüfungsleistungen (z. B. Credit Points) (n=46) | | |
| Bildungs- und Ausbildungsziele (6 mögliche Einzelaktivitäten) | 76 $^+$ | 93 |
| 1) Verständigung über Qualitätskriterien in Lehre und Studium (n=62) | | |
| 2) Verständigung über das zu vermittelnde Fachwissen (n=53) | | |
| 3) (Stärkere) Berücksichtigung der Vorstellungen von Studierenden zu den Bildungs- und Ausbildungszielen in der Lehre (n=49) | | |
| Lehr- und Lernformen (21 mögliche Einzelaktivitäten) | 73 | 89 |
| 1) (Verstärkter) Einsatz neuer Medien in der Lehre (z. B. Internet) (n=50) | | |
| 2) Erhöhter Einsatz von Tutorinnen und Tutoren (n=44) | | |
| 3) Bessere Abstimmung der Anforderungen, die jeweils in den Veranstaltungen gestellt werden, zwischen den Lehrenden (n=36) | | |
| Studienberatung und -betreuung (10 mögliche Einzelaktivitäten) | 73 | 89 |
| 1) Verbesserte Informationsmöglichkeiten über das Fach für Studieninteressierte vor Aufnahme des Studiums (n=52) | | |
| 2) Verbessertes Einführungsangebot für die Studieneingangsphase (n=49) | | |
| 3) Verbessertes Beratungsangebot für Studierende (n=47) | | |
| Ausstattung (16 mögliche Einzelaktivitäten) | 69 | 84 |
| 1) Verständigung im Fach über die Kapazitäts- und Auslastungssituation im Fach (n=45) | | |
| 2) Verbesserte Ausstattung mit EDV-Geräten (n=40) | | |
| 3) Verstärkte Einwerbung von Drittmitteln (n=27) | | |

*Fortsetzung*

Fortsetzung Tabelle 26

| Themenbereich | absolut | in Prozent |
|---|---|---|
| Positionierung und Profilbildung (6 mögliche Einzelaktivitäten)<br>1) Stärkung der Profilbildung des Faches (*n*=58)<br>2) Verständigung über das Studienangebot und die Studienschwerpunkte (*n*=39)<br>3) Stärkung der Position des Faches innerhalb der Hochschule (*n*=35) | 66 | 81 |
| Qualitätssicherung und -verbesserung von Studium und Lehre (3 mögliche Einzelaktivitäten)<br>1) Regelmäßiger Einsatz von Instrumenten, die der Verbesserung von Studium und Lehre dienen sollen (Studierendenbefragungen, Absolventenbefragungen usw.) (*n*=44)<br>2) Stärkere Berücksichtigung von Lehrqualifikationen in Berufungsverfahren (*n*=37)<br>3) Stärkere Nutzung bzw. Schaffung von Angeboten der hochschuldidaktischen Weiterqualifizierung (*n*=20) | 58 ⁻ | 71 |
| Verwaltung und akademische Selbstverwaltung (4 mögliche Einzelaktivitäten)<br>1) Verbesserte Entscheidungsstrukturen in Fragen von Studium und Lehre (*n*=30)<br>2) Verbesserter Ablauf von Prozessen in der Planung und Verwaltung von Studium und Lehre (*n*=29)<br>3) Verbesserte Verteilung von Zuständigkeiten im Fach in Fragen von Studium und Lehre (*n*=27) | 50 ⁻ | 61 |
| Wissenschaftlicher Nachwuchs (9 mögliche Einzelaktivitäten)<br>1) Verständigung im Fach über Art und Umfang der Einbindung der Promovierenden und Habilitierenden in die Lehre (*n*=20)<br>2) Stärkere Förderung von Frauen beim wissenschaftlichen Nachwuchs (*n*=17)<br>3) Verbesserte Ausstattung mit Qualifikationsstellen (*n*=14) | 44 ⁻ | 54 |

*Anmerkungen.*
$\chi^2$ (10, *n* = 912) = 140.35, *p* < .001, *Cramér's V* = .39 (11 x 2-Felder-Chi²-Test nach Pearson)
⁻ unterzufällig, *p* < .01
⁺ überzufällig, *p* < .01

Im Vergleich zu den Ergebnissen aus der Dokumentenanalyse fällt auf, dass einige Einschätzungen der Fachangehörigen zu den ergriffenen Verbesserungsmaßnahmen in Folge der Evaluationsverfahren von Nordverbund und ZEvA den tatsächlich ermittelten Folgeaktivitäten (siehe Kapitel 7.1.3) entsprechen. Auch im Rahmen der Dokumentenanalyse wurde, den Einschätzungen der Fachangehörigen entsprechend, ein besonders hoher Anteil umgesetzter gutachterlicher Empfehlungen im Bereich *Planung und Organisation von Studium und Lehre* festgestellt. Zudem stellte sich auch bei der Dokumentenanalyse heraus, dass in den Bereichen *Verwaltung und akademische Selbstverwaltung* sowie *Wissenschaftlicher Nachwuchs* der Anteil umgesetzter Empfehlungen auffällig niedrig bzw. der Anteil ausbleibender Folgeaktivitäten auffällig hoch ist. Die Einschätzungen der Fachangehörigen bestätigen diese Ergebnisse. Nicht bestätigt wird allerdings das Ergebnis der Dokumentenanalyse eines auffällig geringen Anteils umgesetzter gutachterlicher Empfehlungen im Bereich *Ausstattung*. Ebenso wenig wird durch die Dokumentenanalyse die Einschätzung der Fachangehörigen bestätigt, in den Verfahren sei es besonders häufig zu Verbesserungen in den Bereichen *Lehrinhalte*, *Prüfungen* sowie *Bildungs- und Ausbildungsziele* gekommen.

Tabelle 27 gibt für jeden Themenbereich die Anzahl der Verfahren an, in denen die Angehörigen einer Fachgruppe mindestens eine Verbesserungsaktivität nennen. Für jede Fachgruppe wird außerdem angegeben, aus wie vielen Verfahren Antworten der Fachangehörigen vorlagen. So wurde in den Rechts-, Wirtschafts- und Sozialwissenschaften für den Bereich *Planung und Organisation von Studium und Lehre* (Spalten 2 und 3) in 21 der Verfahren, aus denen die Antworten der Fachangehörigen für diese Fachgruppe einbezogen werden konnten ($n$ = 21), mindestens eine Verbesserungsaktivität genannt (100%).

Die Anzahl Verfahren, in denen eine Verbesserungsaktivität nach Einschätzung der Fachangehörigen je Themenbereich mindestens einmal eingetreten ist, nach Fachgruppen, zeigt, dass der Unterschied zwischen den Fachgruppen statistisch nicht signifikant ist (11 x 5-Felder-Chi$^2$-Test): $\chi^2$ (40, $n$ = 747) = 6.39, $p$ = 1.0, *Cramér's V* = .05.

So berichten die Fachangehörigen aus allen Fachgruppen am häufigsten von Verbesserungsaktivitäten in den vier Bereichen *Planung und Organisation von Studium und Lehre*, *Lehrinhalte*, *Prüfungen* sowie *Bildungs- und Ausbildungsziele* (vgl. Tabelle 26). Im Bereich *Planung und Organisation von Studium und Lehre* wird in allen Fachgruppen mindestens eine Verbesserungsaktivität je Verfahren genannt. In den anderen drei Themenbereichen liegt der Anteil Verbesserungsmaßnahmen, die mindestens einmal genannt werden, zwischen 84% und 100%.

Am seltensten geben die Fachangehörigen aus allen Fachgruppen Verbesserungsaktivitäten in den Bereichen *Verwaltung und akademische Selbstverwaltung* sowie *Wissenschaftlicher Nachwuchs* an (zwischen 32% und 71% der Verfahren). Genauso selten wie im Bereich *Verwaltung und akademische Selbstverwaltung* berichten die Angehörigen aus den Fachgruppen Sprach- und Kulturwissenschaften sowie Kunst, Kunstwissenschaft, Lehramt und Sport von Verbesserungen im Bereich *Qualitätssicherung und -verbesserung von Studium und Lehre*. Bei der Dokumentenanalyse hatten sich dagegen statistisch signifikante Unterschiede bei der Umsetzung der gutachterlichen Empfehlungen in den einzelnen Themenbereichen nach Fachgruppen gezeigt. So konnte festgestellt werden, dass der Unterschied zwischen den Fachgruppen für die umgesetzten Empfehlungen in den Bereichen *Ausstattung* sowie *Qualitätssicherung und -verbesserung von Studium und Lehre* statistisch signifikant ist (siehe Tabelle 17 und Tabelle 18).

Tabelle 27
Anzahl der Verfahren, in denen nach Einschätzung der Fachangehörigen eine Verbesserungsaktivität in einem Themenbereich mindestens einmal eingetreten ist, nach Fachgruppen (in absoluten und relativen Häufigkeiten; absteigend sortiert nach der Spalte „Gesamt")

| Themenbereich | Rechts-, Wirtschafts-, Sozialwissenschaften (n=21) | | Sprach- und Kulturwissenschaften (n=21) | | Mathematik und Naturwissenschaften (n=19) | | Ingenieurwissenschaften (n=14) | | Kunst, Kunstwissenschaft, Lehramt und Sport (n=7) | | Gesamt (n=82) | |
|---|---|---|---|---|---|---|---|---|---|---|---|---|
| | absolut | in Prozent | absolut | in Prozent | absolut | in Prozent | absolut | in Prozent | absolut | in Prozent | absolut | in Prozent |
| Planung und Organisation von Studium und Lehre | 21 | 100 | 21 | 100 | 19 | 100 | 14 | 100 | 7 | 100 | 82 | 100 |
| Lehrinhalte | 19 | 91 | 20 | 95 | 19 | 100 | 14 | 100 | 6 | 86 | 78 | 95 |
| Prüfungen | 21 | 100 | 20 | 95 | 16 | 84 | 14 | 100 | 7 | 100 | 78 | 95 |
| Bildungs- und Ausbildungsziele | 18 | 86 | 20 | 95 | 17 | 90 | 14 | 100 | 7 | 100 | 76 | 93 |
| Lehr- und Lernformen | 18 | 86 | 21 | 100 | 15 | 79 | 14 | 100 | 5 | 71 | 73 | 89 |
| Studierendenberatung und -betreuung | 17 | 81 | 21 | 100 | 15 | 79 | 14 | 100 | 6 | 86 | 73 | 89 |
| Ausstattung | 18 | 86 | 20 | 95 | 12 | 63 | 13 | 93 | 6 | 86 | 69 | 84 |
| Positionierung und Profilbildung | 17 | 81 | 18 | 86 | 13 | 68 | 12 | 86 | 6 | 86 | 66 | 81 |
| Qualitätssicherung und -verbesserung von Studium und Lehre | 16 | 76 | 15 | 71 | 12 | 63 | 10 | 71 | 5 | 71 | 58 | 71 |
| Verwaltung und akademische Selbstverwaltung | 15 | 71 | 15 | 71 | 6 | 32 | 9 | 64 | 5 | 71 | 50 | 61 |
| Wissenschaftlicher Nachwuchs | 12 | 57 | 13 | 62 | 7 | 37 | 7 | 50 | 5 | 71 | 44 | 54 |

Anmerkung.
$\chi^2$ (40, $n$ = 747) = 6.39, $p$ = 1.0, Cramér's $V$ = .05 (11 x 5-Felder-Chi²-Test nach Pearson)

*Aussagen der Interviewpartnerinnen und -partner zu Verbesserungsaktivitäten in Folge der Evaluationsverfahren*

Nachdem die Verbesserungsmaßnahmen betrachtet wurden, die von den schriftlich befragten Fachangehörigen genannt wurden, werden im Folgenden die Aussagen der Interviewten zu den Verbesserungen, die ihrer Auffassung nach in Folge der Evaluationsverfahren eingetreten sind, herangezogen. Auch die Interviewten wurden gefragt, welches ihrer Meinung nach die wichtigsten Ergebnisse aus den Evaluationsverfahren sind. Die genannten Aktivitäten können in die folgenden Kategorien untergliedert werden:

- Verbesserung der Kommunikation und Transparenz;
- Verbesserungen in der Planung und Organisation von Studium und Lehre;
- Entwicklung eines Qualitätsbewusstseins im Bereich Studium und Lehre;
- Verbesserung der dauerhaften Qualitätssicherung;
- Profilierung der Fächer, Bestätigung der Einschätzungen zu Stärken und Schwächen sowie Unterstützung in Reformprozessen;
- Verbesserungen in der Ausstattung;
- Verbesserung der Studienberatung und -betreuung;
- Überarbeitung des Curriculums.

Die Interviewpartnerinnen und -partner sind mehrheitlich der Auffassung, dass die Evaluationsverfahren zu Verbesserungen in den Bereichen *Kommunikation und Transparenz*, *Planung und Organisation von Studium und Lehre*, *Entwicklung eines Qualitätsbewusstseins*, *dauerhafte Qualitätssicherung* und *Profilierung der Fächer, Bestätigung der Einschätzungen zu Stärken und Schwächen sowie Unterstützung in Reformprozessen* geführt haben.

Im Bereich *Kommunikation und Transparenz* seien z. B. Verbesserungen wie die Intensivierung der internen Kommunikation oder das Anstoßen einer Diskussion innerhalb eines Faches eingetreten:

> „Also das ist mir aus einigen Bereichen eigentlich gemeldet worden, dass diese interne Kommunikation in einer Weise erfolgte, wie sie seit Jahren nicht mehr erfolgt ist." (Leitung, Universität)

> „Und ich denke, das ist ein, ja nicht nur ein Nebenergebnis, sondern auch ein zentrales Ergebnis von Evaluation, abstrahiert von allen Berichten und Gutachten und Maßnahmenkatalogen, dass da eben eine Diskussion aufgenommen wird." (Ansprechperson, Universität)

> „Das Verfahren zielt systematisch auf Kommunikation im Fach, und es ist in allen Fällen eigentlich gelungen, diese Kommunikation manchmal überhaupt erst wieder herzustellen." (Ansprechperson, Universität)

> „Alle, mit denen ich gesprochen habe, sind der Meinung, dass durch diese interne Evaluation ein Kommunikationsprozess in den Fachbereichen initiiert worden ist, den es vorher so nicht gegeben hat." (Leitung, Fachhochschule)

Im Bereich *Planung und Organisation von Studium und Lehre* ist es nach Auffassung der Interviewten u. a. zu Verbesserungen bei der Schwerpunktsetzung in Grundlagenbereichen, zur Veränderung von Studienstrukturen und zur Abdeckung der im Curriculum festgehaltenen Lehrinhalte gekommen:

> „... dass bestimmte Grundlagenbereiche bereits klassischerweise überbetont waren ..., vice versa, dass zum Beispiel Grundlagenbereiche auch gestärkt werden sollen." (Leitung, Universität)

> „... die ihren Studiengang also vollkommen organisatorisch umgekrempelt haben und auch die Studienstrukturen verändert haben und..., also da wurde die Diskussion im Fachbereich dahin bewegt, dass ... eine höhere Sensibilität für Innovationen durch das Evaluationsverfahren hervorgerufen worden ist." (Leitung, Universität)

> „... der Bachelor, das ist so eine Knospe, die sich ganz ausgezeichnet entwickelt hat." (Leitung, Universität)

> „Ich glaube, man konnte in den Jahren zuvor Hochschullehre machen und Seminare machen, ohne zu wissen, wie steckt das genau im Curriculum drin. Also, man konnte es. Ich will ja nicht sagen, dass das alle so gemacht haben. Aber die Zeiten sind mehr oder weniger vorbei." (Ansprechperson, Universität)

Die *Entwicklung eines Qualitätsbewusstseins* in Folge der Evaluationen wird z. B. folgendermaßen beschrieben:

> „... dass der Qualitätsbegriff, die Qualitätsdimension überhaupt in den Blick gekommen ist. Bis heute, bis zum Beginn des Evaluationsverfahrens, hat eigentlich die Studienreformdiskussion in Deutschland nur stattgefunden in einer Diskussion über Modelle, also über Organisationsmodelle der Lehre und über quantitative Dimensionen, also, wie sind die Studienbedingungen, die Betreuungsverhältnisse, wie sind..., welche Zahl von Anfängern kann ich aufnehmen, wie viele Abgänger habe ich. Die Fragestellungen waren alle entweder strukturell-organisatorisch oder quantitativ, nie qualitativ. Und das hat sich seit der Einführung der Evaluationsverfahren, glaube ich, doch sehr deutlich geändert. Also, in unseren Fachbereichen, kann ich jetzt sagen, spielt die Frage der Qualität inzwischen in der Diskussion eine hohe Rolle. Dieser Paradigmenwechsel wäre ohne die Evaluationsverfahren nie zu Stande gekommen." (Leitung, Universität)

> „Ja, ich habe ja vorhin gesagt, dass diese Thematik Studium und Lehre mit der Evaluation eben einen neuen Stellenwert jedes Mal bekommt. Jedenfalls wenn das Verfahren läuft über das eine Jahr. Und dass damit bestimmte Personen, die sich damit höher identifizieren als andere, auch wieder einen höheren Stellenwert im Fachbereich bekommen." (Ansprechperson, Universität)

> „Das bedeutendste Ergebnis ist, dass sich alle mal Gedanken darüber machen, was sie hier eigentlich tun – also im Fach. Ich denke, das macht schon eine Menge aus. Dass im Fach meistens, zumindest über einen gewissen Zeitraum, so lange da noch so ein bisschen Nachwirkungen da sind, sehr viel mehr überlegt wird, wie Lehre und das Studium weiter gestaltet werden. Also dass [das] nicht immer nur einzelne Ideen sind, sondern dass doch große Gruppen versuchen, da ein Konzept zu entwickeln." (Ansprechperson, Universität)

Verbesserungen in der *dauerhaften Qualitätssicherung als Folge der Evaluationen* sehen die Interviewten z. B. wie folgt:

> „Absolventenbefragung zum Beispiel haben sich durch Evaluation verstärkt durchgesetzt. Es gibt mehre Fachbereiche, die relativ regelmäßig Absolventenbefragungen machen." (Ansprechperson, Universität)

> „Also, es sind aus einigen, nicht flächendeckend, aber aus einigen der Verfahren sind regelhafte Lehrveranstaltungsevaluationen entstanden, die auch wirklich regelhaft durchgeführt werden." (Ansprechperson, Universität)

> „Was rausgekommen ist in vielen Fächern, ist, und das ist wirklich so, eine Folge ist manchmal Lehrveranstaltungskritik." (Ansprechperson, Universität)

> „Doch, es ist in einigen Fächern dazu gekommen, ein Qualitätsmanagement auch einzuführen an unserer Universität, weil man einfach gesehen hat, dass das nicht so eine Eintagsfliege sein kann, sondern eine kontinuierliche Maßnahme ist. Wir haben auch gerade eine Zielvereinbarung für ein Fach [abgeschlossen], wo genau diese Qualitätskomponente ... näher angeschaut werden sollte und auch insbesondere Absolventenbefragungen durchgeführt werden, damit man weiß, wo sind unsere Leute." (Ansprechperson, Universität)

In den Interviews finden sich häufig auch Angaben zu *Verbesserungen in der Profilierung der Fächer, der Bestätigung der Einschätzungen zu Stärken und Schwächen sowie Unterstützung in Reformprozessen*:

> „Wichtige Komponenten waren beispielsweise auch die Einführung von, oder die Anregung der Einführung von neuen zukunftsweisenden Fachgebieten oder auch der weitere Ausbau von spezifischen Zentren oder spezifischen Studiengängen." (Ansprechperson, Universität)

> „... und im Grunde alle Fachbereiche im Nachklang das als sehr positiv gesehen haben, als einfacher Prozess der Selbsterkenntnis. Mal diesbezogen sich selber zu reflektieren. Das würde ich als einen der Haupteffekte sehen." (Leitung, Fachhochschule)

> „Also, ich glaube, solche Anregungen von außen sind für die Fachbereiche außerordentlich wichtig. Teils stärken sie den Rücken, teils machen sie deutlich, dass es Defizite gibt, dass man da mehr machen muss." (Leitung, Fachhochschule)

> „Und da ist Evaluation, denke ich, ist da so eine Art Katalysator, der Probleme, die es vorher gegeben hat, noch mal zwingt, sie zu thematisieren und Lösungen zu suchen. Wobei es häufig so ist, dass Lösungsansätze, die vorhanden sind, schon verstärkt werden und wenn es vorher Blockaden gab, diese Blockaden auch eher verstärkt werden." (Ansprechpartner, Universität)

### 7.2.2 Einschätzungen der schriftlich befragten Fachangehörigen sowie der Interviewpartnerinnen und -partner zu den Gründen, die die Umsetzung von Evaluationsergebnissen erschwert oder verhindert haben

Im Folgenden wird der Frage nachgegangen, welche Umstände nach Ansicht der Fachangehörigen sowie der Interviewpartnerinnen und -partner dazu beitrugen, dass Aktivitäten mit dem Ziel der Qualitätssicherung und -verbesserung von Studium und Lehre in Folge der Evaluation erschwert oder verhindert wurden. Bereits bei der Durchführung der Dokumentenanalyse (siehe Kapitel 7.1) wurden einige Gründe für die ausbleibende Umsetzung gutachterlicher Empfehlungen festgestellt. Die schriftliche und die mündliche Befragung geben darüber hinaus Hinweise auf weitere Hindernisse bzw. Erschwernisse bei der Umsetzung von Evaluationsergebnissen.

*Aussagen der schriftlich befragten Fachangehörigen zu Umständen, die die Umsetzung von Evaluationsergebnissen erschwert oder verhindert haben*

Die Fachangehörigen konnten im Fragebogen aus insgesamt 28 Alternativen die Umstände auswählen, die ihrer Meinung nach Umsetzungsaktivitäten erschwert oder verhindert haben. Die Antworten von 135 Fachangehörigen aus 87 Verfahren konnten in die Analyse einbezogen werden. Haben verschiedene Personen, die am selben Verfahren beteiligt waren, denselben Hinderungsgrund genannt, so ging dieser als einfache Nennung in die Auswertung ein.

Die Verteilung der 87 Verfahren, aus denen die Angaben der Fachangehörigen zu möglichen Hinderungsgründen in die Analyse eingegangen sind, nach Fachgruppen entspricht der Verteilung der einbezogenen Verfahren insgesamt (n = 117); der Unterschied ist statistisch nicht signifikant (Chi²-Anpassungstest): $\chi^2$ (4, n = 204) = 0.18, p = 1.0, Cramér's V = .03. Das heißt, dass auch bei dieser Frage keine Fachgruppe, aus der die Einschätzungen der Fachangehörigen einbezogen wurden, gegenüber einer Fachgruppe der einbezogenen Verfahren insgesamt über- oder unterrepräsentiert ist.

Tabelle 28
Verfahren mit Antworten von Fachangehörigen (n = 82) zu möglichen Hinderungsgründen und einbezogene Verfahren insgesamt (n = 117) nach Fachgruppen (in absoluten und relativen Häufigkeiten)

| Fachgruppe | Anteil Verfahren mit Antworten von Fachangehörigen | | Einbezogene Verfahren | |
|---|---|---|---|---|
| | absolut | in Prozent | absolut | in Prozent |
| Sprach- und Kulturwissenschaften | 22 | 25 | 30 | 26 |
| Rechts-, Wirtschafts-, Sozialwissenschaften | 22 | 25 | 30 | 26 |
| Mathematik und Naturwissenschaften | 21 | 24 | 30 | 26 |
| Ingenieurwissenschaften | 15 | 18 | 19 | 16 |
| Kunst, Kunstwissenschaft, Lehramt, Sport | 7 | 8 | 8 | 6 |
| Gesamt | 87 | 100 | 117 | 100 |

Anmerkung.
$\chi^2$ (4, n = 204) = 0.18, p = 1.0, Cramér's V = .03 (Chi²-Anpassungstest)

In Tabelle 29 ist dargestellt, inwieweit in den Verfahren bestimmte Umstände, die Aktivitäten mit dem Ziel der Qualitätssicherung und -verbesserung in Studium und Lehre erschwert oder verhindert haben, von den Fachangehörigen genannt wurden. Für jeden (möglichen) Hinderungsgrund wird die Anzahl der Verfahren dargestellt, in denen die Fachangehörigen diesen Grund bestätigen. Betrachtet man die Antworten der Fachangehörigen zu den Hindernissen in den Verfahren bei der Umsetzung der Evaluationsergebnisse im Überblick, so fallen vier Themenblöcke auf, in denen häufig Hinderungsgründe angegeben werden. Die genannten Gründe beziehen sich (1) auf die finanziellen und strukturellen Bedingungen bzw. auf die Anlage des Evaluationsverfahrens, (2) auf den Nutzen bzw. die Ergebnisse der Evaluation, (3) auf das Interesse und das Engagement der Professorinnen und Professoren und anderer Personen (Hochschulleitung, Evaluationseinrichtung, Ansprechperson in der Hochschulverwaltung o. a.) für die Verfahren bzw. die Umsetzung der Ergebnisse sowie (4) auf Kooperation und Kommunikation.

(1) Am häufigsten – in 54 von 87 Verfahren (62%) – sind die Fachangehörigen der Auffassung, dass in den Verfahren eine nicht ausreichende finanzielle und strukturelle Unterstützung die Umsetzung der gutachterlichen Empfehlungen erschwert oder verhindert hat. Einen weiteren Hinderungsgrund sehen die Fachangehörigen aus 37% der Verfahren in nicht ausreichend berücksichtigten strukturellen Rahmenbedingungen des Faches bzw. der Hochschule. Nach Auffassung der Befragten haben außerdem mangelnde bzw. fehlende Möglichkeiten, mit der Gutachterkommission über das Gutachten zu diskutieren (45%), sowie der Umstand, dass die Professorinnen und Professoren von Aufbau und Methodik des Evaluationsverfahrens wenig überzeugt waren (29%), die Umsetzung erschwert oder verhindert.

(2) Nach Auffassung der Befragten haben auch die Einschätzungen der Professorinnen und Professoren zum Nutzen bzw. zu den Ergebnissen der Verfahren dazu beigetragen, dass Aktivitäten mit dem Ziel der Qualitätssicherung und -verbesserung in Folge der Evaluationen erschwert oder verhindert wurden. So hätten die Einschätzungen der Professorenschaft, dass der Nutzen der Evaluation nicht den Aufwand rechtfertige (47%), dass die Evaluation keine bedeutenden Ergebnisse erzielt habe (39%) und die Empfehlungen der Gutachterinnen und Gutachter nicht wirklich der Qualitätsverbesserung gedient hätten (29%), die Umsetzung der Evaluationsergebnisse erschwert oder verhindert.

(3) Mangelndes Interesse und mangelndes Engagement werden ebenfalls als Hindernisse bei der Umsetzung der Evaluationsergebnisse genannt: Die Fachangehörigen aus jeweils etwa 40% der Verfahren meinen, dass sich die Professorinnen und Professoren zu wenig oder gar nicht um die Umsetzung gekümmert haben und dass von außerhalb des Faches (z. B. von Seiten der Hochschulleitung) niemand mehr nach der Umsetzung gefragt hat. Zudem sind die Fachangehörigen aus jeweils etwa 30% der Verfahren überzeugt, dass ein zu geringes bzw. fehlendes Interesse an der Qualitätssicherung und -verbesserung von Studium und Lehre von Seiten des zuständigen Ministeriums, der Hochschulleitung sowie auch der Professorinnen und Professoren Hinderungsgründe für die Umsetzung der Evaluationsergebnisse darstellten.

(4) Darüber hinaus spielten nach Ansicht der Befragten Aspekte der Kommunikation und Kooperation bei der Umsetzung der Evaluationsergebnisse eine bedeutende Rolle. Aus 39% der Verfahren berichten die Befragten von mangelnder Kooperation innerhalb der Professorenschaft und aus 28% der Verfahren von mangelnder Kooperation zwischen der Professorenschaft und der Hochschulleitung als Hindernisse bei der Umsetzung der Evaluationsergebnisse. Zudem sind die Fachangehörigen aus 30% der Verfahren überzeugt, dass während der internen Evaluation eine mangelnde Kommunikation zwischen den Fachangehörigen den Erfolg der Evaluation beeinträchtigt hat.

Tabelle 29
Umstände, die in den Verfahren (n = 87) nach Ansicht der Fachangehörigen dazu beitrugen, dass Aktivitäten mit dem Ziel der Qualitätssicherung und -verbesserung in Studium und Lehre erschwert oder verhindert wurden (in absoluten und relativen Häufigkeiten)

| Erschwerender oder verhindernder Umstand | absolut | in Prozent |
|---|---|---|
| Es gab keine ausreichende finanzielle und strukturelle Unterstützung bei der Umsetzung der Empfehlungen. | 54 | 62 |
| Die Professorinnen und Professoren waren überwiegend der Auffassung, dass der Aufwand für die Evaluation nicht dem Nutzen entspricht. | 41 | 47 |
| Es bestand keine oder kaum die Möglichkeit, mit der Gutachterkommission über das Gutachten zu diskutieren. | 39 | 45 |
| Die Professorinnen und Professoren haben sich zu wenig / nicht mehr um die Umsetzung der Ergebnisse der Evaluation gekümmert. | 36 | 41 |
| Es hat von außerhalb des Faches niemand nach der Umsetzung gefragt. | 36 | 41 |
| Die Professorinnen und Professoren kooperierten / kooperieren nicht (ausreichend) miteinander. | 34 | 39 |
| Die Professorinnen und Professoren waren überwiegend der Auffassung, dass die Evaluation keine bedeutenden Ergebnisse erzielt. | 34 | 39 |
| Im gesamten Evaluationsverfahren wurden die strukturellen Rahmenbedingungen des Faches bzw. der Hochschule (zur Verfügung stehende Mittel, Stellenbesetzung u. ä.) nicht oder zu wenig berücksichtigt. | 32 | 37 |
| Das Ministerium hatte kein oder zu wenig Interesse an einer Qualitätsverbesserung von Studium und Lehre. | 28 | 32 |
| Während der internen Evaluation haben die Fachangehörigen nicht ausreichend miteinander kommuniziert. | 26 | 30 |
| Die Professorinnen und Professoren waren davon überzeugt, dass die Empfehlungen der Gutachterinnen und Gutachter nicht wirklich der Qualitätsverbesserung dienen. | 25 | 29 |
| Die Professorinnen und Professoren hatten / haben kein oder zu wenig Interesse an einer Qualitätsverbesserung von Studium und Lehre. | 25 | 29 |
| Die Professorinnen und Professoren konnten von dem Aufbau und der Methodik des Evaluationsverfahrens nicht hinreichend überzeugt werden. | 25 | 29 |
| Professorinnen und Professoren und Hochschulleitung kooperierten / kooperieren nicht ausreichend miteinander. | 24 | 28 |
| Die Hochschulleitung hatte / hat kein oder zu wenig Interesse an einer Qualitätsverbesserung von Studium und Lehre. | 24 | 28 |
| Die Professorinnen und Professoren waren davon überzeugt, dass die Gutachterkommission die spezifische Situation des Faches vor Ort nicht ausreichend berücksichtigte. | 22 | 25 |

*Fortsetzung*

Fortsetzung Tabelle 29

| Erschwerender oder verhindernder Umstand | absolut | in Prozent |
|---|---|---|
| Das Evaluationsverfahren wurde von den Professorinnen und Professoren von Anfang an nicht ernst genommen. | 21 | 24 |
| Es fehlte an einer Zielvereinbarung, einem Kontrakt o. ä., um die zu ergreifenden Maßnahmen für die Qualitätsverbesserung festzuhalten. | 21 | 24 |
| Negative finanzielle und strukturelle Konsequenzen bei Nicht-Umsetzung der Empfehlungen der Gutachterinnen und Gutachter wurden nicht erwartet. | 20 | 23 |
| Die Studierenden hatten kein oder zu wenig Interesse an einer Qualitätsverbesserung von Studium und Lehre. | 17 | 20 |
| Den Professorinnen und Professoren sind die Kriterien, nach denen die Qualität von Studium und Lehre bewertet werden sollte, nicht hinreichend bekannt gemacht worden. | 14 | 16 |
| Hochschulleitung und Ministerium kooperierten / kooperieren nicht (ausreichend) miteinander. | 13 | 15 |
| Es bestand keine Notwendigkeit, einen (abschließenden) schriftlichen Bericht zur Umsetzung der Maßnahmen zu verfassen. | 12 | 14 |
| Die Professorinnen und Professoren hatten wenig Interesse an einer Evaluation, da sie schon zu viele Evaluationen mitgemacht haben. | 12 | 14 |
| Der wissenschaftliche Mittelbau wurde in das gesamte Evaluationsverfahren nicht ausreichend einbezogen. | 11 | 13 |
| Den Professorinnen und Professoren wurde das Ziel der Evaluation nicht hinreichend bekannt gemacht. | 7 | 8 |
| Der wissenschaftliche Mittelbau hatte / hat kein oder zu wenig Interesse an einer Qualitätsverbesserung von Studium und Lehre. | 5 | 6 |
| Sonstige Umstände (z. B. Stellenabbau / mangelnde Ausstattung, Überalterung der Professorenschaft, fehlende Kompromissbereitschaft innerhalb der Professorenschaft, Kritik an den Gutachtenden). | 13 | 15 |

Tabelle 30 zeigt die Umstände, die in den Verfahren ($n = 87$) nach Ansicht der Fachangehörigen am häufigsten dazu beitrugen, dass Aktivitäten mit dem Ziel der Qualitätssicherung und -verbesserung in Studium und Lehre erschwert oder verhindert wurden, nach Fachgruppen. Für jede Fachgruppe wurden jeweils die vier am häufigsten genannten Umstände ausgewählt (aufgrund der gleichen Anzahl Nennungen an dritter Stelle in der Fachgruppe Sprach- und Kulturwissenschaften werden für diese Fachgruppe die fünf am häufigsten genannten Umstände aufgeführt). Somit werden insgesamt neun Hinderungsgründe nach Fachgruppen dargestellt. Es zeigt sich, dass zwischen den Fachgruppen kein statistisch signifikanter Unterschied in der Häufigkeit der Nennung bestimmter Hinderungsgründe besteht (9 x 5-Felder-Fisher-Freeman-Halton-Test): $\chi^2$ (32, $n = 332$) = 20.63, $p_{exact}$ = .95, Cramér's V = .13.

Tabelle 30
Umstände, die in den Verfahren (n = 87) nach Ansicht der Fachangehörigen am häufigsten dazu beitrugen, dass Aktivitäten mit dem Ziel der Qualitätssicherung und -verbesserung in Studium und Lehre erschwert oder verhindert wurden, nach Fachgruppen (in absoluten und relativen Häufigkeiten; absteigend sortiert nach der Spalte „Gesamt")

| Umstände | Rechts-, Wirtschafts-, Sozialwissenschaften (n=22) | | Sprach- und Kulturwissenschaften (n=22) | | Mathematik und Naturwissenschaften (n=21) | | Ingenieurwissenschaften (n=15) | | Kunst, Kunstwissenschaft, Lehramt und Sport (n=7) | | Gesamt (n=87) | |
|---|---|---|---|---|---|---|---|---|---|---|---|---|
| | absolut | in Prozent | absolut | in Prozent | absolut | in Prozent | absolut | in Prozent | absolut | in Prozent | absolut | in Prozent |
| Es gab keine ausreichende finanzielle und strukturelle Unterstützung bei der Umsetzung der Empfehlungen | 11 | 50 | 18 | 82 | 12 | 57 | 8 | 53 | 5 | 71 | 54 | 62 |
| Die Professorinnen und Professoren waren überwiegend der Auffassung, dass der Aufwand für die Evaluation nicht dem Nutzen entspricht | 12 | 55 | 12 | 55 | 7 | 33 | 9 | 60 | 1 | 14 | 41 | 47 |
| Es bestand keine oder kaum die Möglichkeit, mit der Gutachterkommission über das Gutachten zu diskutieren | 9 | 41 | 11 | 50 | 8 | 38 | 7 | 47 | 4 | 57 | 39 | 45 |
| Die Professorinnen und Professoren haben sich zu wenig / nicht mehr um die Umsetzung der Ergebnisse der Evaluation gekümmert | 10 | 46 | 8 | 36 | 9 | 43 | 6 | 40 | 3 | 43 | 36 | 41 |
| Es hat von außerhalb des Faches niemand nach der Umsetzung gefragt | 12 | 55 | 12 | 55 | 5 | 24 | 4 | 27 | 3 | 43 | 36 | 41 |

*Fortsetzung*

Fortsetzung Tabelle 30

| Umstände | Rechts-, Wirtschafts-, Sozialwissenschaften ($n=22$) | | Sprach- und Kulturwissenschaften ($n=22$) | | Mathematik und Naturwissenschaften ($n=21$) | | Ingenieurwissenschaften ($n=15$) | | Kunst, Kunstwissenschaft, Lehramt und Sport ($n=7$) | | Gesamt ($n=87$) | |
|---|---|---|---|---|---|---|---|---|---|---|---|---|
| | absolut | in Prozent | absolut | in Prozent | absolut | in Prozent | absolut | in Prozent | absolut | in Prozent | absolut | in Prozent |
| Die Professorinnen und Professoren kooperierten / kooperieren nicht (ausreichend) miteinander | 12 | 55 | 12 | 55 | 3 | 14 | 3 | 20 | 4 | 57 | 34 | 39 |
| Die Professorinnen und Professoren waren überwiegend der Auffassung, dass die Evaluation keine bedeutenden Ergebnisse erzielt | 12 | 55 | 11 | 50 | 6 | 29 | 4 | 27 | 1 | 14 | 34 | 39 |
| Im gesamten Evaluationsverfahren wurden die strukturellen Rahmenbedingungen des Faches bzw. der Hochschule (zur Verfügung stehende Mittel, Stellenbesetzung u. ä.) nicht oder zu wenig berücksichtigt | 8 | 36 | 14 | 64 | 4 | 19 | 3 | 20 | 3 | 43 | 32 | 37 |
| Während der internen Evaluation haben die Fachangehörigen nicht ausreichend miteinander kommuniziert | 5 | 23 | 10 | 46 | 4 | 19 | 3 | 20 | 4 | 57 | 26 | 30 |

*Anmerkung.*
$\chi^2$ (32, $n = 332$) = 20.63, $p_{exact}$ = .95, *Cramér's V* = .13 (9 x 2-Felder-Fisher-Freeman-Halton-Test)

In den drei Fachgruppen Sprach- und Kulturwissenschaften, Mathematik und Naturwissenschaften sowie Kunst, Kunstwissenschaft, Lehramt und Sport wird am häufigsten eine mangelnde finanzielle und strukturelle Unterstützung bei der Umsetzung der Empfehlungen als Hindernis angegeben (zwischen 57% und 82% der Verfahren). In den Ingenieurwissenschaften wird am häufigsten die Auffassung der Professorinnen und Professoren, dass der Aufwand für die Evaluation nicht dem Nutzen entspricht, als Grund gesehen (60% der Verfahren). Eine mangelnde Überzeugung der Professorinnen und Professoren, dass das Verhältnis zwischen Aufwand und Nutzen der Verfahren angemessen ist und dass mit der Evaluation bedeutende Ergebnisse erzielt werden, eine mangelnde Kooperation innerhalb der Professorenschaft sowie dass niemand von außerhalb des Faches mehr nach der Umsetzung gefragt hat, waren die Umstände, die nach Ansicht der Fachangehörigen aus der Fachgruppe Rechts-, Wirtschafts- und Sozialwissenschaften gleichermaßen die Umsetzung der Evaluationsergebnisse erschwert oder verhindert haben (jeweils 55%).

### *Aussagen der Interviewpartnerinnen und -partner zu Umständen, die die Umsetzung von Evaluationsergebnissen erschwert oder verhindert haben*

In den Interviews wird häufig die Phase der Umsetzung der Evaluationsergebnisse als schwierig eingeschätzt. Es werden vor allem Defizite in einer fehlenden Systematik sowie – ebenso wie bei den schriftlich befragten Fachangehörigen – in fehlenden Finanzmitteln gesehen, wodurch im Verfahren festgestellte Ausstattungsdefizite nicht behoben werden könnten (siehe auch Mittag, Bornmann & Daniel, 2003a, S. 134).

Diejenigen, die die Phase der Umsetzung in Bezug auf eine fehlende Systematik als problematisch bezeichnen, halten beispielsweise institutionalisierte Folgegespräche und die regelmäßige Überprüfung der Einhaltung von Zielvereinbarungen bzw. ihre Einführung für notwendig:

> „Es wird versucht, anhand ... der Gutachten und dann auch anhand dessen, was die Fächer so an Maßnahmenkatalog da aufgeschrieben haben, ins Gespräch zu kommen mit den Fächern. Es gibt jetzt noch keine direkten Verfahren, dass man sagen kann, man verwertet die Ergebnisse der Evaluation in ... Zielvereinbarungen, die darauf abzielen, dass bestimmte vorgeschlagene Maßnahmen bis zu einem bestimmten Zeitpunkt zum Beispiel dann auch abgearbeitet werden." (Ansprechperson, Universität)

> „... weil es dem ganzen Verfahren noch mal ein gutes Ende gibt – so was wie ein Vertragsabschluss. Es verläuft nicht im Sande, sondern man hat etwas, was die Hochschulleitung unterschrieben hat und die Fächer, und zwar im Konsens .... Wir haben etwas, auf das wir uns berufen können. Auch die Fächer haben etwas, auf das sie sich berufen können. ... Das heißt also, wir können auch tatsächlich was machen und es ist nicht irgendwie auf so einer informellen Ebene gelaufen. Ich denke, ein Vertrag, Kontrakt ist für alle Beteiligten gut." (Ansprechperson, Universität)

Problematisch in Bezug auf die fehlenden Finanzmittel sei es, wenn Ausstattungsdefizite zwar von den Gutachterinnen und Gutachtern festgestellt wurden, aber keine Mittel für deren Beseitigung existieren:

"Da stießen wir durch die Sparauflagen an Grenzen. Also, statt dann Professuren in Mitarbeiterstellen für die Nachwuchspflege umwandeln zu können, mussten wir die Professuren dann streichen." (Leitung, Universität)

"Ja, wir brauchen mehr Geld, um diese Stellen finanzieren zu können, die gefordert werden ... Im Grunde ist es ein Stück absurd auch, diese Stellen einzufordern, weil auch die Gutachter wissen müssen, dass das an sich nicht realistisch ist. Die Zeiten, wo es einen Stellenzuwachs gab, sind vorbei. Und wir können uns nur aus dem eigenen Saft fortentwickeln. Und wenn wir irgendeinen Bereich ausbauen wollen, müssen wir einen anderen runterfahren. Dann müssen die Gutachter mal sagen, welchen wir runterfahren sollen; das wäre ja spannend vielleicht. Aber das ist dann das andere Gebiet und dafür sind sie nicht zuständig." (Leitung, Universität)

## 7.3 Zusammenhang zwischen den Ergebnissen der Dokumentenanalyse und den Einschätzungen der schriftlich befragten Fachangehörigen zu den Verfahren

Im Folgenden wird der Frage nachgegangen, inwieweit bestimmte Einschätzungen der Beteiligten zu den Evaluationsverfahren mit dem tatsächlichen Umsetzungserfolg gutachterlicher Empfehlungen in Zusammenhang stehen: Schlägt sich beispielsweise eine große Zufriedenheit der Beteiligten mit dem Evaluationsverfahren in einem hohen Anteil umgesetzter gutachterlicher Empfehlungen nieder? Steht die Zufriedenheit mit dem Ablauf der internen Evaluation oder eine große Akzeptanz gutachterlicher Empfehlungen mit einer verstärkten Umsetzung von Empfehlungen in Zusammenhang?

Für die Untersuchung des Zusammenhangs zwischen den Einschätzungen der Beteiligten von Evaluationsverfahren und dem Umsetzungserfolg gutachterlicher Empfehlungen wurden aus der schriftlichen Befragung jeweils fünf Fragen zum Evaluationsverfahren insgesamt sowie zu zentralen Verfahrensschritten (Mittag, Bornmann & Daniel, 2003a) ausgewählt. Die folgenden Fragen, die sich auf die Einschätzungen zu den Verfahren insgesamt beziehen, wurden in Bezug auf den Umsetzungserfolg gutachterlicher Empfehlungen untersucht:

1. Inwieweit hat sich Ihrer Meinung nach das mehrstufige Verfahren (interne Evaluation, externe Evaluation, Umsetzung der Empfehlungen) für die Evaluation von Studium und Lehre bewährt? (Zu beantworten auf einer sechsstufigen Skala von 1 = „voll und ganz bewährt" bis 6 = „überhaupt nicht bewährt".)

2. Geben Sie bitte an, inwieweit durch das Evaluationsverfahren, an dem Sie beteiligt waren, alles in allem das Ziel der Qualitätssicherung und -verbesserung von Lehre und Studium Ihrer Meinung nach erreicht worden ist. (Zu beantworten auf einer sechsstufigen Skala von 1 = „voll und ganz erreicht" bis 6 = „überhaupt nicht erreicht".)

3. Bitte geben Sie an, inwieweit Sie das Verhältnis zwischen dem Aufwand für das Evaluationsverfahren und den Ergebnissen der Evaluation für angemessen betrachten. (Zu beantworten auf einer sechsstufigen Skala von 1 = „voll und ganz angemessen" bis 6 = „überhaupt nicht angemessen".)

4. Bitte geben Sie an, inwieweit Sie – rückblickend betrachtet – mit dem Ablauf der Evaluation alles in allem zufrieden bzw. unzufrieden sind. (Zu beantworten auf einer sechsstufigen Skala von 1 = „sehr zufrieden" bis 6 = „sehr unzufrieden".)

5. Inwieweit, würden Sie sagen, hat sich Ihr Einsatz im Evaluationsverfahren alles in allem auch für Sie persönlich gelohnt? (Zu beantworten auf einer sechsstufigen Skala von 1 = „sehr gelohnt" bis 6 = „überhaupt nicht gelohnt".)

In Bezug auf zentrale Verfahrensschritte wurden die folgenden Fragen in die Analyse einbezogen:

6. Bitte schätzen Sie ein, wie *die interne Evaluation* insgesamt verlaufen ist. (Zu beantworten auf einer sechsstufigen Skala von 1 = „sehr gut verlaufen" bis 6 = „sehr schlecht verlaufen".)

7. Bitte schätzen Sie ein, inwieweit die *gutachterlichen Empfehlungen* im Fach akzeptiert wurden. (Zu beantworten auf einer sechsstufigen Skala von 1 = „voll und ganz akzeptiert" bis 6 = „überhaupt nicht akzeptiert".)

8. Bitte schätzen Sie ein, inwieweit sich das Fach mit den *gutachterlichen Empfehlungen* auseinandersetzte. (Zu beantworten auf einer sechsstufigen Skala von 1 = „sehr intensiv" bis 6 = „überhaupt nicht".)

9. Bitte geben Sie an, inwieweit Sie das Dokument / die Dokumente, in dem / denen die aus den gutachterlichen Empfehlungen resultierenden *Maßnahmen* festgehalten wurden, für verbindlich bzw. unverbindlich halten. (Zu beantworten auf einer sechsstufigen Skala von 1 = „gänzlich verbindlich" bis 6 = „gänzlich unverbindlich".)

10. Bitte geben Sie an, für wie wichtig bzw. unwichtig Sie das Dokument / die Dokumente, in dem / denen die aus den gutachterlichen Empfehlungen resultierenden *Maßnahmen* festgehalten wurden, im Prozess der Qualitätssicherung und -verbesserung von Studium und Lehre in Ihrem Fach halten. (Zu beantworten auf einer sechsstufigen Skala von 1 = „sehr wichtig" bis 6 = „vollkommen unwichtig".)

Die anderen Fragen des Fragebogens wurden in dieser Analyse nicht berücksichtigt, da sie auf bestimmte detaillierte Verfahrenselemente abheben (beispielsweise wird mittels Itembatterien nach der Bedeutung bestimmter Inhalte für den Selbstevaluationsbericht zur internen Evaluation oder nach der Bedeutung bestimmter Gesprächsthemen im Rahmen der externen Evaluation gefragt, oder es wird um eine Einschätzung des idealen Seitenumfangs der Selbstreports und der Gutachten gebeten) und deshalb ein Zusammenhang mit dem Umsetzungserfolg eher unwahrscheinlich ist. Es konnten die Antworten von 186 Fachangehörigen aus 71 Verfahren ausgewertet werden (ein *Verfahren* ist ein Evaluationsverfahren in einem bestimmten Fach an einem bestimmten Standort). Dabei wurden die Antworten von Fachangehörigen aus demselben Verfahren zusammengefasst (siehe Kapitel 6.2).

## Zusammenhang zwischen Umsetzungserfolgen und den Gesamteinschätzungen der Fachangehörigen zu den Verfahren

Bevor der Zusammenhang zwischen den Umsetzungserfolgen und den Einschätzungen der Befragten zu den Verfahren insgesamt untersucht wird, werden zunächst die Antworten der Fachangehörigen auf diese Fragen betrachtet.

Abbildung 3 zeigt, dass mit einer Ausnahme in der überwiegenden Mehrheit der Verfahren die Fachangehörigen im Durchschnitt eine positive Antwort (Werte 1 bis 3) auf Fragen zur Gesamteinschätzung gegeben haben: Am häufigsten sind die Fachangehörigen davon überzeugt, dass sich das mehrstufige Verfahren bewährt hat (bei 83% der Verfahren gaben die befragten Fachangehörigen durchschnittlich eine positive Antwort).

Abbildung 3
Durchschnittliche Gesamteinschätzung der Evaluationsverfahren durch die befragten Fachangehörigen (eine positive Einschätzung entspricht den Werten 1 bis 3, eine negative Einschätzung den Werten 4 bis 6 auf der sechsstufigen Antwortskala)

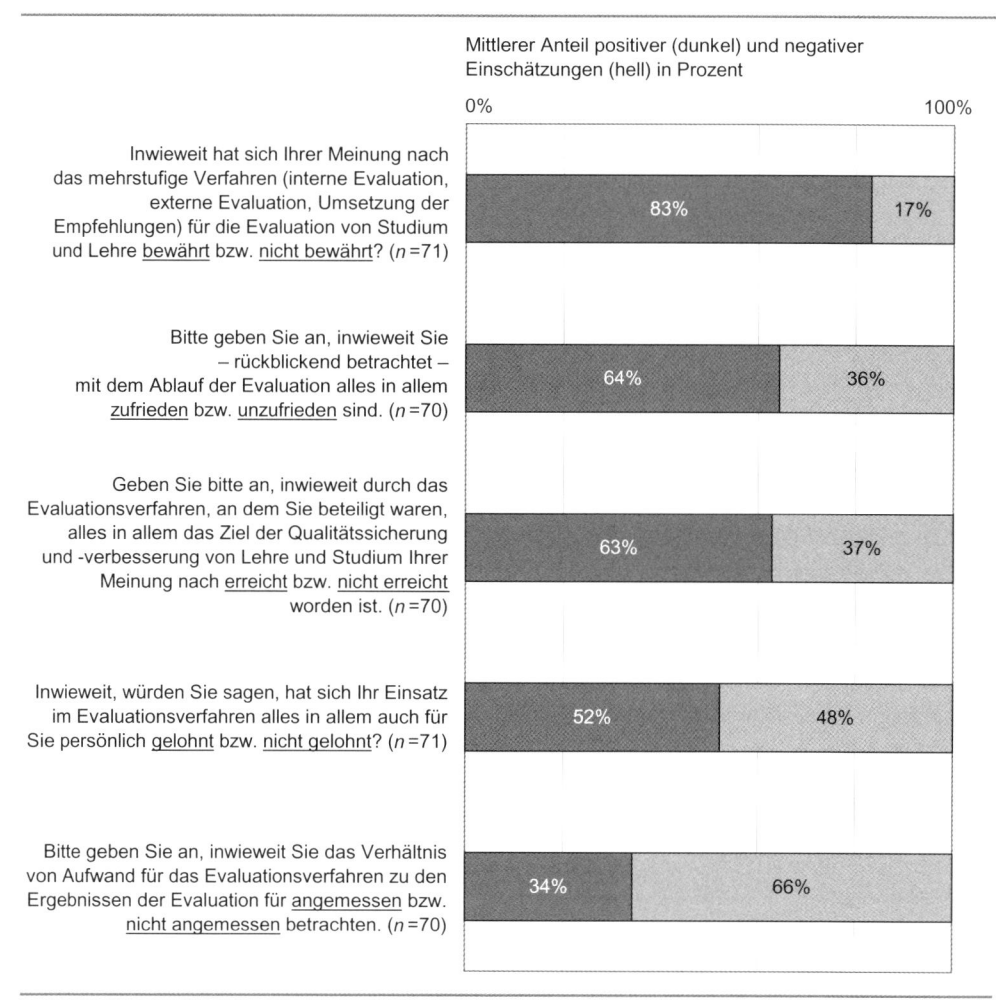

Mittlerer Anteil positiver (dunkel) und negativer Einschätzungen (hell) in Prozent

| Frage | positiv | negativ |
|---|---|---|
| Inwieweit hat sich Ihrer Meinung nach das mehrstufige Verfahren (interne Evaluation, externe Evaluation, Umsetzung der Empfehlungen) für die Evaluation von Studium und Lehre bewährt bzw. nicht bewährt? (n=71) | 83% | 17% |
| Bitte geben Sie an, inwieweit Sie – rückblickend betrachtet – mit dem Ablauf der Evaluation alles in allem zufrieden bzw. unzufrieden sind. (n=70) | 64% | 36% |
| Geben Sie bitte an, inwieweit durch das Evaluationsverfahren, an dem Sie beteiligt waren, alles in allem das Ziel der Qualitätssicherung und -verbesserung von Lehre und Studium Ihrer Meinung nach erreicht bzw. nicht erreicht worden ist. (n=70) | 63% | 37% |
| Inwieweit, würden Sie sagen, hat sich Ihr Einsatz im Evaluationsverfahren alles in allem auch für Sie persönlich gelohnt bzw. nicht gelohnt? (n=71) | 52% | 48% |
| Bitte geben Sie an, inwieweit Sie das Verhältnis von Aufwand für das Evaluationsverfahren zu den Ergebnissen der Evaluation für angemessen bzw. nicht angemessen betrachten. (n=70) | 34% | 66% |

Bei jeweils knapp zwei Drittel der Verfahren sind die Fachangehörigen mit dem Ablauf der Evaluation alles in allem zufrieden (64%) und der Meinung, dass das Ziel der Qualitätssicherung und -verbesserung erreicht wurde (63%). Einen persönlichen Nutzen in der Teilnahme am Evaluationsverfahren sehen die Fachangehörigen aus 37 Verfahren (52%). Allerdings wurde bei nur 34% der Verfahren das Verhältnis zwischen dem Aufwand für das Evaluationsverfahren und den Ergebnissen der Evaluation als angemessen eingeschätzt.

Wie hoch ist nun der Anteil umgesetzter gutachterlicher Empfehlungen bzw. zu den Empfehlungen eingeleiteter Maßnahmen, wenn die Fachangehörigen aus einem Verfahren an einem Standort einen der in Abbildung 3 dargestellten Aspekte durchschnittlich positiv oder negativ bewertet haben? Dieser Zusammenhang wird aus Abbildung 4 ersichtlich: Der obere, dunklere Balken stellt den Anteil umgesetzter gutachterlicher Empfehlungen dar, wenn die Fachangehörigen eine positive Antwort bei einer Frage gegeben haben, und der untere, hellgrau ausgefüllte Balken den Anteil umgesetzter Empfehlungen, wenn die Fachangehörigen negativ bewertet haben.

Bei allen Fragen zeigt sich die Tendenz, dass ein höherer Anteil umgesetzter Empfehlungen mit positiven Einschätzungen der Fachangehörigen einhergeht (bzw. dass positive Einschätzungen der Fachangehörigen mit einem höheren Anteil umgesetzter Empfehlungen einhergehen).

Bei zwei Fragen ist der Unterschied zwischen den Anteilen erfolgter Umsetzung gutachterlicher Empfehlungen, je nach Einschätzung durch die Fachangehörigen, statistisch signifikant. So wurden bei den Verfahren, bei denen die Fachangehörigen, die jeweils an einem Verfahren beteiligt waren, durchschnittlich davon überzeugt sind, dass das Ziel der Qualitätssicherung und -verbesserung erreicht wurde, durchschnittlich 61% der gutachterlichen Empfehlungen umgesetzt. Dagegen beträgt dieser Anteil bei den Verfahren, bei denen die Fachangehörigen die Frage negativ beantwortet haben, durchschnittlich nur 52%. Dieser Unterschied ist bei geringer bis mittlerer Effektstärke statistisch signifikant: $t(68, n = 70) = 2.36$, $p < .05$, $\eta^2 = .08$.

Bei der Bewertung der Verfahren hinsichtlich des Verhältnisses zwischen dem Aufwand für das Evaluationsverfahren und dessen Nutzen ist der Unterschied zwischen den Anteilen umgesetzter gutachterlicher Empfehlungen ebenfalls statistisch signifikant (bei geringer Effektstärke): $t(68, n = 70) = 2.07$, $p < .05$, $\eta^2 = .06$. Der Anteil umgesetzter Empfehlungen beträgt bei den Verfahren, bei denen die Fachangehörigen der Meinung sind, dass das Verhältnis zwischen dem Aufwand und den Ergebnissen angemessen war, durchschnittlich 64%. Bei den Verfahren, bei denen die Fachangehörigen eine gegenteilige Auffassung vertreten, beträgt der Anteil durchschnittlich 55%.

Abbildung 4
Mittlerer Anteil umgesetzter gutachterlicher Empfehlungen bei positiven und negativen Einschätzungen durch die Fachangehörigen zur Gesamteinschätzung der Verfahren (sortiert wie Abbildung 3)

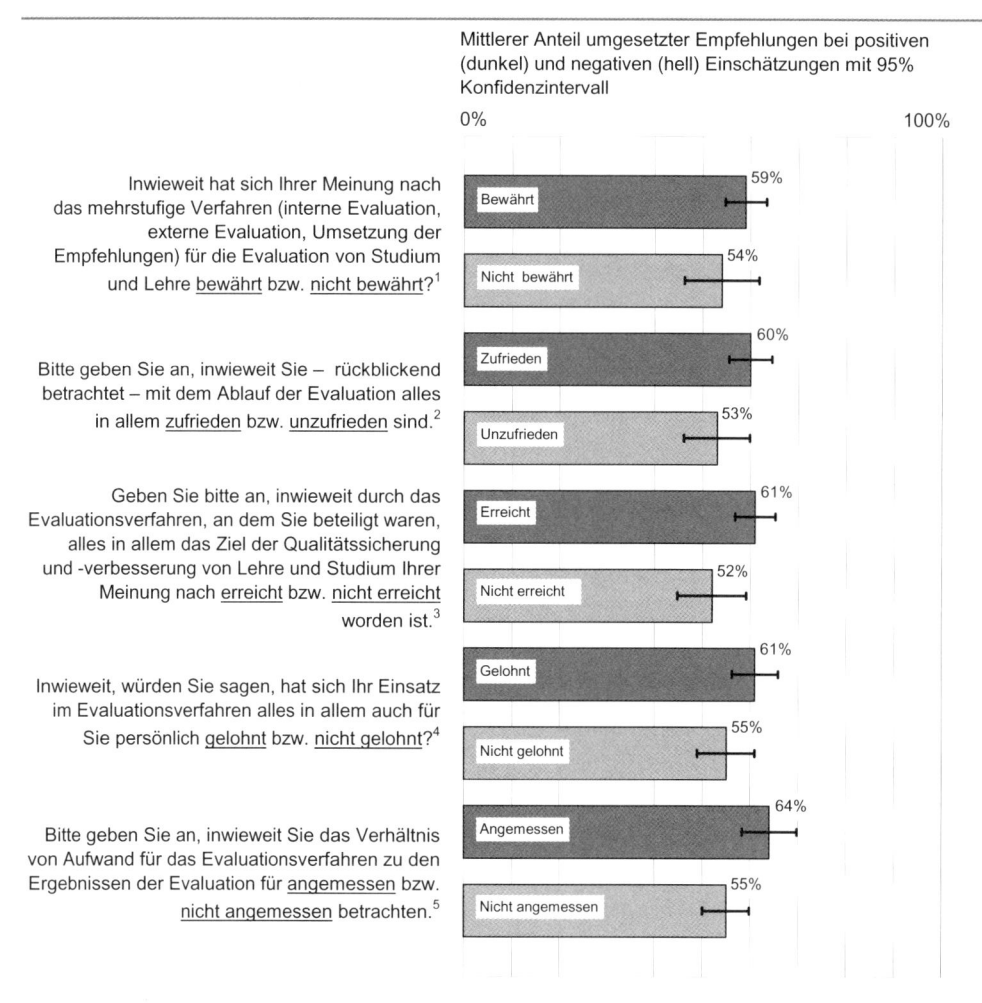

Mittlerer Anteil umgesetzter Empfehlungen bei positiven (dunkel) und negativen (hell) Einschätzungen mit 95% Konfidenzintervall

| Frage | Bewährt/Positiv | Nicht bewährt/Negativ |
|---|---|---|
| Inwieweit hat sich Ihrer Meinung nach das mehrstufige Verfahren (interne Evaluation, externe Evaluation, Umsetzung der Empfehlungen) für die Evaluation von Studium und Lehre bewährt bzw. nicht bewährt?[1] | Bewährt: 59% | Nicht bewährt: 54% |
| Bitte geben Sie an, inwieweit Sie – rückblickend betrachtet – mit dem Ablauf der Evaluation alles in allem zufrieden bzw. unzufrieden sind.[2] | Zufrieden: 60% | Unzufrieden: 53% |
| Geben Sie bitte an, inwieweit durch das Evaluationsverfahren, an dem Sie beteiligt waren, alles in allem das Ziel der Qualitätssicherung und -verbesserung von Lehre und Studium Ihrer Meinung nach erreicht bzw. nicht erreicht worden ist.[3] | Erreicht: 61% | Nicht erreicht: 52% |
| Inwieweit, würden Sie sagen, hat sich Ihr Einsatz im Evaluationsverfahren alles in allem auch für Sie persönlich gelohnt bzw. nicht gelohnt?[4] | Gelohnt: 61% | Nicht gelohnt: 55% |
| Bitte geben Sie an, inwieweit Sie das Verhältnis von Aufwand für das Evaluationsverfahren zu den Ergebnissen der Evaluation für angemessen bzw. nicht angemessen betrachten.[5] | Angemessen: 64% | Nicht angemessen: 55% |

*Anmerkungen.*
[1] $t(69, n = 71) = .9$, $p = .37$, $\eta^2 = .01$
[2] $t(68, n = 70) = 1.74$, $p = .09$, $\eta^2 = .04$
[3] $t(68, n = 70) = 2.36$, $p < .05$, $\eta^2 = .08$
[4] $t(69, n = 71) = 1.45$, $p = .15$, $\eta^2 = .03$
[5] $t(68, n = 70) = 2.07$, $p < .05$, $\eta^2 = .06$

Bei den drei anderen Fragen ist der Unterschied zwischen den Anteilen erfolgter Umsetzung gutachterlicher Empfehlungen jeweils statistisch nicht signifikant. Jedoch ist auch hier der Anteil umgesetzter Empfehlungen höher, wenn der jeweilige Aspekt zur Bewertung der Verfahren positiv eingeschätzt wurde: Bei den Verfahren, bei denen die Fachangehörigen von der Bewährung der Verfahren im Durchschnitt überzeugt sind, wurden durchschnittlich 59% der gutachterlichen Empfehlungen umgesetzt. Dagegen beträgt der Anteil umgesetzter gutachterlicher Empfehlungen bei den Verfahren, bei denen die Fachangehörigen diese Frage negativ beantwortet haben, durchschnittlich 54%; $t$ (69, $n$ = 71) = .9, $p$ = .37, $\eta^2$ = .01. Es wurden durchschnittlich 60% der gutachterlichen Empfehlungen umgesetzt bzw. entsprechende Maßnahmen in den Verfahren in die Wege geleitet, bei denen die Fachangehörigen mit dem Ablauf der Evaluation zufrieden sind; in Verfahren, bei denen die Fachangehörigen unzufrieden waren, beträgt der Anteil umgesetzter Empfehlungen 53%; $t$ (68, $n$ = 70) = 1.74, $p$ = .09, $\eta^2$ = .04. Waren die Fachangehörigen an einem Standort durchschnittlich der Auffassung, dass sich das Evaluationsverfahren auch für sie persönlich gelohnt hat, beträgt der Anteil umgesetzter Empfehlungen durchschnittlich 61%, bei gegenteiliger Auffassung 55%; $t$ (69, $n$ = 71) = 1.45, $p$ = .15, $\eta^2$ = .03.

### *Zusammenhang zwischen Umsetzungserfolgen und den Einschätzungen der Fachangehörigen zu zentralen Verfahrensschritten*

Im Folgenden werden die Unterschiede zwischen den Anteilen umgesetzter gutachterlicher Empfehlungen in Zusammenhang mit den Einschätzungen der schriftlich befragten Fachangehörigen zu zentralen Schritten der Evaluationsverfahren betrachtet. Die Daten, die im Rahmen der Verfahrensanalyse erhoben wurden, zeigen, dass zentrale Verfahrensschritte von den befragten Fachangehörigen überwiegend positiv bewertet wurden: Der Anteil positiver Antworten (Werte 1-3) liegt zwischen 66% und 89% (Abbildung 5).

Bei einem Großteil der Verfahren (89%) nahm nach Ansicht der Fachangehörigen die interne Evaluation einen guten Verlauf. Die Fachangehörigen waren bei jeweils mindestens 80% der Verfahren der Meinung, dass sich das evaluierte Institut mit den gutachterlichen Empfehlungen auseinandersetzte, dass Zielvereinbarungen und ähnliche Dokumente für den Prozess der Qualitätssicherung und -verbesserung wichtig sind und dass die gutachterlichen Empfehlungen im evaluierten Institut akzeptiert wurden. Bei 66% der Verfahren schätzen die Fachangehörigen Zielvereinbarungen und ähnliche Dokumente, in denen die aus den gutachterlichen Empfehlungen resultierenden Maßnahmen festgehalten werden, als verbindlich ein.

Wie bei den Fragen zu den Verfahren insgesamt (siehe Abbildung 4) zeigt sich bei allen Fragen zu den zentralen Verfahrensschritten, dass positive Bewertungen der Verfahren mit einem größeren Anteil umgesetzter gutachterlicher Empfehlungen einhergehen (siehe Abbildung 6).

Abbildung 5
Durchschnittliche Einschätzung zentraler Verfahrensschritte durch die befragten Fachangehörigen (eine positive Einschätzung entspricht den Werten 1 bis 3, eine negative Einschätzung den Werten 4 bis 6 auf der sechsstufigen Antwortskala)

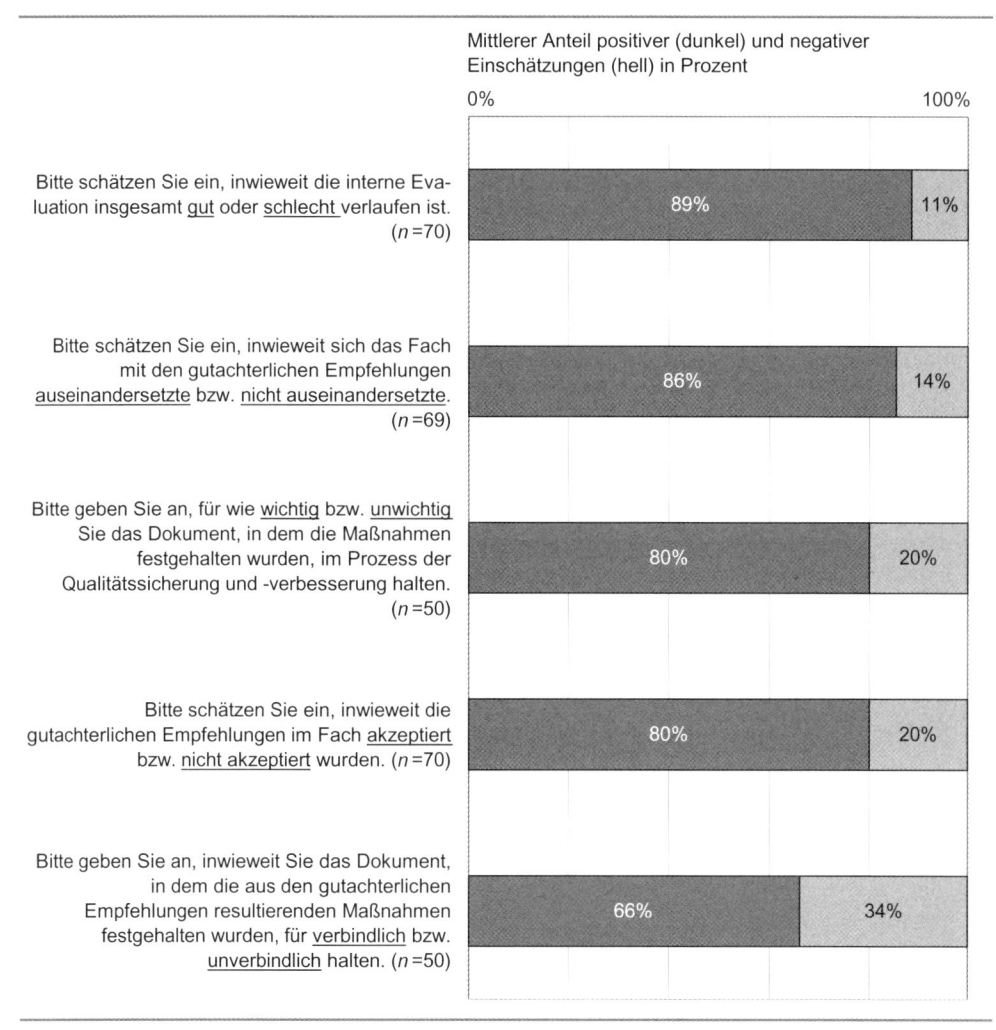

Mittlerer Anteil positiver (dunkel) und negativer Einschätzungen (hell) in Prozent

| Frage | positiv | negativ |
|---|---|---|
| Bitte schätzen Sie ein, inwieweit die interne Evaluation insgesamt gut oder schlecht verlaufen ist. ($n=70$) | 89% | 11% |
| Bitte schätzen Sie ein, inwieweit sich das Fach mit den gutachterlichen Empfehlungen auseinandersetzte bzw. nicht auseinandersetzte. ($n=69$) | 86% | 14% |
| Bitte geben Sie an, für wie wichtig bzw. unwichtig Sie das Dokument, in dem die Maßnahmen festgehalten wurden, im Prozess der Qualitätssicherung und -verbesserung halten. ($n=50$) | 80% | 20% |
| Bitte schätzen Sie ein, inwieweit die gutachterlichen Empfehlungen im Fach akzeptiert bzw. nicht akzeptiert wurden. ($n=70$) | 80% | 20% |
| Bitte geben Sie an, inwieweit Sie das Dokument, in dem die aus den gutachterlichen Empfehlungen resultierenden Maßnahmen festgehalten wurden, für verbindlich bzw. unverbindlich halten. ($n=50$) | 66% | 34% |

So liegt der Anteil umgesetzter gutachterlicher Empfehlungen bei allen Fragen zu den zentralen Verfahrensschritten (Ablauf der internen Evaluation, Auseinandersetzung mit sowie Akzeptanz von gutachterlichen Empfehlungen und Bedeutung sowie Verbindlichkeit von Zielvereinbarungen und ähnlichen Dokumenten) zwischen 58% und 62%, wenn die Fachangehörigen positiv bewertet haben. Bei einer negativen Einschätzung dieser Fragen durch die Fachangehörigen liegt der Anteil umgesetzter gutachterlicher Empfehlungen zwischen 49% und 57%. Allerdings sind bei diesen Fragen die Unterschiede zwischen den jeweiligen Anteilen umgesetzter gutachterlicher Empfehlungen bei positiver und negativer Bewertung der Verfahrensschritte durch die Fachangehörigen statistisch nicht signifikant.

Abbildung 6
Mittlerer Anteil umgesetzter gutachterlicher Empfehlungen bei positiven und negativen Einschätzungen von Fachangehörigen zu zentralen Verfahrensschritten (sortiert wie Abbildung 5)

Mittlerer Anteil umgesetzter Empfehlungen bei positiven (dunkel) und negativen (hell) Einschätzungen mit 95% Konfidenzintervall

Bitte schätzen Sie ein, inwieweit die interne Evaluation insgesamt gut oder schlecht verlaufen ist.[1]
- Gut verlaufen: 59%
- Schlecht verlaufen: 49%

Bitte schätzen Sie ein, inwieweit sich das Fach mit den gutachterlichen Empfehlungen auseinandersetzte bzw. nicht auseinandersetzte.[2]
- Auseinandergesetzt: 58%
- Nicht auseinandergesetzt: 57%

Bitte geben Sie an, für wie wichtig bzw. unwichtig Sie das Dokument, in dem die Maßnahmen festgehalten wurden, im Prozess der Qualitätssicherung und -verbesserung halten.[3]
- Wichtig: 60%
- Unwichtig: 54%

Bitte schätzen Sie ein, inwieweit die gutachterlichen Empfehlungen im Fach akzeptiert bzw. nicht akzeptiert wurden.[4]
- Akzeptiert: 58%
- Nicht akzeptiert: 57%

Bitte geben Sie an, inwieweit Sie das Dokument, in dem die aus den gutachterlichen Empfehlungen resultierenden Maßnahmen festgehalten wurden, für verbindlich bzw. unverbindlich halten.[5]
- Verbindlich: 62%
- Unverbindlich: 53%

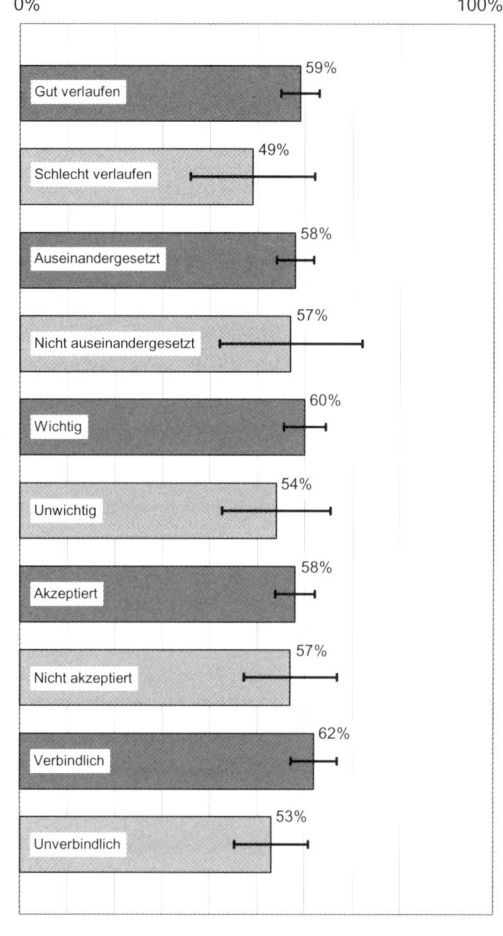

*Anmerkungen.*
[1] $t(68, n = 70) = 1.69, p = .1, \eta^2 = .04$
[2] $t(67, n = 69) = .26, p = .8, \eta^2 = .0$
[3] $t(48, n = 50) = 1.18, p = .24, \eta^2 = .03$
[4] $t(68, n = 70) = .35, p = .73, \eta^2 = .0$
[5] $t(48, n = 50) = 1.95, p = .06, \eta^2 = .07$

# 8  Resümee und Diskussion: Was folgt aus Evaluationen?

Mehrstufige Verfahren für die Evaluation von Studienfächern sind seit ihrer Einführung Ende der 1980er Jahre an Hochschulen in Europa heftiger Kritik ausgesetzt. So würden die Verfahren überwiegend der Rechenschaftslegung nach außen dienen (Bülow-Schramm, 2000, S. 174f.; Hanft, 2000, S. 19; Harvey & Askling, 2003, S. 71ff.; Henkel, 1991, S. 134f.; de Weert, 1990, S. 67f.) und daher kaum ihr Ziel der Qualitätssicherung und -verbesserung erreichen. Ferner seien die Verfahren zu teuer und zu zeitaufwändig – der Nutzen rechtfertige nicht den Aufwand (Brinck, 2003, S. 12; Erche, 2003b, S. 3f.; Franz, 2004; Webler, 1996, S. 25). Trotz der Kritik an den Verfahren sind bisher nur wenige systematische Untersuchungen durchgeführt worden, die die Folgen der Verfahren zum Gegenstand haben.

Mit der vorliegenden Arbeit wird die erste Studie vorgelegt, die die Folgen von mehrstufigen Evaluationsverfahren im Bereich Studium und Lehre in Deutschland umfassend und systematisch untersucht. Es werden die Verfahren der *Zentralen Evaluations- und Akkreditierungsagentur Hannover* (ZEvA) und des *Verbundes Norddeutscher Universitäten* (VNU, Nordverbund) für die Evaluation von Studium und Lehre unter der Fragestellung analysiert, inwieweit die Ergebnisse der Verfahren im ersten Evaluationszyklus (erstmalige Evaluation aller größeren Fächer in den beteiligten Hochschulen) umgesetzt wurden und welche Gründe sich für den Umsetzungserfolg bzw. -misserfolg identifizieren lassen. Für die Beantwortung dieser Fragen konnten 117 (von insgesamt 203) Verfahren, für die zum Erhebungszeitpunkt (Juli 2003) bereits Berichte zur Umsetzung der Evaluationsergebnisse vorlagen, in die Analyse einbezogen werden.

Der erste Analyseschritt für die Untersuchung von Umsetzungsaktivitäten in Folge von Evaluationen ist eine inhaltsanalytische Auswertung (Themenanalyse) der gutachterlichen Berichte, die in den Evaluationsverfahren erstellt wurden (Mittag, Bornmann & Daniel, 2003a). Bei dieser Themenanalyse wurden für die 117 Verfahren 1 948 Empfehlungen identifiziert. Die 1 948 Empfehlungen konnten, in Anlehnung an den Gliederungsvorschlag der beiden Evaluationseinrichtungen für die Erstellung von Selbstevaluationsberichten, elf Themenbereichen zugeordnet werden:

1. Planung und Organisation von Studium und Lehre;
2. Ausstattung;
3. Lehr- und Lernformen;
4. Studienberatung und -betreuung;
5. Prüfungen;
6. Lehrinhalte;
7. wissenschaftlicher Nachwuchs;
8. Positionierung und Profilbildung;
9. Qualitätssicherung und -verbesserung von Studium und Lehre;
10. Bildungs- und Ausbildungsziele;
11. Verwaltung und akademische Selbstverwaltung.

Im zweiten Analyseschritt wird im Rahmen der vorliegenden Arbeit untersucht, inwieweit die gutachterlichen Empfehlungen in den evaluierten Fächern umgesetzt wurden. Kernstück der Untersuchung ist die Analyse von 242 Dokumenten für 117 Evaluationsverfahren (16 Studienfächer je Evaluationseinrichtung an insgesamt 27 Standorten). Hierbei handelt es sich um Dokumente, die in Folge der Evaluationsverfahren erstellt wurden und die Umsetzung der Evaluationsergebnisse zum Gegenstand haben: elf Protokolle von sogenannten Auswertenden Konferenzen, 109 Zielvereinbarungen, Stellungnahmen bzw. Maßnahmenprogramme, die in Folge der Evaluationen zwischen Hochschulleitung und evaluiertem Institut abgeschlossen bzw. verfasst wurden, sowie 122 Berichte, die die Umsetzung der Evaluationsergebnisse ein bis zwei Jahre nach Abschluss des Evaluationsverfahrens dokumentieren. Die Dokumente wurden unter den folgenden Fragestellungen untersucht:

(1) Inwieweit wurden die Empfehlungen, die die Gutachterinnen und Gutachter im Rahmen der Evaluationsverfahren ausgesprochen haben, insgesamt umgesetzt, aus bestimmten Gründen nicht umgesetzt oder ohne jegliche Begründung nicht umgesetzt? Inwieweit wurden weitere Maßnahmen, die nicht (direkt) auf die Gutachten zurückgeführt werden können, in den Verfahren vereinbart und umgesetzt?

(2) Inwieweit bestehen Unterschiede zwischen Fachgruppen und Themenbereichen bei der Umsetzung gutachterlicher Empfehlungen? Inwieweit können Unterschiede zwischen der Umsetzung gutachterlicher Empfehlungen und der Umsetzung weiterer Maßnahmen festgestellt werden?

Die evaluierten Studienfächer wurden zu fünf Fachgruppen zusammengefasst: 1) Mathematik und Naturwissenschaften, 2) Rechts-, Wirtschafts- und Sozialwissenschaften, 3) Sprach- und Kulturwissenschaften, 4) Ingenieurwissenschaften sowie 5) Kunst, Kunstwissenschaft, Lehramt und Sport. Etwa ein Viertel der in die vorliegende Analyse einbezogenen Verfahren wurden jeweils in Mathematik und Naturwissenschaften, Sprach- und Kulturwissenschaften sowie Rechts-, Wirtschafts- und Sozialwissenschaften durchgeführt. Auf die Ingenieurwissenschaften entfallen 16% und auf Kunst, Kunstwissenschaft, Lehramt und Sport 6% der Verfahren. Diese Verteilung auf die Fachgruppen entspricht etwa der Verteilung aller Verfahren, die von den beiden Evaluationseinrichtungen im ersten Evaluationszyklus durchgeführt wurden.

Für die Beantwortung der Fragen, welche Verbesserungsmaßnahmen nach Ansicht von Evaluationsbeteiligten (Fachangehörige, Hochschulleitungen, Ansprechpersonen in den zentralen Verwaltungen und Angehörige der Evaluationseinrichtungen) in Folge der Evaluationen eingetreten sind, welche Gründe ihrer Auffassung nach die Umsetzung von Evaluationsergebnissen möglicherweise erschwert oder verhindert haben und inwieweit sich ein Zusammenhang zwischen erfolgter Umsetzung gutachterlicher Empfehlungen und der Bewertung der Verfahren durch die Befragten erkennen lässt, sind Daten aus der schriftlichen und mündlichen Befragung herangezogen worden, die im Rahmen der Verfahrensanalyse der Evaluationsverfahren von Nordverbund und ZEvA erhoben wurden (Mittag, Bornmann & Daniel, 2003a). Für die Untersuchung der Aussagen der schriftlich befragten Fachangehörigen sind nur die Aussagen derjenigen Befragten einbezogen worden, die an den Verfahren beteiligt waren, die Gegenstand der Dokumentenanalyse im Rahmen der vorliegenden Arbeit sind (je nach Fragestellung zwischen 94 und 186 Fachangehörige). Um Abhängigkeiten im Datensatz zu vermeiden, die durch die Beteiligung einer unterschiedlichen Anzahl von Fachangehörigen je Verfahren (Evaluation eines Studienfaches an einem Standort) entstehen können, wurden pro Verfahren die Aussagen der Fachangehörigen aggregiert. Somit konnten, je nach Fragestellung, die Antworten von Fachangehörigen aus 55 bis 87 Verfahren einbezogen werden. Für die Einbeziehung der Ergebnisse der Interviews wurden alle Interviews herangezogen, die geführt wurden, da sich die Interviewten nicht einzelnen Evaluationsverfahren zuordnen ließen. Insgesamt wurden 33 Interviews mit den Hochschulleitungen und den Evaluationsbeauftragten bzw. Ansprechpartnerinnen und -partnern in den Zentralverwaltungen an den einzelnen Standorten, mit dem Sprecher und der Geschäftsführerin des Nordverbundes, dem Wissenschaftlichen Leiter und dem Geschäftsführer der ZEvA sowie mit den Mitarbeiterinnen und Mitarbeitern der beiden Geschäftsstellen geführt. Die Analyse der Antworten aus der schriftlichen und der mündlichen Befragung wurde unter den folgenden Fragestellungen vorgenommen:

(3) Welche Verbesserungsaktivitäten sind nach Auffassung der schriftlich befragten Fachangehörigen sowie der Interviewpartnerinnen und -partner in Folge der Evaluation eingetreten? Welche Umstände haben nach Ansicht der Befragten diese Aktivitäten erschwert oder verhindert? Inwieweit stehen bestimmte Einschätzungen der schriftlich befragten Fachangehörigen zu den Evaluationsverfahren mit dem Umsetzungserfolg gutachterlicher Empfehlungen (gemäß den Ergebnissen aus der Dokumentenanalyse) in Zusammenhang?

Im Folgenden werden die Ergebnisse der vorliegenden Untersuchung zu den Fragen von (1) bis (3) zusammengefasst, mit den Ergebnissen anderer Studien in Zusammenhang gebracht und diskutiert.

(1) Die Dokumentenanalyse zur Umsetzung der gutachterlichen Empfehlungen aus Verfahren von Nordverbund und ZEvA hat ergeben, dass 56% aller gutachterlichen Empfehlungen umgesetzt bzw. zu den Empfehlungen entsprechende Maßnahmen eingeleitet wurden. Bei 29% der Empfehlungen blieb die Umsetzung ohne Angabe von Gründen aus. 15% der Empfehlungen wurden aus bestimmten Gründen nicht umgesetzt. Am häufigsten (bei etwa der Hälfte dieser Fälle) geben die Fachangehörigen als Grund an, dass sie sich nicht in der Lage sahen, ein Problem mit den eigenen Mitteln bzw. Möglichkeiten zu beheben, dass es also extern bedingt gewesen sei (8% aller Empfehlungen). Bei etwa 30% der begründet nicht umgesetzten Empfehlungen (4% aller Empfehlungen) wurde inhaltliche Kritik an den gutachterlichen Empfehlungen geäußert.

Zieht man die Ergebnisse anderer Studien heran, die die Folgen von mehrstufigen Evaluationsverfahren an Hochschulen systematisch und auf der Grundlage von Dokumentenanalysen untersucht haben, so zeigt sich, dass bei den Studienfachevaluationen des *Higher Education Funding Council for England* (HEFCE) auf zwei Drittel der gutachterlichen

Empfehlungen, die in Verfahren aus den Jahren 1993-1995 ausgesprochen wurden, Umsetzungsaktivitäten folgten (Brennan, Frederiks & Shah,1997, S. 7, S. 15f.). Ähnlich fiel das Ergebnis für den ersten Evaluationszyklus in Dänemark (1992-1997) aus. Hier folgten auf etwa 60% der Empfehlungen Follow-up-Aktivitäten (The Danish Evaluation Institute, 2004, S. 30). Beim ersten Evaluationszyklus in den Niederlanden (1988-1992) beträgt der Anteil umgesetzter Empfehlungen an Universitäten und Fachhochschulen etwa ein Fünftel (Frederiks, Westerheijden & Weusthof, 1994, S. 191ff.), ebenso bei den Evaluationen an der *University of Leuven* in Belgien (Hulpiau & Waeytens, 2003, S. 167). Damit liegt der Anteil umgesetzter Empfehlungen in anderen Studien zwischen einem Fünftel und zwei Drittel. Der Anteil umgesetzter gutachterlicher Empfehlungen bzw. ergriffener Maßnahmen in den Verfahren von Nordverbund und ZEvA liegt im Vergleich zu den Ergebnissen dieser Studien eher im oberen Bereich.

Bei der Interpretation der 56% Empfehlungen, die im Rahmen der Nordverbund- und ZEvA-Verfahren umgesetzt bzw. zu denen Maßnahmen eingeleitet wurden, ist zu berücksichtigen, dass nicht nur auf die gutachterlichen Empfehlungen Aktivitäten folgten. In den Zielvereinbarungen und Maßnahmenprogrammen ist in Folge der Evaluationsverfahren eine Reihe weiterer Maßnahmen festgehalten worden, die sich nicht direkt auf die Gutachten zurückführen lassen. Diese weiteren Maßnahmen haben ebenfalls das Ziel, die Qualität von Studium und Lehre zu sichern und zu verbessern. Sie basieren auf Erkenntnissen, die während der internen Evaluation bzw. des gesamten Evaluationsprozesses gewonnen oder gefestigt wurden. Auch können weitere Maßnahmen indirekte Folgen bzw. Umformungen gutachterlicher Empfehlungen sein: Nach Stamm (2003a) erfolgt die Nutzung von Evaluationsergebnissen überwiegend „als selektiver Transfer oder gar als Transformation, als vielschichtige Umformung und Umgestaltung von Evaluationswissen in alltägliche ‚Praxisdeutungen' (Dewe, 1988), bis sie mit dem Sinnhorizont der Abnehmer und Anwender kompatibel sind" (S. 339).

Das Verhältnis von weiteren Maßnahmen zu gutachterlichen Empfehlungen beträgt eins zu fünf: Pro Verfahren (Evaluation eines Studienfaches an einem Standort) wurden durchschnittlich drei weitere Maßnahmen verabredet und 17 gutachterliche Empfehlungen ausgesprochen. Während 56% der gutachterlichen Empfehlungen umgesetzt bzw. zu den Empfehlungen Maßnahmen eingeleitet wurden, beträgt der Anteil umgesetzter bzw. eingeleiteter weiterer Maßnahmen 81%. Bei einem Vergleich der genannten weiteren Maßnahmen mit den ausgesprochenen gutachterlichen Empfehlungen nach Fachgruppen und Themenbereichen fällt auf, dass der Unterschied zwischen den beiden Verteilungen statistisch hoch signifikant ist. In den Ingenieurwissenschaften wurden weit weniger und in Mathematik und Naturwissenschaften weit mehr weitere Maßnahmen vereinbart, als dies jeweils gegenüber den gutachterlichen Empfehlungen zu erwarten wäre. Offensichtlich haben sich die Fachangehörigen in den Ingenieurwissenschaften stark an den Empfehlungen im Gutachten orientiert, während in Mathematik und Naturwissenschaften auch Initiativen über die gutachterlichen Empfehlungen hinaus ergriffen wurden. Im Hinblick auf Unterschiede zwischen den Themenbereichen zeigt sich, dass im Bereich *Studienberatung und –betreuung* weit mehr weitere Maßnahmen als gutachterliche Empfehlungen genannt wurden. Dies könnte darauf hinweisen, dass die Fachangehörigen und die Hochschulleitungen Verbesserungsmaßnahmen in diesem Bereich eine größere Bedeutung beimessen als die Gutachterinnen und Gutachter.

Grundsätzlich sollte man nicht davon ausgehen, dass das optimale Ergebnis einer Evaluation eine vollständige Umsetzung aller gutachterlichen Empfehlungen bedeutet. Dass Empfehlungen aus bestimmten Gründen nicht umgesetzt werden, wird im Rahmen der EVALUE-Studie (Europäische Kommission / Targeted Socio-Economic Research Programme, 1998) z. B. dadurch erklärt, dass sich in den evaluierten Hochschulen die Rahmenbedingungen ändern können, so dass für eine evaluierte Einheit nach Abschluss der Evaluation nicht mehr die gleichen Bedingungen herrschen wie zum Zeitpunkt der Begutachtung. Es kann auch sein, dass die gutachterlichen Empfehlungen, wie beschrieben, in andere Maßnahmen transferiert werden. Zwar sollte generell die Umsetzung von Empfehlungen angestrebt werden, die ausbleibende Umsetzung aus nachvollziehbaren Gründen erscheint jedoch sinnvoll und sollte gestattet sein.

Zusammenfassend kann für die Umsetzung von Evaluationsergebnissen aus den Verfahren von Nordverbund und ZEvA insgesamt festgehalten werden, dass aus dem ersten Evaluationszyklus eine Vielzahl an Folgeaktivitäten resultierte. So wurde mehr als die Hälfte der gutachterlichen Empfehlungen umgesetzt. Zwar blieb bei etwa 30% der gutachterlichen Empfehlungen eine Folgeaktivität ohne jegliche Begründung aus, jedoch folgten aus dem Evaluationsprozess weitere Maßnahmen mit dem Ziel der Qualitätssicherung und -verbesserung von Studium und Lehre auf Initiative des Faches bzw. der Hochschulleitung, die sich nicht direkt auf die gutachterlichen Empfehlungen zurückführen lassen. Vier Fünftel dieser vereinbarten weiteren Maßnahmen wurden umgesetzt.

(2) Die weitere Analyse der Umsetzung gutachterlicher Empfehlungen zeigt, dass sowohl der Unterschied zwischen den Fachgruppen als auch zwischen den Themenbereichen in den Umsetzungsaktivitäten (erfolgte Umsetzung, begründet ausgebliebene Umsetzung, ausgebliebene Umsetzung) jeweils statistisch hoch signifikant ist; die Effektstärke ist jedoch jeweils gering.[44] So sind in den Ingenieurwissenschaften am häufigsten (62%) gutachterliche Empfehlungen umgesetzt bzw. zu den Empfehlungen entsprechende Maßnahmen eingeleitet worden, dicht gefolgt von den Rechts-, Wirtschafts- und Sozialwissenschaften mit einem Anteil von 61%. Dagegen ist der Anteil umgesetzter Empfehlungen in den Sprach- und Kulturwissenschaften mit nur 49% auffällig gering. Gleichzeitig ist in dieser Fachgruppe der Anteil Empfehlungen, die aus bestimmten Gründen nicht umgesetzt wurden, gegenüber den anderen Fachgruppen mit 19% auffällig hoch.

Ein Vergleich der Verteilung von umgesetzten gutachterlichen Empfehlungen und umgesetzten weiteren Maßnahmen nach Fachgruppen zeigt, dass der Unterschied zwischen den beiden Verteilungen statistisch hoch signifikant ist (der Umsetzungserfolg bei den

---

44 Cohen (1988, S. 13) weist darauf hin, dass u. a. in den Sozialwissenschaften geringe Effektstärken wahrscheinlicher sind als in anderen Fachgebieten (vgl. Kapitel 6.2).

weiteren Maßnahmen liegt um 15% bis 27% je Fachgruppe über dem Umsetzungserfolg gutachterlicher Empfehlungen). Dieser Unterschied ist insbesondere auf die jeweiligen Anteile Empfehlungen bzw. weiterer Maßnahmen in den beiden Fachgruppen Ingenieurwissenschaften sowie Mathematik und Naturwissenschaften zurückzuführen. In den Ingenieurwissenschaften wurden nicht nur weit weniger und in Mathematik und Naturwissenschaften weit mehr weitere Maßnahmen als gutachterliche Empfehlungen vereinbart, sondern auch entsprechend mehr bzw. weniger weitere Maßnahmen eingeleitet oder umgesetzt. Ein Grund für den – gegenüber den gutachterlichen Empfehlungen – auffällig geringen Anteil weiterer Maßnahmen in den Ingenieurwissenschaften könnte sein, dass in dieser Fachgruppe am häufigsten gutachterliche Empfehlungen umgesetzt wurden. Ein hoher Umsetzungserfolg bei den gutachterlichen Empfehlungen verringert offensichtlich die Wahrscheinlichkeit, dass zusätzliche Maßnahmen mit dem Ziel der Qualitätssicherung und -verbesserung von Studium und Lehre vereinbart (und ergriffen) werden. Allerdings muss das Ergreifen weiterer Maßnahmen nicht zwingend eine Folge der ausbleibenden Umsetzung gutachterlicher Empfehlungen sein. So ist zwar der Anteil umgesetzter weiterer Maßnahmen in Mathematik und Naturwissenschaften gegenüber den umgesetzten gutachterlichen Empfehlungen auffallend hoch, es wurden in dieser Fachgruppe jedoch nicht auffallend weniger gutachterliche Empfehlungen umgesetzt.

Fachspezifische Vergleichszahlen zum Umsetzungserfolg von Evaluationsverfahren aus anderen Studien liegen lediglich aus der Untersuchung der Folgen der Studienfachevaluationen in England (1993 bis 1995) vor: Brennan, Frederiks und Shah (1997, S. 20f.) berichten, dass gutachterliche Empfehlungen in den Verfahren des HEFCE von 15 Studienfächern am häufigsten im Fach Informatik (88%) und am seltensten in der Geographie (35%) umgesetzt wurden. Auch in den Fächern Anthropologie (40%) und Musikwissenschaft (50%) wurden Empfehlungen eher selten umgesetzt. Da für die Studienfachevaluationen des HEFCE nicht für alle Fächer bzw. Fachgruppen der Anteil umgesetzter Empfehlungen dargestellt wird, ist der Vergleich mit den Ergebnissen der vorliegenden Untersuchung jedoch schwirig.

Bei der Untersuchung der Umsetzung gutachterlicher Empfehlungen nach Themenbereichen zeigt sich, dass im Bereich *Planung und Organisation von Studium und Lehre* besonders häufig Empfehlungen umgesetzt bzw. entsprechende Maßnahmen eingeleitet wurden (62%) und der Anteil begründet nicht umgesetzter Empfehlungen in diesem Themenbereich auffällig gering ist (12%). Dagegen ist im Bereich *Ausstattung* der Anteil umgesetzter Empfehlungen bzw. eingeleiteter Maßnahmen im Vergleich zu den anderen Bereichen auffällig gering (48%) und der Anteil begründet nicht umgesetzter Empfehlungen auffällig hoch (26%). Bei 88% der Empfehlungen, die im Bereich *Ausstattung* begründet nicht umgesetzt wurden, haben die Fachangehörigen das Problem als extern bedingt angesehen. Die Fachangehörigen machen für die ausbleibende Umsetzung z. B. fehlende Mittel verantwortlich, die ihrer Auffassung nach von der Hochschulleitung hätten zur Verfügung gestellt werden müssen. Auch im Bereich *Verwaltung und akademische Selbstverwaltung* wurden im Vergleich zu den anderen Themenbereichen auffällig wenige Empfehlungen umgesetzt (32%).

Ein weiteres wichtiges Ergebnis der Untersuchung des Umsetzungserfolgs gutachterlicher Empfehlungen nach Themenbereichen ist, dass im Bereich *Wissenschaftlicher Nachwuchs* mit einem Anteil von 42% weit häufiger als in den anderen Themenfeldern die Umsetzung ohne Nennung von Gründen ausblieb (der Anteil umgesetzter Empfehlungen bzw. eingeleiteter Maßnahmen beträgt 43%). In diesem Bereich wurden also nicht nur vergleichsweise wenige Empfehlungen ausgesprochen (4% aller Empfehlungen), fast die Hälfte dieser Empfehlungen wurde auch in Folge der Evaluation nicht wieder erwähnt.

Weitere Analysen, bei denen die gutachterlichen Empfehlungen, die umgesetzt oder aus bestimmten Gründen nicht umgesetzt wurden, für jeden Themenbereich nach Fachgruppen betrachtet werden, zeigen, dass der Unterschied zwischen den Fachgruppen im Bereich *Ausstattung* statistisch hoch signifikant ist. Während in diesem Bereich in den Sprach- und Kulturwissenschaften der Anteil umgesetzter Empfehlungen mit 34% auffällig gering ist, ist der Anteil begründet nicht umgesetzter Empfehlungen auffällig hoch (35%). In den Rechts-, Wirtschafts- und Sozialwissenschaften dagegen wurden im Bereich *Ausstattung* im Vergleich zu den weiteren Fachgruppen mit 61% am häufigsten gutachterliche Empfehlungen umgesetzt bzw. entsprechende Maßnahmen eingeleitet und mit 14% vergleichsweise selten Empfehlungen aus bestimmten Gründen nicht umgesetzt. Unter den angegebenen Gründen für die ausbleibende Umsetzung im Bereich *Ausstattung* in den Sprach- und Kulturwissenschaften überwiegt die Angabe, dass ein Problem extern bedingt sei, also nicht mit den facheigenen Mitteln bzw. Möglichkeiten behoben werden könne. Es stellt sich also die Frage, inwieweit der Umsetzungserfolg von Empfehlungen, die im Bereich *Ausstattung* ausgesprochen wurden, von einer fachbezogenen Prioritätensetzung der Hochschulleitungen abhängt. Der geringe Anteil umgesetzter gutachterlicher Empfehlungen in den Sprach- und Kulturwissenschaften im Bereich *Ausstattung* ist ein Grund für den geringsten Anteil umgesetzter gutachterlicher Empfehlungen von insgesamt 49% in dieser Fachgruppe.

Ein Vergleich der Umsetzungserfolge und -misserfolge von Evaluationsverfahren nach Themenbereichen, von denen in anderen Studien berichtet wird, erweist sich ebenfalls als schwierig. Unterschiedliche Kategoriensysteme, die den Untersuchungen zugrunde liegen sowie unterschiedliche Schwerpunkte innerhalb der Evaluationsverfahren, die u. a. unterschiedlichen Hochschulsystemen geschuldet sind (z. B. in Bezug auf die Verknüpfung von Evaluationsergebnissen mit der Mittelvergabe) lassen einen Vergleich kaum zu. Dennoch soll darauf hingewiesen werden, dass für die Studienfachevaluationen in England (1993 bis 1995) sowie in Dänemark (1992 bis 1997 und 2000) ebenfalls thematische Schwerpunkte bei der Umsetzung gutachterlicher Empfehlungen identifiziert wurden: In England sind in Folge der Verfahren des HEFCE insbesondere Verbesserungen bei den Arbeitsabläufen und deren Dokumentation, bei der Bewertung und Überarbeitung des Curriculums sowie bei den Lehr- und Prüfungsmethoden, der Personalentwicklung und der Reallokation von Ressourcen eingetreten (Brennan, Frederiks & Shah, 1997, S. 16f.). Bei der Untersuchung der Umsetzungserfolge in den Studienfachevaluationen des HEFCE zeigte sich zudem, dass die Umsetzung gutachterlicher Empfehlungen negativ beeinflusst wurde, wenn die Empfehlungen Ressourcen zum Gegenstand hatten. In Dänemark sind im ersten Evaluationszyklus häufig Veränderungen in den Bereichen *Bildungs- und Ausbildungsziele*, *Lehrinhalte* und *Curriculumsstruktur* festgestellt worden (Bjørnkilde & Bason, 2000, S. 3). Im zweiten Zyklus in Dänemark, für den die Folgen an zwei Universitäten untersucht wurden, ist es am häufigsten zu Veränderungen im Bereich der *Organisation von Studium und Lehre* sowie der *Entwicklung bzw. Stärkung regelmäßiger Qualitätssicherung* gekommen (The Danish Evaluation Institute, 2004, S. 16f.).

Bei den umgesetzten gutachterlichen Empfehlungen bzw. eingeleiteten Maßnahmen, die durch die Dokumentenanalyse festgestellt werden konnten, kann davon ausgegangen werden, dass es sich in Anlehnung an Rossi, Freeman und Hofmann (1988) um eine direkte und instrumentelle Verwendung von Evaluationsergebnissen handelt: Die Ergebnisse sind in konkrete Maßnahmen gemündet. In der Terminologie von Argyris und Schön (2002) hat vor allem ein *single-loop learning* stattgefunden.

(3) Im Rahmen der sekundärstatistischen Analyse wurden die Ergebnisse der schriftlichen Befragung sowie der Interviews herangezogen. Es wurden die Antworten der Befragten auf Fragen nach den Verbesserungsaktivitäten in Folge der Evaluation und zu Umständen, die Folgeaktivitäten erschwert oder verhindert haben, ausgewertet. Darüber hinaus wurde der Zusammenhang zwischen Einschätzungen der schriftlich befragten Fachangehörigen zum Evaluationsverfahren und dem Umsetzungserfolg gutachterlicher Empfehlungen untersucht. Die zentralen Ergebnisse dieser Analysen werden im Folgenden in vier Themenblöcken zusammenfassend dargestellt und diskutiert: (a) Probleme bei der Umsetzung gutachterlicher Empfehlungen in den Bereichen *Wissenschaftlicher Nachwuchs* sowie *Verwaltung und akademische Selbstverwaltung*, (b) finanzielle Rahmenbedingungen und Ausstattung, (c) Nutzen der Verfahren bzw. Verhältnis zwischen Aufwand und Nutzen sowie (d) Kommunikation und Kooperation.

*a) Wissenschaftlicher Nachwuchs sowie Verwaltung und akademische Selbstverwaltung*
Im Rahmen der Dokumentenanalyse wurde festgestellt, dass in den Bereichen *Verwaltung und akademische Selbstverwaltung* sowie *Wissenschaftlicher Nachwuchs* vergleichsweise selten gutachterliche Empfehlungen in Folge der Evaluationsverfahren von Nordverbund und ZEvA umgesetzt wurden. Auch die schriftlich befragten Fachangehörigen sehen eher wenige Umsetzungsaktivitäten in diesen beiden Bereichen. Diese Ergebnisse können bedeuten, dass bei der Nachwuchsförderung und bei Verwaltungsabläufen keine Verbesserungen notwendig waren. Vor dem Hintergrund der besonderen Aufmerksamkeit, die der Förderung des wissenschaftlichen Nachwuchses und der Verbesserung der Doktorandenausbildung in jüngerer Zeit geschenkt wird (siehe Wissenschaftsrat, 2001, 2002) sowie z. B. der Befunde von Enders und Bornmann (2001, S. 243) in Bezug auf die Notwendigkeit einer inhaltlichen und strukturellen Reformierung der Doktorandenausbildung scheint dies jedoch unwahrscheinlich. Nahe liegend ist dagegen, dass den Bereichen *Wissenschaftlicher Nachwuchs* sowie *Verwaltung und akademische Selbstverwaltung* während des gesamten Begutachtungsprozesses sowie auch in der Phase der Umsetzung der Evaluationsergebnisse vergleichsweise wenig Aufmerksamkeit geschenkt wird. Dies kann mehrere Gründe haben. Zum einen können mangelnde strukturelle Vor-

aussetzungen durch ein (bisher) zu geringes institutionalisiertes Angebot für die Nachwuchsförderung bzw. ein zu geringes Weiterbildungsangebot im Bereich der Verwaltung und akademischen Selbstverwaltung dafür verantwortlich sein (*structural frame* nach Bolman & Deal, 1997; siehe auch Hulpiau & Waeytens, 2003, in Kapitel 3.1). Ein geringes institutionalisiertes Angebot wiederum kann Folge einer geringen Bedeutung sein, die diesen Bereichen gegenüber anderen Aufgaben wie der (eigenen) Forschung zukommt (*cultural frame*). Mayntz und Ziegler (1969, S. 478) weisen auf die Ergebnisse zahlreicher Studien hin, nach denen sich Wissenschaftlerinnen und Wissenschaftler in einem Rollenkonflikt befinden, da sie sich oft gezwungen sehen zu wählen, ob sie eher den Standards der Wissenschaft oder den Erwartungen der Organisation gerecht werden. Da in der *scientific community*, die für Wissenschaftlerinnen und Wissenschaftler primäres Bezugssystem ist (siehe z. B. Hanft, 2004, S. 14), vor allem die Forschungsaktivitäten hohes Ansehen genießen, liegt es nahe, dass Verbesserungen in der Förderung des wissenschaftlichen Nachwuchses sowie in Verwaltungsabläufen von den Professorinnen und Professoren weniger wichtig genommen werden. Für die Professorinnen und Professoren würde es sich dementsprechend weniger lohnen, sich in diesen Bereichen zu engagieren, da es andere, bedeutendere, gewinnbringendere und der eigenen wissenschaftlichen Karriere dienlichere Tätigkeiten gibt. Der persönliche Aufwand für ein Engagement in diesen beiden Bereichen erscheint zu hoch (*human resources frame* nach Bolman & Deal, 1997). Die Hochschule als Ganze, die u. a. verpflichtet ist, wissenschaftlichen Nachwuchs auszubilden, auf der einen, und die Professorinnen und Professoren auf der anderen Seite befinden sich damit in einem Interessen- bzw. Zielkonflikt, der für die Organisation Hochschule kennzeichnend ist (Hanft, 2000, S. 13; Laske & Hammer, 1997, S. 29ff.; Nickel, 2004, S. 95; Pellert, 1999, S. 13). Allerdings sind in den letzten Jahren verstärkt Initiativen für die Nachwuchsförderung ergriffen worden: So ist z. B. im Rahmen des Bologna-Prozesses als dritter Abschnitt der gestuften Studiengänge zu Bachelor und Master nachträglich die Doktoratsstufe eingeführt worden und im Rahmen der *Exzellenzinitiative* (ein umfangreiches Förderprogramm von Bund und Ländern zur nachhaltigen Förderung des Wissenschaftsstandortes Deutschland, Beschluss von Bund und Ländern vom 23.06. 2005) ist eines von drei Programmen auf die Förderung von Graduiertenschulen ausgerichtet. Auch Enders (2005, S. 42) weist darauf hin, dass sich inzwischen verstärkt Bemühungen für die Nachwuchsförderung beobachten lassen.

*b) Finanzielle Rahmenbedingungen und Ausstattung*

In Bezug auf die Umsetzung von Evaluationsergebnissen insgesamt berichten die Fachangehörigen aus 62% der Verfahren, dass in den Verfahren eine nicht ausreichende finanzielle und strukturelle Unterstützung die Umsetzung der gutachterlichen Empfehlungen erschwert oder verhindert hat. Die Dokumentenanalyse jedoch zeigt, dass bei nur 8% aller gutachterlichen Empfehlungen vor allem aus extern bedingten Gründen – das heißt, vor allem aufgrund fehlender Mittel – eine Umsetzung ausblieb. Zudem sehen die schriftlich befragten Fachangehörigen aus 37% der Verfahren eine nicht ausreichende Berücksichtigung der strukturellen Rahmenbedingungen des Faches bzw. der Hochschule als

Hinderungsgrund an. Diese Einschätzungen der Fachangehörigen erklären sich unter Umständen dadurch, dass die Fachangehörigen weitreichende Einsparungen in den Instituten und Fachbereichen erleben und gleichzeitig durch die Evaluationsverfahren die Qualität von Studium und Lehre optimiert werden soll. Auch die Interviewten sehen das Hauptproblem für eine ausbleibende Umsetzung gutachterlicher Empfehlungen in fehlenden Finanzmitteln. Nach Ansicht der Fachangehörigen ist es im Bereich *Ausstattung* im Vergleich (und im Gegensatz) zu anderen Bereichen wie dem *wissenschaftlichen Nachwuchs* jedoch nicht auffällig seltener zu Umsetzungsaktivitäten in Folge der Evaluationsverfahren gekommen (entgegen den Ergebnissen der Dokumentenanalyse). Damit haben die Fachangehörigen zwar eine (stärkere) finanzielle Unterstützung bei der Umsetzung der Evaluationsergebnisse vermisst, bei der Ausstattung hat es ihrer Auffassung nach aber durchaus Verbesserungsaktivitäten im Fach gegeben. Die knappen finanziellen Mittel der Hochschulen erschweren sicherlich die Optimierung von Studium und Lehre. Gleichzeitig sollten sie jedoch nicht als Dauerargument für ausbleibende Aktivitäten zur Qualitätssicherung und -verbesserung angeführt werden, da viele der gutachterlichen Empfehlungen auch ohne zusätzliche Mittel umgesetzt werden können (z. B. in den Bereichen *Planung und Organisation von Studium und Lehre*, *Prüfungen* sowie *Studienberatung und -betreuung*).

c) *Nutzen der Evaluationsverfahren bzw. Verhältnis zwischen Aufwand und Nutzen*

Nach Auffassung der schriftlich befragten Fachangehörigen hat nicht nur eine mangelnde finanzielle und strukturelle Unterstützung, sondern auch die kritische Haltung einiger Professorinnen und Professoren gegenüber dem Evaluationsverfahren die Umsetzung der Evaluationsergebnisse erschwert oder verhindert. So gehörte nach Auffassung der Befragten zu den Hinderungsgründen, dass die Professorinnen und Professoren davon überzeugt waren, dass der Aufwand für die Evaluation nicht dem Nutzen entspricht (47% der Verfahren), dass die Evaluation keine bedeutenden Ergebnisse erzielt (39% der Verfahren) und dass die Empfehlungen der Gutachterinnen und Gutachter nicht wirklich der Qualitätsverbesserung dienen (29% der Verfahren). Bei der Interpretation dieser Zahlen ist zu bedenken, dass die Einschätzungen zu den Auffassungen der Professorenschaft überwiegend eine Selbsteinschätzung ist, da die befragten Fachangehörigen in der Mehrzahl Professorinnen und Professoren sind. Mit der (selbst-)kritischen Haltung der Professorenschaft gehen ferner mangelndes Interesse und mangelndes Engagement für die Umsetzung der Evaluationsergebnisse einher: Die Fachangehörigen aus etwa 40% der Verfahren meinen, dass die Umsetzung der Evaluationsergebnisse dadurch erschwert oder verhindert wurde, dass sich die Professorinnen und Professoren zu wenig oder gar nicht um die Umsetzung gekümmert hätten. Aus etwa 30% der Verfahren wird berichtet, dass die Professorenschaft an der Qualitätssicherung und -verbesserung von Studium und Lehre wenig oder gar nicht interessiert gewesen seien. Zudem hätten mangelndes bzw. fehlendes Interesse und Engagement außerhalb des Faches (z. B. seitens der Hochschulleitung) die Umsetzung der Evaluationsergebnisse erschwert oder verhindert: Bei etwa 40% der Verfahren habe niemand mehr von außerhalb des Faches (z. B. die Hochschulleitung) nach der Umsetzung gefragt und bei etwa 30% der Verfahren wird ein fehlendes Interesse des zuständigen Ministeriums bzw. der Hochschulleitung an der Qualitätssicherung und -verbesserung von Studium und Lehre als Grund für das Ausbleiben des Umsetzungserfolgs angesehen.

Angesichts dieser Einschätzungen zur Haltung der Verfahrensbeteiligten gegenüber der Evaluation überrascht es nicht, dass bei zwei Dritteln der Verfahren die Fachangehörigen das Verhältnis zwischen Aufwand für das Evaluationsverfahren und den Ergebnissen der Evaluation für nicht mehr angemessen halten: Wenn sich kaum jemand für die Umsetzung der Evaluationsergebnisse verantwortlich sieht, ist zu erwarten, dass der Nutzen der Verfahren geringer ausfällt. Zu einem ähnlichen Ergebnis kommt Stamm (2003b, S. 3; 2003c, S. 20) in einer Untersuchung zu Evaluationsverfahren mit Peer-Review an den Fachhochschulen in der Schweiz. Sie hat festgestellt, dass nur 33% von 73 befragten Studiengangsleitungen das Verhältnis zwischen Aufwand und Nutzen als vollkommen angemessen erachten (46% der Studiengangsleitungen hielten das Verhältnis für mehrheitlich angemessen und 21% sahen das Verhältnis zwischen Aufwand und Nutzen als tendenziell oder vollkommen ungünstig an). Ein geringes Engagement der Verfahrensbeteiligten der Evaluationen von Nordverbund und ZEvA bei der Umsetzung der Evaluationsergebnisse könnte zum einen Frustrationen in Bezug auf die knappen Finanzmittel geschuldet sein und zum anderen aber auch Ausdruck der Problematik sein, dass die Verfahren eine Doppelfunktion zu erfüllen haben. Sie sollen sowohl der internen Qualitätsverbesserung als auch der Rechenschaftslegung nach außen dienen. Die Abschlussberichte, in denen die ZEvA die Ergebnisse der Evaluationsverfahren veröffentlicht, richten sich u. a. an die Landesregierung sowie an die interessierte Öffentlichkeit aus Wissenschaft und Wirtschaft (Zentrale Evaluations- und Akkreditierungsagentur Hannover, 2003, S. 18f.). Zudem ist die ZEvA zwar eine gemeinsame Einrichtung der niedersächsischen Hochschulen, dennoch wird sie von der Landesregierung finanziert, und ein Vertreter des *Ministeriums für Wissenschaft und Kultur in Niedersachsen* (MWK) ist stimmberechtigtes Mitglied ihrer Lenkungsgruppe. Die Verfahren des Nordverbundes dienen, neben der Qualitätssicherung und -verbesserung von Studium und Lehre, der Legitimation der Verwendung von Steuergeldern für die Hochschulen (Verbund Norddeutscher Universitäten, 2003, S. 15). Auch wenn die *European Association for Quality Assurance in Higher Education* die beiden Funktionen für miteinander vereinbar hält (European Association for Quality Assurance in Higher Education, 2005, S. 13), wird festgestellt, dass die Funktion der Rechenschaftslegung, die eher auf Kontrolle durch die staatliche Seite ausgerichtet ist, Prozesse der internen Qualitätsverbesserung beeinträchtigen kann (Huisman & Currie, 2004, S. 548). In der Literatur finden sich Hinweise, dass die Evaluationsverfahren als erfolgreicher angesehen werden, wenn sie diskursiv und auf Vertrauen angelegt sind und nicht auf Macht und Kontrolle zielen (Harvey & Newton, 2004, S. 161; Huisman & Currie, 2004, S. 550; Massy, 1999, S. 39f.; de Weert, 1990, S. 67ff.). Voraussetzung hierfür ist u. a., dass Evaluation als ein permanenter reflexiver Prozess verstanden wird, in den die Betroffenen eingebunden sind (Preskill, 2004, S. 348ff.). Der Erfolg könne sich nur einstellen, wenn Lernkompetenz und Engagement der Hochschulangehörigen aktiviert werden (vgl. Senge, 1990, S. 4).

Van Bruggen, Scheele und Westerheijden (1998, S. 159) raten davon ab, negative finanzielle Konsequenzen zu ziehen und empfehlen stattdessen, die Umsetzung der Evaluationsergebnisse verstärkt mit Anreizen zu unterstützen (siehe auch Daxner, 1999, S. 43). Es wird davon ausgegangen, dass die unmittelbare finanzielle Relevanz von Evaluationsergebnissen eine kritische Auseinandersetzung der Fachangehörigen mit den Stärken und Schwächen in ihrem Studienfach verhindert, was „dem Einsatzzweck des Instrumentes [widerspricht], eine fortlaufende Verbesserung der Qualität zu erreichen" (Jaeger, 2005, S. 33). Gleichzeitig würde eine Kopplung von Finanzmitteln und Evaluationsergebnissen Probleme für die interne Kommunikation und die Akzeptanz der Verfahren mit sich bringen (Jaeger, 2005, S. 71). Für die VolkswagenStiftung (2005) bilden „Vertrauen und Verlässlichkeit sowie eine konsequente Umsetzung der jeweiligen Empfehlungen ... entscheidende Voraussetzungen für den nachhaltigen Erfolg von Evaluationen" (S. 19). Es gilt, nicht nur Lernprozesse, welche als die Hauptquelle aller internen Dynamiken von Qualitätssicherungssystemen angesehen werden (Jeliazkova & Westerheijden, 2001, S. 2), zu initiieren, sondern auch für ihre Nachhaltigkeit und damit für die Nachhaltigkeit institutionellen Wandels zu sorgen (Boyce, 2003, S. 133).

Bei der Untersuchung des Zusammenhangs zwischen den Einschätzungen der Fachangehörigen und dem Umsetzungserfolg gutachterlicher Empfehlungen für die Verfahren von Nordverbund und ZEvA zeigt sich, dass der mittlere Anteil umgesetzter Empfehlungen bei denjenigen Verfahren statistisch signifikant höher ist, bei denen die Fachangehörigen überzeugt sind, dass das Verhältnis zwischen Aufwand für das Verfahren und seinen Ergebnissen angemessen ist (64% gegenüber 55%). Allerdings fällt die Effektstärke gering aus. Zudem ist bei den Verfahren, bei denen die Fachangehörigen davon überzeugt sind, dass das Ziel der Qualitätssicherung und -verbesserung von Studium und Lehre durch die Verfahren erreicht werden konnte, der mittlere Anteil umgesetzter Empfehlungen ebenfalls statistisch signifikant höher als bei den Verfahren, bei denen die Befragten hiervon nicht überzeugt sind (61% gegenüber 52%, mit geringer bis mittlerer Effektstärke). Diese Ergebnisse zu zwei Aspekten der Gesamteinschätzung der Verfahren können nun zweierlei bedeuten: Sie können bedeuten, dass gutachterliche Empfehlungen häufiger umgesetzt werden, wenn die Fachangehörigen davon überzeugt sind, dass das Ziel der Qualitätssicherung und -verbesserung von Studium und Lehre durch die Verfahren erreicht wird bzw. dass das Verhältnis zwischen Aufwand für das Verfahren und seinen Ergebnissen angemessen ist. Möglich ist jedoch auch, dass die positiven Einschätzungen die Folge des erlebten Evaluationsverfahrens sind. Daher sollte beiden Möglichkeiten entsprechend Aufmerksamkeit gewidmet werden: Die Betroffenen sollten von der Zielerreichung der Verfahren und der Angemessenheit ihres Aufwandes überzeugt sein. Gleichzeitig unterstreichen diese Ergebnisse die Notwendigkeit, dass bei den Verfahren stets eine erfolgreiche Umsetzung der Evaluationsergebnisse angestrebt bzw. gewährleistet wird, um ein angemessenes Verhältnis von Aufwand und Nutzen der Verfahren zu erreichen.

Einen Hinweis darauf, wie die Effektivität der Verfahren weiter erhöht werden kann, geben auch die Interviews. Die Interviewten sehen in der Phase der Umsetzung der Evaluationsergebnisse häufig Defizite in einer fehlenden Systematik. Zielvereinbarungen, institutionalisierte Folgegespräche bzw. die regelmäßige Überprüfung der Einhaltung von Zielvereinbarungen werden als wichtige Voraussetzungen für den Umsetzungserfolg angesehen. Zielvereinbarungen und institutionalisierte Folgegespräche schaffen sowohl für die Fachangehörigen als auch für die Hochschulleitung Verbindlichkeit (siehe dazu auch Brennan, Frederiks & Shah, 1997, S. 76; Hochschulrektorenkonferenz, 2005, S. 6). So konnten bei der Untersuchung der Folgeaktivitäten aus den Evaluationsverfahren von Nordverbund und ZEvA 86 der insgesamt 203 Verfahren, die bis Mitte 2001 abgeschlossen wurden, nicht einbezogen werden, da bis zum Erhebungszeitpunkt Mitte 2003 noch keine Folgegespräche stattgefunden hatten bzw. keine Berichte zum Stand der Umsetzung verfasst worden waren. Dies weist darauf hin, dass Folgegespräche bzw. Umsetzungsberichte nicht systematisch in allen Verfahren von Nordverbund und ZEvA eingefordert wurden oder entsprechenden Aufforderungen nicht nachgekommen wurde.

*d) Kommunikation und Kooperation*

Ein weiterer Umstand, der nach Auffassung der schriftlich befragten Fachangehörigen Aktivitäten mit dem Ziel der Qualitätssicherung und -verbesserung von Studium und Lehre in Folge der Evaluationsverfahren erschwert oder verhindert hat, betrifft die mangelnde Kommunikation und Kooperation der Evaluationsbeteiligten. Aus 39% der Verfahren berichten die Befragten von mangelnder Kooperation innerhalb der Professorenschaft und aus 28% von mangelnder Kooperation zwischen der Professorenschaft und der Hochschulleitung. Zudem sind die Fachangehörigen aus 30% der Verfahren davon überzeugt, dass die Kommunikation während der internen Evaluation nicht ausgereicht hat. Mangelnde bzw. fehlende Möglichkeiten, mit der Gutachterkommission über das Gutachten zu diskutieren (45% der Verfahren), werden ebenfalls als Hinderungsgrund gesehen.

Die Ergebnisse der vorliegenden Studie zeigen jedoch, dass sich die Kommunikation nach Auffassung der Fachangehörigen in Folge der Evaluation in 60% der Verfahren innerhalb der Professorenschaft und in etwa der Hälfte der Verfahren zwischen der Professorenschaft und der Hochschulleitung verbessert hat. Nach Meinung der Interviewten ist es ebenso zu Verbesserungen in der Kommunikation und Transparenz gekommen, da z. B. die internen Kommunikationsstrukturen verbessert oder eine Diskussion innerhalb des Faches angestoßen wurde. Diese Ergebnisse weisen darauf hin, dass der Kommunikation in den Verfahren eine bedeutende Rolle zukommt: Der Umsetzungserfolg von Evaluationsergebnissen hängt davon ab, inwieweit zwischen den Fachangehörigen bzw. zwischen Fach und Hochschulleitung bzw. Gutachtenden kommuniziert und kooperiert wurde, und gleichzeitig tragen die Verfahren zu einer Verbesserung der Kommunikation bei. Die Verbesserung der Kommunikation ist ein wichtiger „Begleiteffekt" und eine indirekte Folge der Evaluationsverfahren. Für die Erarbeitung konsensualer Zielsetzungen von Hochschulleitung und Fachangehörigen kommt nach Laske und Hammer (1997, S. 30f.) der Stärkung der Diskussionskultur an den Hochschulen eine besondere Bedeutung zu.

Die Schaffung von Transparenz, die die Interviewten ebenfalls als Folge der Verfahren benennen, wird als eine von mehreren Voraussetzungen für das Gelingen von Evaluationsverfahren gesehen (Europäische Kommission / Targeted Socio-Economic Research Program, 1998). Stensaker (2003, S. 154f.) weist jedoch kritisch darauf hin, dass erhöhte Transparenz, die durch Evaluationsverfahren hergestellt wird, eine größere Verletzbarkeit der Institute und Fachbereiche gegenüber der Hochschulleitung und der staatlichen Seite mit sich bringe.

Die Interviewten nennen als eine weitere indirekte Folge der Verfahren die Entwicklung eines Qualitätsbewusstseins, das sich in den evaluierten Instituten durch die Reflexion und Diskussion über Studium und Lehre entwickelt hat. Verbesserung der Kommunikation und Transparenz, ein stärkeres Bewusstsein für die Qualität der Lehre, aber auch erhöhte Selbstreflexion und die Entstehung einer Qualitätskultur sind indirekte Folgen von Evaluationen mit langfristigem Effekt, die auch in den meisten Studien zu den Folgen der Evaluationsverfahren als zentrale Ergebnisse genannt werden (z. B. Brennan, Frederiks & Shah, 1997, S. 38; Frederiks, Westerheijden & Weusthof, 1994, S. 196; The Danish Evaluation Institute, 2004, S. 27). Brennan und Shah (2000a, S. 89) schätzen diese Folgen als grundlegend und langwährend ein. Ebenso sehen Reichert und Tauch (2003, S. 13) in ihrer Untersuchung zu den Entwicklungen der Hochschulen in Europa im Zuge der Bologna-Reform das wichtigste Ergebnis von Verfahren der Qualitätssicherung darin, dass sich in den Hochschulen das Qualitätsbewusstsein erhöht hat. Allerdings haben die Hochschulen nach Jeliazkova und Westerheijden (2001, S. 13f.) sowie Huitema, Jeliazkova und Westerheijden (2002, S. 213) noch mehrere Entwicklungsphasen zu durchlaufen, bis sich eine Qualitäts*kultur* an den Hochschulen etabliert hat. Mit den indirekten Folgen und der Veränderung langfristigen Denkens durch die Verfahren werden die Evaluationsergebnisse nicht direkt bzw. instrumentell, sondern konzeptionell verwendet (Rossi, Freeman & Hofmann, 1988); Argyris und Schön (2002) bezeichnen diese Form der Veränderung und des Lernens als *double-loop learning*.

Nicht nur mehrstufige Verfahren für die Evaluation von Studienfächern, auch Auditverfahren und *program reviews* weisen Verbesserungen in Kommunikation und Kooperation sowie erhöhtes Bewusstsein für Fragen der Qualitätssicherung bzw. erhöhte Selbstreflexivität als indirekte Folgen auf (Dill, 2000a, S. 36; Conrad & Wilson, 1985, S. 62ff.).

*Fazit*

Die Ergebnisse der vorliegenden Arbeit bestätigen die mehrstufigen Evaluationsverfahren im Bereich Studium und Lehre als unverzichtbaren Bestandteil der Qualitätsentwicklung an Hochschulen: Die Mehrzahl der gutachterlichen Empfehlungen, die in den Verfahren von Nordverbund und ZEvA mit dem Ziel der Qualitätssicherung und -verbesserung ausgesprochen wurden, wurden umgesetzt oder es wurden zu diesen Empfehlungen entsprechende Maßnahmen eingeleitet. Es sind weitere Maßnahmen, die sich nicht direkt auf die gutachterlichen Empfehlungen zurückführen lassen, ergriffen worden und es konnten neben den direkten Folgen auch indirekte Folgen der Verfahren, wie die Verbesserung der Kommunikation und die Entwicklung eines Qualitätsbewusstseins, festgestellt werden.

Die Kritik, welche in der öffentlichen Diskussion geübt wird, dass Evaluationen folgenlos sind (vgl. Kapitel 1), kann somit zurückgewiesen werden. Das Wissen um die Folgen ermöglicht überhaupt erst eine fundierte Diskussion über Bedenken und Einwände bezüglich der Evaluationsverfahren.

Gleichzeitig wurden Schwächen bei der Umsetzung der gutachterlichen Empfehlungen in den Sprach- und Kulturwissenschaften und bei der Umsetzung von Empfehlungen zur Förderung des wissenschaftlichen Nachwuchses, zur Verbesserung von Abläufen der Verwaltung und akademischen Selbstverwaltung sowie zur Verbesserung der Ausstattung aufgedeckt. Darüber hinaus konnten mangelndes Interesse und mangelndes Engagement insbesondere der Professorinnen und Professoren für die Umsetzung der Evaluationsergebnisse in den evaluierten Fächern sowie mangelnde Kooperation und Kommunikation innerhalb der Professorenschaft sowie zwischen Fach und Hochschulleitung bzw. Fach und Gutachtenden festgestellt werden. Diese Befunde liefern Hinweise dafür, dass bei den Evaluationsverfahren Verbesserungspotenziale existieren und das Verhältnis zwischen Aufwand und Nutzen der Verfahren noch optimiert werden kann.

Die vorliegende Studie hat die Folgen der Evaluationsverfahren von ZEvA und Nordverbund sowie die Gründe für Umsetzungserfolg und -misserfolg der Verfahren untersucht. Kernstück der Untersuchung ist eine umfangreiche Dokumentenanalyse, auf deren Grundlage die Maßnahmen festgestellt werden konnten, die in Folge der Evaluationsverfahren ergriffen wurden. Nicht bestimmt werden konnten dagegen die Wirkungen, die diese Maßnahmen zur Folge haben. Für die Beantwortung der Frage, welche Wirkungen die Verfahren bzw. die ergriffenen Maßnahmen haben, wäre eine Folgestudie sinnvoll, denn „taking measures does not necessarily lead to improvement of education" (Frederiks, Westerheijden & Weusthof, 1994, S. 196). Allerdings stellen Wirkungsanalysen besondere Herausforderungen dar, da u. a. keine linearen Ursache-Wirkungs-Zusammenhänge erwartet werden (Harvey & Newton, 2004, S. 156; Westerheijden, 1999, S. 244f.). Harvey und Newton (2004) sind der Auffassung, dass „identifying and isolating ‚impacts' is a positivist device that ignores the complexity and the wider context of the quality phenomenon" (S. 156; siehe auch Stensaker, 2003, S. 153). Nach Reichert und Tauch (2003) hängt die Effektivität der Evaluationsverfahren stark von der Verknüpfung zwischen den verschiedenen Bereichen an Hochschulen ab, denn „as complex systems, universities cannot react to a problem seen in one domain without also affecting other domains indirectly" (S. 89). Unter Berücksichtigung dieser Schwierigkeiten sollte den Folgen bzw. Wirkungen der Evaluationsverfahren zukünftig größere Aufmerksamkeit geschenkt und sollten weitere Untersuchungen durchgeführt werden, um die Erfolge (und Misserfolge) der Verfahren regelmäßig zu dokumentieren und zu überprüfen. Einerseits sollten regelmäßig die verabredeten Maßnahmen und ihre Einhaltung untersucht werden. Andererseits könnten die Ergebnisse aus Paneluntersuchungen verschiedener Studienkohorten zur Studiensituation oder die Ergebnisse aus Befragungen von Absolventinnen und Absolventen zum Übergang vom Studium in den Beruf, zu ihrer beruflichen Situation, zu ihrem Einkommen usw. Aufschluss über den Erfolg bzw. Misserfolg von Evaluationsverfahren geben.

Weiteren relevanten Fragestellungen könnte in einer näheren Untersuchung der Arbeit von Gutachterinnen und Gutachtern nachgegangen werden. So ist es von Interesse, die gutachterlichen Empfehlungen einer Analyse zu unterziehen, die über die hier vorgestellten Auswertungen hinausgeht, indem untersucht wird, ob die Empfehlungen etwa sinnvoll, umsetzbar, angemessen und relevant sind. Es könnte untersucht werden, inwiefern die Gutachterinnen und Gutachter ihre Aufgabe erfüllen, „die im Selbstreport dokumentierte Selbsteinschätzung von Stärken und Schwächen in Lehre und Studium zu spiegeln und sie unter Einbeziehung der dort formulierten Ziele zu bewerten" (Zentrale Evaluations- und Akkreditierungsagentur Hannover, 2003, S. 11) bzw. „die Stimmigkeit der Selbstbeschreibung vor Ort zu überprüfen" (Verbund Norddeutscher Universitäten, 2004b, S. 2) und „die evaluierten Einheiten an den eigenen Zielen zu messen" (Verbund Norddeutscher Universitäten, 2003, S. 15). Zudem wäre die Untersuchung von Qualitätskriterien und Standards, die in den Verfahren für die Evaluation von Studium und Lehre nicht verbindlich definiert sind, aber den Bewertungen von Gutachterinnen und Gutachtern zugrunde liegen, von großem Interesse. Die Beantwortung dieser Fragen könnte ebenfalls wertvolle Hinweise für die Optimierung der Verfahren liefern, wodurch eine (noch) bessere Zielerreichung, nämlich die Qualität von Studium und Lehre zu sichern und zu verbessern, ermöglicht würde.

# 9 Vorschläge für eine Optimierung der Umsetzung von Evaluationsergebnissen

Die Ergebnisse der vorliegenden Untersuchung zu den Folgen der Evaluationsverfahren von Nordverbund und ZEvA geben einige Hinweise, wie der Umsetzungserfolg von Ergebnissen mehrstufiger Evaluationsverfahren im Bereich Studium und Lehre erhöht werden kann. Da die Umsetzung der Evaluationsergebnisse in der Verantwortung der beteiligten Hochschulen liegt, richten sich diese Vorschläge, die im Folgenden vorgestellt werden, teilweise an die Evaluationseinrichtungen und teilweise an die Hochschulen. Diese Vorschläge gründen sich, sofern nicht anders vermerkt, auf Ergebnisse, die sich im Rahmen der vorliegenden Untersuchung als statistisch signifikant erwiesen haben. Eine praktische Bedeutsamkeit wird den Ergebnissen trotz teilweise geringer Effektstärken u. a. deswegen zugewiesen, da diese für Forschungsergebnisse in den Sozialwissenschaften typisch zu sein scheinen (vgl. Cohen, 1988, S. 13; Valentine & Cooper, 2003, S. 5, sowie Kapitel 6.2). Optimierungen einzelner Verfahrenselemente können zudem zu einer verbesserten „Ausgangslage" für die erfolgreiche Umsetzung von Evaluationsergebnissen beitragen (siehe z. B. die Empfehlungen von European Association for Quality Assurance in Higher Education, 2005; Mittag, Bornmann & Daniel, 2003a; Tavenas, 2004).

Die vorliegende Studie zeigt, dass gutachterliche Empfehlungen zur Förderung des wissenschaftlichen Nachwuchses, zur Verbesserung von Abläufen der Verwaltung und akademischen Selbstverwaltung sowie zur Ausstattung im Vergleich zu den anderen Bereichen (z. B. *Planung und Organisation von Studium und Lehre*, *Studienberatung und -betreuung*) auffällig seltener umgesetzt wurden. Ein (größeres) institutionalisiertes Angebot für die Nachwuchsförderung (Graduiertenkollegs, Nachwuchsförderprogramme, Promotionsstudiengänge etc.), welches u. a. durch die Einführung der Doktoratsstufe als dritten Zyklus der gestuften Studiengänge (im Rahmen des Bologna-Prozesses) sowie durch die *Exzellenzinitiative* von Bund und Ländern gefördert wird, könnte sowohl zu einer Verbesserung der Situation des wissenschaftlichen Nachwuchses insgesamt beitragen als auch der Nachwuchsförderung nachhaltig eine größere Bedeutung beimessen. Die Hochschulleitung könnte das Engagement der Professorenschaft in der Nachwuchsförderung weiter stärken, indem sie entsprechende Anreize schafft. Durch spezifische Weiterbildungsangebote etwa ließe sich der Bereich *Verwaltung und akademische Selbstverwaltung* optimieren. Wegen der zunehmenden Bedeutung einer professionellen Administration in Lehre und Forschung befasst sich ein Workshop der *Darmstadt-Kassel-Runde* zu neuen Berufsrollen in den Hochschulen im Oktober 2005 am *Wissenschaftlichen Zentrum für Berufs- und Hochschulforschung* an der Universität Kassel (*WZ I*, heute *INCHER-Kassel*) mit dem Thema „Hochschulprofessionen zwischen Wissenschaft und Administration".[45] In den Evaluationsverfahren können die Gutachterinnen und Gutachter ver-

---

45 Für weitere Informationen zu dem Workshop siehe die URL: http://www.uni-kassel.de/wz1/; vgl. auch *hochschule innovativ*, Nr. 16, April 2006.

stärkt auf diese Bereiche hingewiesen und um handlungsorientierte Empfehlungen gebeten werden. Handlungsorientierte Empfehlungen werden allgemein als sinnvoll angesehen (siehe z. B. Brennan, Frederiks & Shah, 1997, S. 22; Europäische Kommission / Targeted Socio-Economic Research Programme, 1998; Frederiks, Westerheijden & Weusthof, 1994, S. 196) und werden im Rahmen der Evaluationsverfahren von Nordverbund und ZEvA explizit gewünscht (Verbund Norddeutscher Universitäten, 2004b, S. 5; Zentrale Evaluations- und Akkreditierungsagentur Hannover, 2003, S. 7). Bei der Umsetzung der Empfehlungen sollten die jeweils Verantwortlichen auf die Maßnahmen zur Nachwuchsförderung und die Prozesse der (Selbst-)Verwaltungsoptimierung gesondert achten. Bei getrennten Verfahren für die Evaluation von Studium und Lehre sowie für die Forschung müssen Fragen der Nachwuchsförderung dem einen oder anderen Verfahren eindeutig zugeordnet werden, um zu verhindern, dass diese in *keinem* der Verfahren eine Rolle spielen.

Damit die Erwartungen der evaluierten Einheit im Hinblick auf gutachterliche Empfehlungen zur Verbesserung der Ausstattung nicht enttäuscht werden, sollten die Gutachterinnen und Gutachter den Schwerpunkt ihrer Begutachtung auf die argumentative Begründung von Stärken und Schwächen bzw. auf die Entwicklungspotenziale und -optionen des evaluierten Instituts setzen. Die Hochschulleitung und die evaluierten Einheiten könnten somit unter den gegebenen Rahmenbedingungen einen entsprechenden Maßnahmenplan zur Verbesserung der Ausstattung in die Zielvereinbarungen aufnehmen. Die Forderung der Fachangehörigen nach einer erhöhten Mittelzuweisung mag legitim sein, sie sollte bei den Verfahren jedoch nicht im Vordergrund stehen. Um die Umsetzung der vereinbarten Maßnahmen sollten sich schließlich beide Parteien bemühen. Die *Hochschulrektorenkonferenz* (2005, S. 6) weist darauf hin, dass es für den Erfolg von Zielvereinbarungen wichtig ist, dass beide Partner (z. B. Hochschulleitung und Institut) *im Rahmen der konkreten Verhandlungen* gleichberechtigt sind, auch wenn sie aufgrund der unterschiedlichen Positionen *grundsätzlich nicht gleichberechtigt* sind. Das bedeutet auch, dass einmal erfolgten Zusagen der Hochschulleitungen in Bezug auf die Ausstattung Folge geleistet werden sollte, und zwar fachunabhängig. Damit könnte der Kritik begegnet werden, dass sich Zielvereinbarungen in Anlehnung an Brunsson (1989) eher auf der *talk-* und weniger auf der *action*-Ebene und sich die Vertragspartner von Zielvereinbarungen an Hochschulen grundsätzlich im Ungleichgewicht befänden (Stock, 2004, S. 33f.; vgl. Abschnitt 3.2)

Die Konzentration der Gutachtergruppe auf die inhaltliche Begründung von Stärken und Schwächen bzw. Entwicklungsoptionen sowie die Erfüllung der Maßnahmen, die im Bereich *Ausstattung* zwischen Hochschulleitung und Fachangehörigen dann tatsächlich verabredet werden, können dazu beitragen, die Fachangehörigen von der Zielerreichung der Verfahren – dass die Qualität in Studium und Lehre gesichert und verbessert wird – zu überzeugen. Die Vermeidung überhöhter Erwartungen seitens der evaluierten Einheit in Ausstattungsfragen würde dazu führen, dass die Verfahrensziele besser erreicht werden und diese zwischen den Fachangehörigen und der Hochschulleitung konfliktfreier abgestimmt werden können. Dadurch würden Aufwand und Nutzen der Verfahren aus Sicht der Fachangehörigen in einem angemesseneren Verhältnis stehen, was wichtig für den Erfolg des Verfahrens insgesamt ist. Um divergierende Ergebniserwartungen der Hochschulleitung und der Angehörigen eines zu evaluierenden Instituts zu vermeiden, könnte den Beteiligten zu Beginn einer Evaluation ermöglicht werden, sich über ihre Ziele und Erwartungen auszutauschen. So sieht der Nordverbund für den zweiten Evaluationszyklus vor, dass bereits vor Beginn eines Evaluationsprojektes zwischen Universitätsleitung und Institut eine Vereinbarung über die Ziele und die Durchführung des Evaluationsverfahrens getroffen wird (Verbund Norddeutscher Universitäten, 2004a, S. 3).

Für eine größere Effizienz der Verfahren, eine bessere Einschätzung der Ergebnisse und des Nutzens der Verfahren durch die Fachangehörigen sowie für die Optimierung der Phase der Umsetzung von Evaluationsergebnissen sollten zwischen dem evaluierten Institut und der Hochschulleitung Folgegespräche institutionalisiert werden (siehe auch Brennan, Frederiks & Shah, 1997, S. 76). Die Folgegespräche dienen der Überprüfung und Besprechung der Umsetzung der in den Zielvereinbarungen verabredeten Ziele und Maßnahmen. Die Verständigung in Zielvereinbarungen auf konkrete Kennzahlen erleichtert die Überprüfung der Zielerreichung (Jaeger, Leszczensky, Orr & Schwarzenberger, 2005, S. 2). Es sollte jedoch darauf geachtet werden, dass den Verfahren nicht nur formal entsprochen wird, indem Zielvereinbarungen, Umsetzungsgespräche bzw. -berichte zwar einen „guten Eindruck" vermitteln, in der Realität aber keine weiteren Auswirkungen haben (siehe Hasse & Krücken, 2005, S. 23). Zum anderen haben die Ergebnisse gezeigt, dass im Rahmen der Evaluation Kommunikation und Kooperation innerhalb und zwischen verschiedenen Beteiligten- bzw. Statusgruppen eine bedeutende Rolle für den Umsetzungserfolg der Evaluationsergebnisse spielen. Daher sollten in den Evaluationsverfahren bzw. an den Hochschulen Prozesse der Kommunikation und Kooperation unterstützt werden. Auch in der Literatur finden sich Hinweise, dass die Verfahren diskursiv sein und auf Vertrauen basieren sollten (Harvey & Newton, 2004, S. 161; Huisman & Currie, 2004, S. 550; Massy, 1999, S. 39f., de Weert, 1990, S. 67ff.). Für Harvey und Askling (2003) „must be an emphasis on dialogue and support in EQM [External Quality Management] to give room for continuous improvement and process-driven quality improvements" (S. 81). Auf diese Weise können Interesse, Engagement und Eigeninitiative der Fachangehörigen für die Umsetzung der gutachterlichen Empfehlungen gestärkt werden. Zudem können durch diese Charakteristika und Verfahrensbestandteile Voraussetzungen geschaffen werden, damit in den Instituten und gemeinsam mit den Hochschulleitungen in Folge der Evaluationen weitere Maßnahmen, die sich nicht (direkt) auf die Gutachten zurückführen lassen, verabredet werden. Die Ergebnisse der vorliegenden Studie zeigen, dass mit der Umsetzung dieser weiteren Maßnahmen in hohem Maße gerechnet werden kann.

Ein weiteres wichtiges Ergebnis der vorliegenden Untersuchung ist in diesem Zusammenhang, dass in 45% der Verfahren die Fachangehörigen der Auffassung sind, dass mangelnde Möglichkeiten, mit der Gutachterkommission über das Gutachten zu diskutieren, die Umsetzung der gutachterlichen Empfehlungen erschwert oder verhindert haben. Brennan, Frederiks und Shah (1997, S. 20ff.) bestätigen, dass die Diskussion der Empfehlungen zwischen Begutachteten und Gutachtenden einen positiven Einfluss auf die

Umsetzungsaktivitäten haben. Es erscheint daher sinnvoll, dass der Nordverbund dieser Diskussion jeweils eine Konferenz über eineinhalb Tage widmet, die im Anschluss an jedes Evaluationsverfahren stattfindet (bei den Evaluationen der Universitätspartnerschaft zwischen Halle, Jena und Leipzig und im Ausland, bspw. in Schweden, werden ebenfalls solche Konferenzen durchgeführt; siehe Franke, 2002, S. 27). Dagegen ist im Konzept der ZEvA für Folgeevaluationen vorgesehen, dass die Gutachterinnen und Gutachter, neben der Lektüre und Bewertung der vorliegenden Dokumente, *nur bei Bedarf* „ergänzende Vor-Ort-Gespräche" (Zentrale Evaluations- und Akkreditierungsagentur Hannover, 2003, S. 40) durchführen. Die ZEvA plant jedoch, in weiterer Zukunft mehrstufige Evaluationen nicht mehr auf Studiengangsebene, sondern auf Fakultätsebene durchzuführen (Künzel, 2005b, S. 5). Bei der Ausgestaltung solcher institutioneller Evaluationsverfahren sollte ebenfalls auf ausreichende Möglichkeiten des gegenseitigen Austausches geachtet werden, um den Erfolg der Verfahren zu erhöhen.

Zu einer Stärkung diskursiver Prozesse und der Entwicklung einer Qualitätskultur gehört, dass Evaluationsverfahren weniger auf Rechenschaftslegung, dafür stärker auf Qualitätsverbesserung ausgerichtet sind (vgl. auch Hämäläinen, Pehu-Voima & Wahlén, 2001, S. 40; Harvey & Askling, 2003, S. 81; Horsburgh, 1998, S. 132; Vroeijenstijn, 1995, S. 36f.; de Weert, 1990, S. 68). Reichert und Tauch (2003, S. 13) bestätigen in ihrer Untersuchung zu Entwicklungen im Hochschulbereich durch den Bologna-Prozess, dass die Mehrheit der Evaluationseinrichtungen und Hochschulen in Europa die Qualitätsverbesserung als die Hauptfunktion von Evaluationsverfahren ansieht. Bei einer stärkeren Betonung der Rechenschaftslegung ist zu befürchten, dass die Fachangehörigen den Nutzen der Verfahren nicht erkennen und ihre Teilnahme verweigern und dadurch die Anforderungen nur scheinbar oder gar nicht erfüllt werden (vgl. Mayntz, 1987, S. 96f.). Die Rechenschaftslegung über die Verwendung von Steuergeldern und die erbrachten Leistungen an Hochschulen bzw. in den Instituten sollte stärker Bestandteil anderer Verfahren als den mehrstufigen Evaluationsverfahren an den Hochschulen sein (z. B. bei der Akkreditierung oder im Rahmen von Berichtspflichten und leistungsorientierter Mittelvergabe).

Darüber hinaus finden sich in der Literatur Hinweise, dass die Evaluationsverfahren mit einer internen Kultur der dauerhaften Qualitätsverbesserung eng verbunden werden sollten: „Only if external monitoring is clearly linked to an internal culture of continuous quality improvement that focuses on identifying stakeholder requirements in an open, responsive manner will it be effective in the long run" (Harvey, 1998, S. 251). Qualitätssicherungsverfahren tragen gleichzeitig zur Entwicklung einer Qualitätskultur bei und können eine vermittelnde Funktion zwischen den Angehörigen einer Hochschule ausüben (Brennan & Shah, 2000b, S. 341f.; Brennan, Frederiks & Shah, 1997, S. 76), um somit divergierenden Interessen und Zielkonflikten innerhalb der Hochschulen entgegenzuwirken. Die Einführung von (flankierenden) Instrumenten zur regelmäßigen Qualitätssicherung und -verbesserung wird als eine Bedingung für den langfristigen Erfolg von Evaluationsverfahren angesehen, als solche werden z. B. Befragungen von Studierenden sowie von Absolventinnen und Absolventen genannt (Europäische Kommission / Targeted Socio-Economic Research Programme, 1998; siehe dazu auch Daniel, 1998, S. 15ff.; Daniel, 2000,

S. 40ff.; Reissert, 2002, S. 194). Voraussetzung für jegliche „Qualitätskultur" und für einen nachhaltigen organisationalen Wandel ist für Boyce (2003, S. 130ff.) die Etablierung einer *Lernkultur*. Wenn an Hochschulen eine interne Kultur der dauerhaften Qualitätsverbesserung bzw. eine Lernkultur entsteht, können gewohnte Denk- und Verhaltensstrukturen verlassen, Normen verändert und neue Standards definiert werden. Dabei gilt es jedoch, das Gleichgewicht zwischen organisationaler Stabilität und Flexibilität zu halten (Harvey & Askling, 2003, S. 79; Schreyögg, 2000, S. 555), um Blockaden bei den Organisationsmitglieder zu vermeiden (Hasse & Krücken, 2005, S. 40). Es sollte angestrebt werden, durch Evaluationsverfahren und durch weitere Instrumente, die Prozesse der Qualitätsverbesserung unterstützen, eine Qualitäts- bzw. Lernkultur an den Hochschulen zu stärken. Das Streben nach Optimierung und Weiterentwicklung sollte eine Selbstverständlichkeit sein.

Auch wenn in Zeiten eines „overkill von Steuerung" (Teichler, 2002, S. 39) ein noch stärkeres Engagement für die mehrstufigen Verfahren für die Evaluation von Studium und Lehre als eine hohe Anforderung erscheint, so sprechen die vorliegenden Ergebnisse dafür, dass durch zusätzliche Anstrengungen bzw. Verfahrensoptimierungen der Erfolg der Evaluationsverfahren noch weiter erhöht werden kann. Dabei sollten Evaluationsverfahren vor allem als „aid to dealing with change" (Woodhouse, 2002, S. 18) verstanden werden. Es hängt von der Ausgestaltung des Evaluationsprozesses durch die verschiedenen Interessensgruppen ab, inwieweit die mehrstufigen Verfahren für die Evaluation von Studium und Lehre für alle Beteiligten nützlich und sinnvoll sind.

## 10 Ausblick

Wie in den ersten beiden Kapiteln der vorliegenden Arbeit beschrieben, wurden in Deutschland die mehrstufigen Verfahren für die systematische Evaluation von Studium und Lehre Mitte der 1990er Jahre eingeführt. Im Zuge der Bildung des europäischen Hochschulraumes und der Einführung europaweit anerkannter gestufter Studiengänge sind Akkreditierungsverfahren seit 2003 an den deutschen Hochschulen als weiteres Instrument der Qualitätssicherung etabliert. Während Akkreditierungsverfahren vor allem die Erfüllung von Mindeststandards überprüfen, sollen mehrstufige Evaluationsverfahren den Hochschulen helfen, Studium und Lehre kontinuierlich und systematisch zu überprüfen und zu verbessern. Aufgrund des hohen Aufwandes, den die – bisher parallel durchgeführten – Verfahren mit sich bringen, existieren Überlegungen, diesen zu minimieren. Die Kultusministerkonferenz (KMK, 2005) bezeichnet sowohl die Evaluation als auch die Akkreditierung als „Kernelemente nachhaltiger Qualitätssicherung in der Lehre" (S. 5) und rät, langfristig institutionelle Akkreditierungen bzw. Clusterakkreditierungen durchzuführen. Die gemeinsame Akkreditierung aller Studiengänge einer Hochschule bzw. aller Studiengänge eines bestimmten Faches an mehreren Hochschulen würde zum einen den Aufwand mindern und zum anderen Synergien schaffen. Darüber hinaus sollten nach Ansicht der KMK Akkreditierungen von Qualitätssicherungssystemen (sogenannte Systemakkreditierungen, im Sinne eines Audits) durchgeführt werden. Auch die VolkswagenStiftung (2005, S. 18f.) empfiehlt, in Zukunft die Akkreditierung einzelner Studiengänge weitgehend durch die institutionelle Akkreditierung der Qualitätssicherungssysteme von ganzen Hochschulen zu ersetzen. Den Evaluationen auf Studienfachebene sollten nach Maßgabe der KMK (2005, S. 6f.) bestimmte Indikatoren zugrunde liegen (z. B. Studiendauer, Studierendenbetreuung, Kohärenz und Abstimmung des Lehrangebots, Internationalität, Absolventenverbleib) und sie sollten nach bestimmten Verfahrensregeln ablaufen (z. B. Kombination von interner mit externer Evaluation, Einbeziehung der Studierenden sowie der Absolventinnen und Absolventen, Veröffentlichung der Ergebnisse, Festlegung der sich aus den Evaluationen ergebenden Konsequenzen wie Zielvereinbarungen, Anreize und Sanktionen). Für die Optimierung der Evaluationsverfahren bedarf es regelmäßiger Untersuchungen zu den Verfahren und ihren Folgen. So können z. B. mit der vorliegenden Studie Aussagen zum Ausmaß der Umsetzung von Evaluationsergebnissen, ihren Ausprägungen nach Fachgruppen und Themengebieten sowie zu Gründen, die die Umsetzung von Evaluationsergebnissen erschwert oder verhindert haben, getroffen werden.

Zur Verfahrenserleichterung und zur Implementierung übergreifender Vergleichsmaßstäbe empfiehlt die KMK (2005, S. 8), hochschulübergreifende Evaluationsverfahren in den einzelnen Fächern (z. B. im Verbund organisiert) durchzuführen; darüber hinaus sollten die Ergebnisse von Evaluations- und Akkreditierungsverfahren sinnvoll aufeinander bezogen werden.

Im Rahmen der vorliegenden Arbeit wurde vielfach auf die große Bedeutung der *improvement*-Funktion der Evaluationsverfahren hingewiesen. Gleichzeitig wurde an den europäischen Hochschulen in den letzten Jahren eine zunehmende Bedeutung der Rechenschaftsfunktion festgestellt (vgl. Abschnitt 3.2). Eine finanzielle Relevanz von Evaluationsergebnissen – welche gegeben wäre, sofern die Evaluationen z. B. mit der Akkreditierung eng verzahnt würden – verhindert eine kritische Auseinandersetzung der Fachangehörigen mit den Stärken und Schwächen in ihrem Studienfach und es ist mit Problemen in Bezug auf die interne Kommunikation und die Akzeptanz der Evaluationsverfahren zu rechnen. Der Boden für Vertrauen und Verlässlichkeit – als wichtige Charakteristika der mehrstufigen Evaluationsverfahren – würde entzogen. Daher erscheint es sinnvoll, nur für eine Übergangszeit (etwa bis die erste große Akkreditierungswelle vorüber ist) aus pragmatischen Gründen und für die Reduzierung des Aufwands, die Ergebnisse der Evaluationen für Akkreditierungsentscheide zu nutzen (wie u. a. in den Niederlanden seit 2003 praktiziert). Langfristig erscheint es jedoch sinnvoll, entsprechend den Empfehlungen der Kultusministerkonferenz, die Akkreditierungsverfahren zu rationalisieren und zu beschleunigen und institutionelle Akkreditierungen bzw. Systemakkreditierungen durchzuführen. Dagegen sollten die Evaluationsverfahren weiterhin auf Studiengangsebene stattfinden. Für die Evaluationsverfahren der ZEvA ist jedoch vorgesehen, zukünftig die mehrstufigen Evaluationen nicht mehr auf Studiengangsebene, sondern auf Fakultätsebene durchzuführen (Künzel, 2005b, S. 5). Dann wird es stärker in den Händen der Hochschulen liegen, die internen Prozesse zur Qualitätssicherung und -verbesserung zu forcieren. Die Hochschulen, die in Zukunft ohnehin (stärker) autonom und selbstverantwortet agieren sollen (vgl. VolkswagenStiftung, 2005, S. 29), sollten auch die Evaluationsverfahren stärker in Eigenverantwortung durchführen. Einer Evaluation im Verbund, wie z. B. durch den Nordverbund praktiziert, steht dabei nichts entgegen, im Gegenteil: Es können Kosten minimiert, Vergleiche angestellt sowie gegenseitiges Lernen ermöglicht werden.

# Literaturverzeichnis

Agresti, A. (2002). *Categorical data analysis* (Wiley Series in Probability and Mathematical Statistics. Applied Probability and Statistics) (2. Aufl.). New York: Wiley.

Alkin, M. C. (Hrsg.). (2004). *Evaluation roots. Tracing theorists' views and influences.* Thousand Oaks: Sage.

Altrichter, H., Schratz, M. & Pechar, H. (Hrsg.). (1997). *Hochschulen auf dem Prüfstand. Was bringt Evaluation für die Entwicklung von Universitäten und Fachhochschulen?* (Studien zur Bildungsforschung & Bildungspolitik, 16). Innsbruck: Studien-Verlag.

Amaral, A. M. S. C. (1998). The US accreditation system and the CRE's quality audits. A comparative study. *Quality Assurance in Education 6* (4), 184-197.

Anderson, D. St., Johnson, R. & Milligan, B. (2000). *Quality assurance and accreditation in Australian higher education. An assessment of Australian and international practice.* Canberra: Department of Education, Training and Youth Affairs.

Antony, J. & Preece, D. (2002). *Understanding, managing and implementing quality. Frameworks, techniques and cases.* London: Routledge.

Argyris, C. & Schön, D. A. (2002). *Die Lernende Organisation. Grundlagen, Methode, Praxis.* (2. Aufl.). Stuttgart: Klett-Cotta. (Original erschienen 1996: Organizational learning II. Theory, method, and practice).

Askling, B. (1997). Quality monitoring as an institutional enterprise. *Quality in Higher Education, 3* (1), 17-26.

Barak, R. J. & Sweeney, J. D. (1995). Academic program review in planning, budgeting, and assessment. In R. J. Barak & L. A. Mets (Hrsg.), *Using academic program review* (New Directions for Institutional Research, 86) (S. 3-17). San Francisco: Jossey-Bass.

Barz, A., Carstensen, D. & Reissert, R. (1997). *Lehr- und Evaluationsberichte als Instrumente zur Qualitätsförderung. Bestandsaufnahme der aktuellen Praxis* (Arbeitspapier, 13). Gütersloh: Centrum für Hochschulentwicklung.

Berthold, Ch. (2002). Von der Evaluation zur strategischen Hochschulentwicklung – 16 Thesen. In Th. Reil & M. Winter (Hrsg.), *Qualitätssicherung an Hochschulen: Theorie und Praxis.* (Forum der Hochschulpolitik) (S. 160-165). Bielefeld: Bertelsmann.

Beywl, W. (1988). *Zur Weiterentwicklung der Evaluationsmethodologie. Grundlegung, Konzeption und Anwendung eines Modells responsiver Evaluation.* Frankfurt/Main: Lang.

Beywl, W., Speer, S. & Kehr, J. (2004). *Wirkungsorientierte Evaluation im Rahmen der Armuts- und Reichtumsberichterstattung. Perspektivstudie.* Bonn: Bundesministerium für Gesundheit und Soziale Sicherung.

Billing, D. (2004). International comparisons and trends in external quality assurance of higher education. Commonality or diversity? *Higher Education, 47* (1), 113-137.

Birnbaum, R. (2000). *Management fads in higher education. Where they come from, what they do, why they fail.* San Francisco: Jossey-Bass.

Bjørnkilde, Th. & Bason, Ch. (2000, October). *Meta evaluation of the evaluation of higher education in Denmark.* Paper for case-study session at the 4th EES Conference in Lausanne. [Online]. URL: http://www.europeanevaluation.org/docs/51_bjornkilde.pdf. Zugriff: März 2005.

Bogue, E. G. & Hall, K. B. (2003). *Quality and accountability in higher education. Improving policy, enhancing performance.* Westport, Conn.: Praeger.

Bolman, L. G. & Deal, T. E. (1997). *Reframing organizations. Artistry, choice, and leadership* (The Jossey-Bass Higher and Adult Education Series) (2. Aufl.). San Francisco: Jossey-Bass.

Bornmann, L. & Daniel, H.-D. (2003). Begutachtung durch Fachkollegen in der Wissenschaft. Stand der Forschung zu Reliabilität, Fairness und Validität des Peer-Review-Verfahrens. In St. Schwarz & U. Teichler (Hrsg.), *Universität auf dem Prüfstand. Konzepte und Befunde der Hochschulforschung* (Schwerpunktreihe Hochschule und Beruf) (S. 207-225). Frankfurt/Main: Campus.

Bornmann, L., Mittag, S. & Daniel, H.-D. (2003). *Qualitätssicherung an Hochschulen. Empfehlungen zur Durchführung mehrstufiger Evaluationsverfahren in Studium und Lehre.* Essen: Stifterverband für die Deutsche Wissenschaft.

Bornmann, L., Mittag, S. & Daniel, H.-D. (in Druck). Quality assurance in higher education. Meta-evaluation of multi-stage evaluation procedures in Germany. *Higher Education.*

Bornmann, L., Mittag, S., Mutz, R. & Daniel, H.-D. (2004). Interne und externe Evaluation. Wichtige Voraussetzungen und praktische Handreichungen zur Gestaltung mehrstufiger Evaluationsverfahren. In W. Benz, J. Kohler & K. Landfried (Hrsg.), *Handbuch Qualität in Studium und Lehre. Evaluation nutzen, Akkreditierung sichern, Profil schärfen* (Abschnitt E 7.1) (Losebl.-Ausg.). Berlin: Raabe.

Bortz, J. (1999). *Statistik für Sozialwissenschaftler* (5., vollst. überarb. und akt. Aufl.). Berlin: Springer.

Bortz, J. & Döring, N. (2002). *Forschungsmethoden und Evaluation für Human- und Sozialwissenschaftler* (3., überarb. Aufl.). Berlin: Springer.

Bortz, J. & Lienert, G. A. (1998). *Kurzgefaßte Statistik für die klinische Forschung. Ein praktischer Leitfaden für die Analyse kleiner Stichproben.* Berlin: Springer.

Boyce, M. E. (2003). Organizational learning is essential to achieving and sustaining change in higher education. *Innovative Higher Education, 28* (2), 119-136.

Brennan, J. (2001). Quality management, power and values in European higher education. *Higher Education: Handbook of Theory and Research, 16,* 119-145.

Brennan, J., Dill, D. D., Shah, T., Verkleij, A. & Westerheijden, D. F. (1999). *A campaign for quality. Hong Kong teaching and learning quality process review.* Hong Kong: University Grants Committee.

Brennan, J., Frazer, M., Glanville, H., Kump, S., Staropoli, A., Sursock, A., Thune, Ch., Westerheijden, D. F. & Williams, R. (1998). *Quality assurance in higher education. Final report and recommendations*. Torino: European Training Foundation.

Brennan, J., Frederiks, M. M. H. & Shah, T. (1997). *Improving the quality of education. The impact of quality assessment on institutions*. Bristol: Higher Education Funding Council for England.

Brennan, J. & Shah, T. (2000a). *Managing quality in higher education. An international perspective on institutional assessment and change*. Buckingham: Organisation for Economic Co-operation and Development.

Brennan, J. & Shah, T. (2000b). Quality assessment and institutional change. Experiences from 14 countries. *Higher Education, 40* (3), 331-349.

Brennan, J., Shah, T. & Williams, R. (1996). *Quality assessment and quality improvement. An analysis of the recommendations made by HEFCE assessors*. Bristol: Higher Education Funding Council for England.

Brinck, C. (2003). Euch machen wir mürbe. Hochschulkontrolle. Aufzeichnungen eines Nichtakkreditierten. *Frankfurter Allgemeine Zeitung* vom 7.11.2003, S. 12.

Bruggen, J. C. van, Scheele, J. P. & Westerheijden, D. F. (1998). To be continued. Syntheses and trends in follow-up of quality assurance in West European higher education. *European Journal for Education Law and Policy, 2* (2), 155-163.

Brunsson, N. (1989). *The organization of hypocrisy. Talks, decisions and actions in organizations*. Chichester: Wiley.

Bülow-Schramm, M. (2000). Evaluationen als Qualitätsmanagement. Ein strategisches Instrument der Hochschulentwicklung? In A. Hanft (Hrsg.), *Hochschulen managen? Zur Reformierbarkeit der Hochschulen nach Managementprinzipien* (S. 170-190). Neuwied: Luchterhand.

Campbell, D. F. J. (2003). The evaluation of university research in the United Kingdom and the Netherlands, Germany and Austria. In P. Shapira & St. Kuhlmann (Hrsg.), *Learning from science and technology policy evaluation. Experiences from the United States and Europe* (S. 98-131). Cheltenham: Edward Elgar.

Centre for Higher Education Research and Information (1998). *Quality assurance in higher education. A legislative review and needs analysis of developments in Central and Eastern Europe* (Phare Multi-Country Programme in Higher Education, ZZ-95.20). London: Centre for Higher Education Research and Information.

Cohen, J. (1988). *Statistical power analysis for the behavioral sciences* (2. Aufl.). Hillsdale, NJ: Erlbaum.

Conrad, C. F. & Wilson, R. F. (1985). *Academic program reviews. Institutional approaches, expectations, and controversies* (ASHE-ERIC Higher Education Report, 5). Washington, D.C.: Association for the Study of Higher Education.

Council on Higher Education (2004). *Framework for institutional audits*. Pretoria: Council on Higher Education.

Cousins, J. B. (2004). Crossing the bridge. Toward understanding use through systematic inquiry. In M. C. Alkin (Hrsg.), *Evaluation roots. Tracing theorists' views and influences* (S. 319-330). Thousand Oaks, Calif.: Sage.

Cousins, J. B. & Whitmore, E. (1998). Framing participatory evaluation. In E. Whitmore (Hrsg.), *Understanding and practicing participatory evaluation* (New Directions for Evaluation, 80) (S. 5-23). San Francisco: Jossey-Bass.

Crozier, M. & Friedberg, E. (1993). *Die Zwänge kollektiven Handelns. Über Macht und Organisation* (Neuausgabe). Frankfurt/Main: Hain. (Original erschienen 1977: L'acteur et le système).

Daniel, H.-D. (1993). *Guardians of science. Fairness and reliability of peer review*. Weinheim: Wiley-VCH.

Daniel, H.-D. (1998). Beiträge der empirischen Hochschulforschung zur Evaluierung von Forschung und Lehre. In U. Teichler, H.-D. Daniel & J. Enders (Hrsg.), *Brennpunkt Hochschule. Neuere Analysen zu Hochschule, Beruf und Gesellschaft* (Hochschule und Beruf) (S. 11-53). Frankfurt/Main: Campus.

Daniel, H.-D. (2000). Methoden und Instrumente der Evaluation von Studium und Lehre. In Hochschulrektorenkonferenz (Hrsg.), *Im Aufbruch. Evaluation an Hochschulen. Fachtagung der Evangelischen Fachhochschule Berlin und der Hochschulkonferenz in Berlin, 2000* (Beiträge zur Hochschulpolitik, 9, Projekt Qualitätssicherung) (S. 37-44). Bonn: Hochschulrektorenkonferenz.

Daniel, H.-D. (2001a). *Wissenschaftsevaluation. Neuere Entwicklungen und heutiger Stand der Forschungs- und Hochschulevaluation in ausgewählten Ländern* (CEST, 2). Bern: Center for Science and Technology Studies.

Daniel, H.-D. (2001b). Evaluation von Forschung. Ein internationaler Vergleich. *DUZ – Das unabhängige Hochschulmagazin, 18*, I-IV (DUZ-Extra).

Daniel, H.-D., Mittag, S. & Bornmann, L. (2003). Mehrstufige Evaluationsverfahren für Studium und Lehre. Empfehlungen zur Durchführung. In B. Berendt, H. P. Voss & J. Wildt (Hrsg.), *Neues Handbuch Hochschullehre. Lehren und Lernen effizient gestalten* (Abschnitt I 2.2) (Losebl.-Ausg.). Stuttgart: Raabe.

Daxner, M. (1999). Evaluation, Indikatoren und Akkreditierung. Auf dem Weg in die Rechtfertigungsgesellschaft. In Hochschulrektorenkonferenz (Hrsg.), *„Viel Lärm um nichts?" Evaluation von Studium und Lehre und ihre Folgen. Tagung an der Universität Rostock, 1998* (Beiträge zur Hochschulpolitik, 4, Projekt Qualitätssicherung) (S. 41-49). Bonn: Hochschulrektorenkonferenz.

Deutsche Gesellschaft für Evaluation (2002). *Standards für Evaluation*. Köln: Deutsche Gesellschaft für Evaluation.

Dill, D. D. (2000a). Capacity building as an instrument of institutional reform. Improving the quality of higher education through academic audits in the UK, New Zealand, Sweden and Hong Kong. *Journal of Comparative Policy Analysis, 2* (2), 211-234.

Dill, D. D. (2000b). Is there an academic audit in your future? Reforming quality assurance in U.S. higher education. *Change, 32* (4), 35-41.

Dill, D. D. (2000c). Designing academic audit. Lessons learned in Europe and Asia. *Quality in Higher Education, 6* (3), 187-207.

Dill, D. D. (2003, March). *The Regulation of academic quality. An assessment of university evaluation systems with emphasis on the United States.* Paper presented at the International Symposium 'University Evaluation for the Future. International Trends in Higher Education Reform' in Tokyo, 2003 (Public Policy for Academic Quality). [Online]. URL: http://www.unc.edu/ppaq/docs/Tokyo2_new.pdf. Zugriff: September 2005.

Dill, D. D. & Soo, M. (2005). Academic quality, league tables, and public policy. A cross-national analysis of university ranking systems. *Higher Education, 49* (4), 495-533.

DiMaggio, P. J. & Powell, W. W. (1991). The iron cage revisited. Institutional isomorphism and collective rationality in organization fields. In W. W. Powell & P. J. DiMaggio (Hrsg.), *The new institutionalism in organisational analysis* (S. 63-82). Chicago: The University of Chicago Press.

Dunkerley, D. & Sum Wong, W. (Hrsg.). (2001). *Global perspectives on quality in higher education.* Aldershot: Ashgate.

Ebel-Gabriel, Ch. (2002). Forschungsevaluation an niedersächsischen Hochschulen. In Th. Reil & M. Winter (Hrsg.), *Qualitätssicherung an Hochschulen: Theorie und Praxis* (Forum der Hochschulpolitik) (S. 126-136). Bielefeld: Bertelsmann.

Enders, J. (2003). Die Stellung der Hochschullehrer an den amerikanischen Universitäten. Ein Vorbild für die deutschen Hochschulen? In St. Schwarz (Hrsg.), *Universities of the future. Transatlantischer Dialog* (Dokumentation & Materialien, 45) (S. 119-132). Bonn: Deutscher Akademischer Austauschdienst.

Enders, J. (2004). Higher education, internationalisation, and the nation-state. Recent developments and challenges to governance theory. *Higher Education, 47* (3), 361-382.

Enders, J. (2005). Brauchen die Universitäten in Deutschland ein neues Paradigma der Nachwuchsausbildung? *Beiträge zur Hochschulforschung, 27* (1), 34-47.

Enders, J. & Bornmann, L. (2001). *Karriere mit Doktortitel? Ausbildung, Berufsverlauf und Berufserfolg von Promovierten.* Frankfurt/Main: Campus.

Enders, J. & Teichler, U. (1995). *Der Hochschullehrerberuf. Aktuelle Studien und ihre hochschulpolitische Diskussion* (Hochschulwesen). Neuwied: Luchterhand.

Erche, B. (2003a). Evaluation der Evaluation und so weiter. Universitätssysteme im Stress. *Neue Zürcher Zeitung* vom 30.01.2005, S. 61.

Erche, B. (2003b). Evaluation als politisches Steuerungsinstrument. In J. Neuser & R. Urban (Hrsg.), *Evaluation der universitären Lehre in der Medizin. Gegenstände, Methoden, Konsequenzen* (S. 3-7). Aachen: Shaker.

Europäische Kommission (1995). *Europäisches Pilotprojekt zur Evaluierung der Qualität der Hochschulbildung. Europäischer Bericht*. Brüssel: Europäische Kommission.

Europäische Kommission / Targeted Socio-Economic Research Programme (1998). *EVALUE - Evaluation and Self-Evaluation of Universities in Europe*. Luxemburg: Europäische Kommission.

European Association for Quality Assurance in Higher Education (2005). *Standards and guidelines for quality assurance in the European Higher Education Area*. Helsinki: European Association for Quality Assurance in Higher Education.

European Network for Quality Assurance (2004). *Transnational European evaluation project. Methodological reflections* (ENQA Occasional Papers). Helsinki: European Network for Quality Assurance.

European Training Foundation (2000). *The European university. A handbook on institutional approaches to strategic management, quality management, European policy and academic recognition*. Torino: European Training Foundation.

Ewell, P. T. (1993). The role of states and accreditors in shaping assessment practice. In T. W. Banta (Hrsg.), *Making a difference. Outcomes of a decade of assessment in higher education* (S. 339-356). San Francisco: Jossey-Bass.

Faber, M. & Huisman, J. (2003). Same voyage, different routes? The course of the Netherlands and Denmark to a ‚European model' of quality assurance. *Quality in Higher Education, 9* (3), 231-241.

Fischer-Bluhm, K. (1998). Evaluation im Verbund Norddeutscher Universitäten. In Hochschulrektorenkonferenz (Hrsg.), *Evaluation und Qualitätssicherung an den Hochschulen in Deutschland. Stand und Perspektiven. Nationales Expertenseminar der Hochschulrektorenkonferenz in Bonn, 1998* (Beiträge zur Hochschulpolitik, 6, Projekt Qualitätssicherung) (S. 25-33). Bonn: Hochschulrektorenkonferenz.

Fischer-Bluhm, K. (2000). Fünf Jahre Erfahrungen im Verbund Norddeutscher Universitäten. In Hochschulrektorenkonferenz (Hrsg.), *Voneinander lernen. Hochschulübergreifende Qualitätssicherung in Netzwerken und Verbünden. Zweites nationales Expertenseminar zur Qualitätssicherung in Bonn, 1999* (Beiträge zur Hochschulpolitik, 7, Projekt Qualitätssicherung) (S. 21-30). Bonn: Hochschulrektorenkonferenz.

Fischer-Bluhm, K., Mittag, S., Sundermann, E., Buß, S., Habel, E. & Winter, M. (2001). Hochschulevaluation. Zu Einheit und Vielfalt in der Evaluation von Studium und Lehre. Bericht des Arbeitskreises Hochschulevaluation. In Deutsche Gesellschaft für Evaluation (Hrsg.), *Evaluation. Reformmotor oder Reformbremse?* (S. 51-79). Köln: Deutsche Gesellschaft für Evaluation.

Franke, S. (2002). From audit to assessment. A national perspective on an international issue. *Quality in Higher Education, 8* (1), 23-28.

Franz, W. (2004). Evaluationsmanie. *ZEWnews, 10*, 8.

Frederiks, M. M. H., Westerheijden, D. F. & Weusthof, P. J. M. (1994). Effects of quality assessment in Dutch higher education. *European Journal of Education, 29* (2), 181-199.

Freeman, G. H. & Halton, J. H. (1951). Note on an exact treatment of contingency, goodness of fit and other problems of significance. *Biometrika, 38*, 141-149.

Friedrichs, J. (1990). *Methoden empirischer Sozialforschung* (WV-Studien, 28) (14. Aufl.). Opladen: Westdeutscher Verlag.

Früh, W. (2001). *Inhaltsanalyse. Theorie und Praxis* (5., überarb. Aufl.). Konstanz: Universitätsverlag Konstanz.

Gaither, G. H. (Hrsg.). (1998). *Quality assurance in higher education. An international perspective* (New Directions for Institutional Research, 99). San Francisco: Jossey-Bass.

Gonzáles, J. & Wagenaar, R. (2003). *Tuning educational structures in Europe. Final Report – Phase 1.* Deusto: University of Deusto, University of Groningen.

Grant, D., Mergen, E. & Widrick, St. M. (2004). A comparative analysis of quality management in US and international universities. *Total Quality Management, 15* (4), 423-438.

Groof, J. de, Neave, G. & Svec, J. (1998). *Democracy and governance in higher education* (Legislating for Higher Education in Europe, 2). The Hague: Kluwer Law International.

Gruschka, A., Herrmann, U., Radtke, F.-O., Rauin, U., Ruhloff, J., Rumpf, H. & Winkler, M. (2005). *Das Bildungswesen ist kein Wirtschafts-Betrieb! Fünf Einsprüche gegen die technokratische Umsteuerung des Bildungswesens.* [Online]. URL: http://www.uni-frankfurt.de/fb/fb04/download/Thesen10.pdf. Zugriff: Oktober 2005.

Guston, D. H. (2003). The expanding role of peer review processes in the United States. In P. Shapira & St. Kuhlmann (Hrsg.), *Learning from science and technology policy evaluation. Experiences from the United States and Europe* (S. 81-97). Cheltenham: Edward Elgar.

Hämäläinen, K., Pehu-Voima, S. & Wahlén, St. (Hrsg.). (2001). *Institutional evaluations in Europe. ENQA Workshop Reports 1.* Helsinki: European Network for Quality Assurance in Higher Education.

Hanft, A. (2000). Sind Hochschulen reform(un)fähig? In A. Hanft (Hrsg.), *Hochschulen managen? Zur Reformierbarkeit der Hochschulen nach Managementprinzipien* (Hochschulwesen) (S. 3-24). Neuwied: Luchterhand.

Hanft, A. (2004). Evaluation und Organisationsentwicklung. *Zeitschrift für Evaluation, 1*, 157-168.

Harvey, L. (1998). An assessment of past and current approaches to quality in higher education. *The Australian Journal of Education. 42* (3), 237-255.

Harvey, L. (1999). *Evaluating the evaluators. Opening keynote of the Fifth Biennial Conference of the International Network of Quality Assurance Agencies in Higher Education in Santiago, Chile, 1999.*

Harvey, L. (2004). War of the worlds. Who wins in the battle for quality supremacy? *Quality in Higher Education, 10* (1), 65-71.

Harvey, L. & Askling, B. (2003). Quality in higher education. In R. Begg (Hrsg.), *The dialogue between higher education research and practice* (S. 69-83). Dordrecht: Kluwer.

Harvey, L. & Newton, J. (2004). Transforming quality evaluation. *Quality in Higher Education, 10* (2), 149-165.

Hasse, R. & Krücken, G. (2005). *Neo-Institutionalismus* (2., vollst. überarb. Aufl.). Bielefeld: transcript.

Henkel, M. (1991). The new ‚Evaluative State'. *Royal Institute of Public Administration, 69*, 121-136.

Hochschulrektorenkonferenz (1995). *Zur Evaluation im Hochschulbereich unter besonderer Berücksichtigung der Lehre.* Entschließung des 176. Plenums der HRK vom 3. Juli 1995. Bonn: Hochschulrektorenkonferenz.

Hochschulrektorenkonferenz (Hrsg.). (1999). *Viel Lärm um nichts? Evaluation von Studium und Lehre und ihre Folgen. Tagung an der Universität Rostock, 1998* (Beiträge zur Hochschulpolitik, 4, Projekt Qualitätssicherung). Bonn: Hochschulrektorenkonferenz.

Hochschulrektorenkonferenz (Hrsg.). (2002). *Evaluation, was nun? Erfahrungen mit der Umsetzung von Evaluationsergebnissen. Viertes nationales Expertenseminar zur Qualitätssicherung in Bonn, 2001* (Beiträge zur Hochschulpolitik, 1, Projekt Qualitätssicherung). Bonn: Hochschulrektorenkonferenz.

Hochschulrektorenkonferenz (Hrsg.). (2003). *Evaluation und ihre Konsequenzen. Dritte Berliner Evaluationstagung der Technischen Fachhochschule Berlin in Berlin, 2002* (Beiträge zur Hochschulpolitik, 2, Projekt Qualitätssicherung). Bonn: Hochschulrektorenkonferenz.

Hochschulrektorenkonferenz (Hrsg.). (2004). *Metaevaluation. Evaluation von Studium und Lehre auf dem Prüfstand. Zwischenbilanz und Konsequenzen für die Zukunft. Tagung in Bonn, 2003* (Beiträge zur Hochschulpolitik, 5, Projekt Qualitätssicherung). Bonn: Hochschulrektorenkonferenz.

Hochschulrektorenkonferenz (2005). *Grundsätze zu Gestaltung und Verhandlung von Zielvereinbarungen.* Entschließung des Plenums der HRK vom 14. Juni 2005. Bonn: Hochschulrektorenkonferenz.

Hornbostel, St. (2002). Forschungsevaluation in Deutschland. In Th. Reil & M. Winter (Hrsg.), *Qualitätssicherung an Hochschulen: Theorie und Praxis* (Forum der Hochschulpolitik) (S. 147-157). Bielefeld: Bertelsmann.

Horsburgh, M. (1998). Quality monitoring in two institutions. A comparison. *Quality in Higher Education, 4* (2), 115-135.

House, E. R. (2004). Intellectual history in evaluation. In M. C. Alkin (Hrsg.), *Evaluation roots. Tracing theorists' views and influences* (S. 218-224). Thousand Oaks: Sage.

House, E. R. & Howe, K. R. (2000). Deliberative democratic evaluation. In K. E. Ryan & L. DeStefano (Hrsg.), *Evaluation as a democratic process. Promoting inclusion, dialogue, and deliberation* (New Directions for Evaluation, 85) (S. 3-12). San Francisco: Jossey-Bass.

Huisman, J. & Currie, J. (2004). Accountability in higher education. Bridge over troubled water? *Higher Education, 48* (4), 529-551.

Hulpiau, V. & Waeytens, K. (2003). Improving the quality of education. What makes it actually work? A case study. In C. Prichard & P. Trowler (Hrsg.), *Realizing qualitative research in higher education* (Cardiff papers in qualitative research) (S. 145-169). Aldershot: Ashgate.

Huitema, D., Jeliazkova, M. & Westerheijden, D. F. (2002). Phases, levels and circles in policy development. The cases of higher education and environmental quality assurance. *Higher Education Policy, 15* (2), 197-215.

Jaeger, M. (2005). *Leistungsbezogene Mittelvergabe und Qualitätssicherung als Elemente der hochschulinternen Steuerung* (HIS Kurzinformation, A 12). Hannover: Hochschul-Informations-System.

Jaeger, M., Leszczensky, M., Orr, D. & Schwarzenberger, A. (2005). *Formelgebundene Mittelvergabe und Zielvereinbarungen als Instrumente der Budgetierung an deutschen Universitäten: Ergebnisse einer bundesweiten Befragung* (HIS Kurzinformation, A 13). Hannover: Hochschul-Informations-System.

Jeliazkova, M. (2002). Running the maze. Interpreting external review recommendations. *Quality in Higher Education, 8* (1), 89-96.

Jeliazkova, M. & Westerheijden, D. F. (2001, September). *A next generation of quality assurance models. On phases, levels and circles in policy development.* Paper for the CHER 14th Annual Conference in Dijon, 2001.

Karlsson, C., Lövgren, B., Nitzler, R. & Wahlén, St. (2003). *How did things turn out? The National Agency's quality appraisals 2002* (Högskoleverkets rapportserie, 25 R). Stockholm: National Agency for Higher Education.

Karlsson, C., Lövgren, B., Nitzler, R. & Wahlén, St. (2004). *How did things turn out? A mid-term report on the National Agency for Higher Education's quality evaluations 2001-2003* (Högskoleverkets rapportserie, 15 R). Stockholm: National Agency for Higher Education.

Kern, H. (2000). Rückgekoppelte Autonomie. Steuerungsinstrumente in lose gekoppelten Systemen. In A. Hanft (Hrsg.), *Hochschulen managen? Zur Reformierbarkeit der Hochschulen nach Managementprinzipien* (S. 25-38). Neuwied: Luchterhand.

Kimball, A. W. (1954). Short-cut formulas for the exact partition of $\chi^2$ in contingency tables. *Biometrics, 10*, 452-458.

Klerk, R. de, Visser, K. & Welie, L. van (2001). *Quality assessment and educational policy at the Universiteit van Amsterdam - The Netherlands*. [Online]. URL: http://www.oecd.org/dataoecd/49/19/1871470.pdf. Zugriff: September 2005.

Kline, R. B. (2004). *Beyond significance testing. Reforming data analysis methods in behavioral research*. Washington, D. C.: American Psychological Association.

Kommuniqué der Konferenz der europäischen Hochschulministerinnen und -minister am 19. September 2003 in Berlin (2003). *Den Europäischen Hochschulraum verwirklichen*. [Online]. URL: http://www.bologna-berlin2003.de/pdf/Communique_dt.pdf. Zugriff: August 2005.

Künzel, R. (2005a). Akkreditierung und Qualitätsmanagement. In Deutscher Hochschulverband (Hrsg.), *Qualität durch Akkreditierung. Symposium des Deutschen Hochschulverbandes in Bonn, 2004* (Wissenschaftspolitik und Wissenschaftsrecht, 7) (S. 51-57). Bonn: Deutscher Hochschulverband.

Künzel, R. (2005b). *Qualitätssicherung in Lehre und Studium durch institutionelle Evaluation* (EvaNet-Positionen, 07). [Online]. URL: http://evanet.his.de/evanet/positionen/positionen2005/Kuenzel.pdf. Zugriff: Juli 2005.

Kultusministerkonferenz (2002a). *Künftige Entwicklungen der länder- und hochschulübergreifenden Qualitätssicherung in Deutschland*. Beschluss der Kultusministerkonferenz vom 01.03.2002. Bonn: Kultusministerkonferenz.

Kultusministerkonferenz (2002b). *Statut für ein länder- und hochschulübergreifendes Akkreditierungsverfahren*. Beschluss der Kultusministerkonferenz vom 24.05.2002. Bonn: Kultusministerkonferenz.

Kultusministerkonferenz (2005). *Qualitätssicherung in der Lehre*. Bonn: Kultusministerkonferenz.

Kushner, S. (2000). *Personalizing evaluation*. London: Sage.

Laske, St. & Hammer, R. (1997). Zur Autonomiefähigkeit der Universität. Eine sehr skeptische Nabelschau. In H. Altrichter, M. Schratz & H. Pechar (Hrsg.), *Hochschulen auf dem Prüfstand. Was bringt Evaluation für die Entwicklung von Universitäten und Fachhochschulen?* (Studien zur Bildungsforschung & Bildungspolitik, 16) (S. 27-47). Innsbruck: Studien-Verlag.

Lauf, E. (2001). „96 nach Holsti". Zur Reliabilität von Inhaltsanalysen und deren Darstellung in kommunikationswissenschaftlichen Fachzeitschriften. *Publizistik, 46* (1), 57-68.

Leszczensky, M., Orr, D., Schwarzenberger, A. & Weitz, B. (2004). *Staatliche Hochschulsteuerung durch Budgetierung und Qualitätssicherung. Ausgewählte OECD-Länder im Vergleich* (Hochschulplanung, 167). Hannover: Hochschul-Informations-System.

Liuhanen, A. M., Sippola, P. & Karjalainen, A. (2001). *University of Oulu, Finland. The impact of evaluations for improving university teaching*. [Online]. URL: http://www.oecd.org/dataoecd/48/55/1871258.pdf. Zugriff: August 2005.

Luhmann, N. (1996). *Soziale Systeme. Grundriß einer allgemeinen Theorie* (Suhrkamp-Taschenbuch Wissenschaft, 666) (6. Aufl.). Frankfurt/Main: Suhrkamp.

Lüthje, J. (1997). Qualität in Lehre und Studium. Evaluation im Verbund Norddeutscher Universitäten. *Forschung & Lehre, 4* (3), 126-127.

Lycke, (2004). Perspectives on quality assurance in higher education in Norway. *Quality in Higher Education, 10* (3), 219-229.

Martin, A. L. (2003). *Australian Universities Quality Agency (AUQA). 2002 institutional audit reports analysis and comment*. Melbourne: Australian Universities Quality Agency.

Massy, W. F. (1996, May). *Teaching and learning quality-process review. The Hong Kong programme*. Paper presented at the International Conference on Quality Assurance and Evaluations in Higher Education, Beijing, China. [Online]. URL: http://www.stanford.edu/group/ncpi/documents/pdfs/6-01_hongkong.pdf. Zugriff: September 2005.

Massy, W. F. (1999, May). *Energizing quality work. Higher education quality evaluation in Sweden and Denmark* (Technical report, 6-06). [Online]. URL: http://www.stanford.edu/group/ncpi/documents/pdfs/6-06_swedendenmark.pdf. Zugriff: März 2005.

Mayntz, R. (1972). *Soziologie der Organisation* (Rowohlts deutsche Enzyklopädie, 166) (6. Aufl.). Reinbek bei Hamburg: Rowohlt.

Mayntz, R. (1987). Politische Steuerung und gesellschaftliche Steuerungsprobleme. Anmerkungen zu einem theoretischen Paradigma. In T. Ellwein, J. J. Hesse, R. Mayntz & F. W. Scharpf (Hrsg.), *Jahrbuch zur Staats- und Verwaltungswissenschaft, Band 1* (S. 89-110). Baden-Baden: Nomos.

Mayntz, R. & Ziegler, R. (1969). Soziologie der Organisation. In R. König (Hrsg.), *Handbuch der Empirischen Sozialforschung, Band 2* (S. 444-513). Stuttgart: Enke.

Mayring, P. (2000). *Qualitative Inhaltsanalyse. Grundlagen und Techniken* (7. Aufl.). Weinheim: Deutscher Studienverlag.

Meade, P. & Woodhouse, D. (2000). Evaluating the effectiveness of the New Zealand Academic Audit Unit: review and outcomes. *Quality in Higher Education, 6* (1), 19-29.

Merten, K. (1995). *Inhaltsanalyse. Einführung in Theorie, Methode und Praxis* (2., verb. Aufl.). Opladen: Westdeutscher Verlag.

Mets, L. A. (1995). Lessons learned from program review experiences. In R. J. Barak & L. A. Mets (Hrsg.), *Using academic program review* (New Directions for Institutional Research, 86) (S. 81-87). San Francisco: Jossey-Bass.

Meuser, M. & Nagel, U. (1991). ExpertInneninterviews – vielfach erprobt, wenig bedacht. Ein Beitrag zur qualitativen Methodendiskussion. In D. Garz & K. Kraimer (Hrsg.),

*Qualitativ-empirische Sozialforschung. Konzepte, Methoden, Analysen* (S. 441-471). Opladen: Westdeutscher Verlag.

Meuser, M. & Nagel, U. (1997). Das ExpertInneninterview – Wissenssoziologische Voraussetzungen und methodische Durchführung. In B. Friebertshäuser & A. Prengel (Hrsg.), *Handbuch Qualitative Sozialforschungsmethoden in der Erziehungswissenschaft* (S. 481-491). Weinheim: Juventa.

Mintzberg, H. (1983). *Power in and around organizations*. Englewood Cliffs, NJ: Prentice-Hall.

Mintzberg, H. (1992). *Die Mintzberg-Struktur. Organisationen effektiver gestalten* (2. Aufl.). Landsberg/Lech: moderne industrie. (Original erschienen 1983: Structure in fives).

Mittag, S., Bornmann, L. & Daniel, H.-D. (2003a). *Evaluation von Studium und Lehre an Hochschulen. Handbuch zur Durchführung mehrstufiger Evaluationsverfahren*. Münster: Waxmann.

Mittag, S., Bornmann, L. & Daniel, H.-D. (2003b). Mehrstufige Verfahren für die Evaluation von Studium und Lehre. Eine Zwischenbilanz europäischer Erfahrungen. In St. Schwarz & U. Teichler (Hrsg.), *Universität auf dem Prüfstand. Konzepte und Befunde der Hochschulforschung* (Hochschule und Beruf) (S. 183-205). Frankfurt/Main: Campus.

Mittag, S., Bornmann, L. & Daniel, H.-D. (2004). Die Beschäftigung des Systems mit sich selbst tut not. In Verbund Norddeutscher Universitäten (Hrsg.), *10 Jahre Evaluation von Studium und Lehre* (Verbund-Materialen, 16) (S. 8-9). Hamburg: Verbund Norddeutscher Universitäten.

Müller-Böling, D. (1997). Evaluationen zur Rechenschaftslegung oder Qualitätsverbesserung? Eine Bestandaufnahme der Evaluation an deutschen Hochschulen. In H. Altrichter, M. Schratz & H. Pechar (Hrsg.), *Hochschulen auf dem Prüfstand. Was bringt Evaluation für die Entwicklung von Universitäten und Fachhochschulen?* (Studien zur Bildungsforschung & Bildungspolitik, 16) (S. 88-107). Innsbruck: StudienVerlag.

Müller-Jentsch, W. (2003). *Organisationssoziologie* (Sozialwissenschaftliche Studienbibliothek, 1). Frankfurt/Main: Campus.

Murray, R. (2002). Citizens' control of evaluations. Formulating and assessing alternatives. *Evaluation, 8* (1), 81-100.

Neave, G. (1998). The evaluative state reconsidered. *European Journal of Education, 33* (3), 265-284.

Neave, G. (2002). The stakeholder perspective historically explored. In J. Enders & O. Fulton (Hrsg.), *Higher education in a globalizing world. International trends and mutual observations. A Festschrift in honour of Ulrich Teichler* (Higher Education Dynamics, 1) (S. 17-37). Dordrecht: Kluwer.

Newton, J. (1999). An evaluation of the impact of external quality monitoring on a Higher Education College (1993-98). *Assessment & Evaluation in Higher Education, 24* (29), 215-236.

Newton, J. (2002a). Barriers to effective quality management and leadership. Case study of two academic departments. *Higher Education, 44* (2), 185-212.

Newton, J. (2002b). Views from below: academics coping with quality. *Quality in Higher Education, 8* (1), 39-61.

Nickel, S. (2004). Dezentralisierte Zentralisierung. Die Suche nach neuen Organisations- und Leitungsstrukturen für Fakultäten und Fachbereiche. *die hochschule, 13* (1), 87-99.

Nilsson, K. A., Eaton, J., Grilo, E. M., Scheele, J. P. & Henkel, M. (2002). *External evaluation of the EUA Institutional Review Programme 1994-2001. Report of the external review panel*. Brüssel: European University Association.

Nilsson, K. A. & Wahlén, St. (2000). Institutional response to the Swedish model of quality assurance. *Quality in Higher Education, 6* (1), 7-18.

Ottewill, R. & Macfarlane, B. (2004). Quality and the scholarship of teaching. Learning from subject review. *Quality in Higher Education, 10* (3), 231-241.

Pasternack, P. (2004). *Qualitätsorientierung an Hochschulen. Verfahren und Instrumente* (Arbeitsberichte, 5). Wittenberg: Institut für Hochschulforschung an der Martin-Luther-Universität Halle-Wittenberg.

Patton, M. Q. (2002). A vision of evaluation that strengthens democracy. *Evaluation, 8* (1), 125-139.

Pawlowsky, P. & Neubauer, K. (2001). Organisationales Lernen. In E. Weik & R. Lang (Hrsg.), *Moderne Organisationstheorien. Eine sozialwissenschaftliche Einführung* (S. 253-284). Wiesbaden: Gabler.

Pellert, A. (1999). *Die Universität als Organisation. Die Kunst, Experten zu managen* (Studien zu Politik und Verwaltung, 67). Wien: Böhlau.

Preskill, H. (2004). The transformational power of evaluation. Passion, purpose, and practice. In M. Alkin (Hrsg.), *Evaluation roots. Tracing theorists' views and influences* (S. 343-355). Thousand Oaks: Sage.

Prøitz, T. S., Stensaker, B. & Harvey, L. (2004). Accreditation, standards and diversity. An analysis of EQUIS accreditation reports. *Assessment & Evaluation in Higher Education, 29* (6), 735-750.

Quality Assurance Agency for Higher Education (2003). *Learning from subject review 1993-2001. Sharing good practice*. Gloucester: Quality Assurance Agency for Higher Education.

Ratcliff, J. L. (1996). Assessment, accreditation and evaluation of higher education in the US. *Quality in Higher Education, 2* (1), 5-19.

Reichert, S. & Tauch, Ch. (2003). *Bologna four years after. Steps toward sustainable reform of higher education in Europe* (Trends, III). Genf: European University

Association. [Online]. URL: http://www.eua.be/eua/jsp/en/upload/Trends2003final. 1065011164859.pdf. Zugriff: September 2005.

Reissert, R. (2002). Reform der Studienfachevaluation. In Th. Reil & M. Winter (Hrsg.), *Qualitätssicherung an Hochschulen: Theorie und Praxis* (Forum der Hochschulpolitik) (S. 39-47). Bielefeld: Bertelsmann.

Rhoades, G. & Sporn, B. (2002). Quality assurance in Europe and the U.S. Professional and political economic framing of higher education policy. *Higher Education, 43* (3), 355-390.

Richter, R. (2002). Akkreditierungs- und Anerkennungsverfahren im Hochschulsystem der USA. *Beiträge zur Hochschulforschung, 24* (1), 6-29.

Röbbecke, M. (2002). Evaluierung in Forschungseinrichtungen. In Th. Reil & M. Winter (Hrsg.), *Qualitätssicherung an Hochschulen: Theorie und Praxis* (Forum der Hochschulpolitik) (S. 137-146). Bielefeld: Bertelsmann.

Röbbecke, M. (2004). Zwischen Steuerung und Qualitätsentwicklung. Zur Evaluation außeruniversitärer Forschungseinrichtungen. In F. Gützkow & G. Quaißer (Hrsg.), *Hochschule gestalten. Denkanstöße aus Hochschulpolitik und Hochschulforschung. Festschrift zum 60. Geburtstag von Gerd Köhler* (Hochschulwesen) (S. 309-319). Bielefeld: UniversitätsVerlagWebler.

Rossi, P. H., Freeman, H. E. & Hofmann, G. (1988). *Programm-Evaluation. Einführung in die Methoden angewandter Sozialforschung* (Sozialwissenschaften). Stuttgart: Enke. (Original erschienen 1979: Evaluation: A systematic approach).

Rozsnyai, C. (2004). A decade of accreditation in Hungary. Lessons learned and future directions. *Quality in Higher Education, 10* (2), 129-138.

Sachs, L. (2002). *Angewandte Statistik. Anwendung statistischer Methoden* (10., überarb. und akt.Aufl.) . Berlin: Springer.

Sanders, J. R. (Hrsg.). (1999). *Handbuch der Evaluationsstandards. Die Standards des ‚Joint Commitee on Standards for Educational Evaluation'*. Opladen: Leske + Budrich. (Original erschienen 1994: The program evaluation standards).

Sandfuchs, G. & Stewart, G. (2002). *Lehrberichte an Bayerischen Universitäten* (Bayerisches Staatsinstitut für Hochschulforschung und Hochschulplanung, Monographien, N. F., 60). München: Bayerisches Staatsinstitut für Hochschulforschung und Hochschulplanung.

Schade, A. (2002). Die Praxis der Akkreditierung von Studiengängen. In Th. Reil & M. Winter (Hrsg.), *Qualitätssicherung an Hochschulen: Theorie und Praxis* (Forum der Hochschulpolitik) (S. 48-53). Bielefeld: Bertelsmann.

Scheele, J. P., Maassen, P. A. M. & Westerheijden, D. F. (Hrsg.). (1998). *To be continued. Follow-up of quality assurance in West European higher education*. Maarssen: Elsevier/De Tijdstroom.

Schimank, U. (2005). Politikberatung als Verrat. Leistungsbeurteilung von Kollegen am Beispiel von Evaluationen im Hochschulsystem. *Forschung & Lehre, 2*, 76-79.

Schnell, R., Hill, P. & Esser, E. (1999). *Methoden der empirischen Sozialforschung* (6., völlig überarb. und erw. Aufl.). München: Oldenbourg.

Schreyögg, G. (2000). *Organisation. Grundlagen moderner Organisationsgestaltung* (Gabler-Lehrbuch) (3., überarb. und erw. Aufl., Nachdruck). Wiesbaden: Gabler.

Schwarz, St. & Westerheijden, D. F. (2004). *Accreditation and evaluation in the European Higher Education Area* (Higher Education Dynamics, 5). Dordrecht: Kluwer.

Senge, P. M. (1990). *The fifth discipline. The art and practice of the learning organization.* New York: Currency/Doubleday.

Shah, T. (1997). Quality management, quality assessment and the decision-making process. The IMHE Project on institutional impact. In J. Brennan, P. de Vries & R. Williams (Hrsg.), *Standards and quality in higher education* (Higher Education Policy Series, 37) (S. 205-215). London: Kingsley.

Shattock, M. (2003). *Managing successful universities.* Buckingham: Society of Research into Higher Education & Open University Press.

Shore, C. & Wright, S. (2000). Coercive accountability. The rise of audit culture in higher education. In M. Strathern (Hrsg.), *Audit cultures. Anthropological studies in accountability, ethics, and the academy* (European Association of Social Anthropologist Series) (S. 57-89). London: Routledge.

Stamm, M. (2003a). *Evaluation und ihre Folgen für die Bildung. Eine unterschätzte pädagogische Herausforderung* (Internationale Hochschulschriften, 419). Münster: Waxmann.

Stamm, M. (2003b). Die Peer-Review im Urteil der Teilnehmenden. *Newsletter Peer-Review 2003*, *3*, 3. [Online]. URL: http://www.bbt.admin.ch/fachhoch/efhk/pdf/newsletter_d32003.pdf. Zugriff: Juli 2005.

Stamm, M. (2003c). *Vereinfachte zweite Peer Review 2003. Befragung der Studiengangsleitungen und der Peers zur Qualität des Verfahrens.* [Online]. URL: http://www.bbt.admin.ch/fachhoch/efhk/pdf/peer_review_meta_evaluation_2003.pdf. Zugriff: September 2005.

Stensaker, B. (1999). External quality auditing in Sweden. Are departments affected? *Higher Education Quarterly, 53* (4), 353-368.

Stensaker, B. (2003). Trance, transparency and transformation. The impact of external quality monitoring on higher education. *Quality in Higher Education, 9* (2), 151-159.

Stock, M. (2004). Steuerung als Fiktion. Anmerkungen zur Implementierung der neuen Steuerungskonzepte an Hochschulen aus organisationssoziologischer Sicht. *die hochschule, 13* (1), 30-48.

Tabatoni, P., Davies, J. & Barblan, A. (2002). *Strategic management and universities' institutional development* (thema). Brüssel: European University Association. [Online]. URL: http://www.eua.be/eua/jsp/en/upload/Strategic_Manag_Uni_institutional_Devlpt.1069322397877.pdf. Zugriff: September 2005.

Tauch, Ch. (2004). Almost half-time in the Bologna Process. Where do we stand? *European Journal of Education, 39* (3), 275-288.

Tavenas, F. (2004). *Quality assurance. A reference system for indicators and evaluation procedures*. Brüssel: European University Association.

Teichler, U. (1992). Evaluation von Hochschulen auf der Basis von Absolventenstudien. Erfahrungen und Überlegungen aus der Bundesrepublik Deutschland. In H. Altrichter & M. Schratz (Hrsg.), *Qualität von Universitäten. Evaluation: Impulse für Innovation?* (Studien zur Bildungsforschung & Bildungspolitik, 6) (S. 79-102) Innsbruck: Österreichischer StudienVerlag.

Teichler, U. (1998). Das amerikanische Hochschulwesen. Ein Modell für die Zukunft des deutschen Hochschulwesens? In B. Schmitt, K. Hartmann & B. Krais (Hrsg.), *Über Grenzen. Neue Wege in Wissenschaft und Politik. Beiträge für Evelies Mayer* (S. 197-209). Frankfurt/Main: Campus.

Teichler, U. (2002). Die Zukunft der Hochschulen in Deutschland. Was sich aus der Perspektive der Hochschulforschung dazu sagen lässt. *die hochschule, 11* (1), 29-45.

Teichler, U. (2004). Das Hochschulwesen in Deutschland. Diskussionen und Reformen. In F. Gützkow & Quaißer, G. (Hrsg.), *Hochschule gestalten. Denkanstöße aus Hochschulpolitik und Hochschulforschung. Festschrift zum 60. Geburtstag von Gerd Köhler* (Hochschulwesen) (S. 93-104). Bielefeld: UniversitätsVerlagWebler.

Temple, P. & Billing, D. (2003). Higher education quality assurance organisations in Central and Eastern Europe. *Quality in Higher Education, 9* (3), 243-258.

Tenorth, H.-E. (2005). Milchmädchenrechnung. Warum der Vorwurf der Ökonomisierung des Bildungswesens falsch ist. *DIE ZEIT* vom 6.10.2005, Ausgabe 41, S. 89. [Online]. URL: http://www.wissenschaft-online.de/artikel/791024. Zugriff: Oktober 2005.

The Danish Evaluation Institute (2003). *Quality procedures in European higher education. An ENQA survey* (ENQA Occasional Papers). Helsinki: European Network for Quality Assurance in Higher Education.

The Danish Evaluation Institute (2004). *Effect study. Fact finding study*. Kopenhagen: The Danish Evaluation Institute.

Thune, Ch. (1997). The balance between accountability and improvement. The Danish experience. In J. Brennan, P. de Vries & R. Williams (Hrsg.), *Standards and quality in higher education* (Higher Education Policy Series, 37) (S. 87-103). London: Kingsley.

Thune, Ch. (1998). *Evaluation of European higher education. A status report*. Prepared for the European Commission by the Danish Centre for Quality Assurance and Evaluation in Higher Education, Denmark, in Cooperation with Comité National d'Evaluation, France. [Online]. URL: http://www.srhe.ac.uk/Hern/Docs/HERN_S6_MAT/REFERENCE/Evaluation%20of%20European%20Higher%20Education.pdf. Zugriff: September 2005.

Thune, Ch. & Kristoffersen, D. (1999, May). *Guarding the guardian: The evaluation of the Danish Centre for Quality Assurance and Evaluation of Higher Education*. Paper presented on the 5th Biennial Conference of the International Network for Quality Assurance in Higher Education, Santiago, Chile. [Online]. URL: http://www.eva.dk/swwwing/app/cm/Browse.jsp?PAGE=63456. Zugriff: März 2005.

Thune, Ch. & Staropoli, A. (1997). The European Pilot Project for Evaluating Quality in Higher Education. In J. Brennan, P. de Vries & R. Williams (Hrsg.), *Standards and quality in higher education* (Higher Education Policy Series, 37) (S. 198-204). London: Kingsley.

Välimaa, J., Aittola, T. & Konttinen, R. (1998). Impacts of quality assessment. The case of Jyväskylä University. *Higher Education Management, 10* (2), 7-30.

Valentine, J. C. & Cooper, H. (2003). *Effect size substantive interpretation guidelines: Issues in the interpretation of effect sizes.* Washington, DC: What Works Clearinghouse.

Verbund Norddeutscher Universitäten (2000). *Zielvereinbarungen als ‚Follow up' der Evaluation von Studium und Lehre* (Verbund-Materialien, 6). Hamburg: Verbund Norddeutscher Universitäten.

Verbund Norddeutscher Universitäten (2003). *Evaluation von Studium und Lehre im Fach Geographie 2001/2002* (Verbund Materialien, 13). Hamburg: Verbund Norddeutscher Universitäten.

Verbund Norddeutscher Universitäten (2004a). *Evaluation von Studienfächern. Ein Beitrag zur Qualitätsentwicklung. Projektplan für den zweiten Zyklus ab Frühjahr 2004.* [Online]. URL: http://www.uni-nordverbund.de/4_service/Materialien/konzept.pdf. Zugriff: September 2005.

Verbund Norddeutscher Universitäten (2004b). *Leitfaden für Gutachterinnen und Gutachter in Evaluationsverfahren des Verbundes Norddeutscher Universitäten.* Hamburg: Verbund Norddeutscher Universitäten. [Online]. URL: http://www.uni-nordverbund.de/4_service/Materialien/Gutachterleitfaden.pdf. Zugriff: September 2005.

VolkswagenStiftung (2005). *Eckpunkte eines zukunftsfähigen deutschen Wissenschaftssystems. Zwölf Empfehlungen.* Hannover: VolkswagenStiftung.

Vroeijenstijn, A. I. (1995). *Improvement and accountability. Navigating between Scylla and Charybdis. Guide for external quality assessment in higher education* (Higher Education Policy Series, 30). London: Kingsley.

Vroeijenstijn, A. I. (2004). International network for quality assurance agencies in higher education. Principles of good practice for an EQA agency. *Quality in Higher Education, 10* (1), 5-8.

Vught, F. van & Westerheijden, D. F. (1996). Institutional evaluation and management for quality. The CRE programm. Background, goals and procedures. *CRE action, 107*, 9-40.

Wahlén, St. (2004). Does national quality monitoring make a difference? *Quality in Higher Education, 10* (2), 139-147.

Webler, W. D. (1996). Qualitätssicherung in Fachbereichen. Ein erster Modellvergleich. *Das Hochschulwesen, 1*, 16-27.

Weert, E. de (1990). A macro-analysis of quality assessment in higher education. *Higher Education, 19* (1), 57-72.

Weick, K. E. (1976). Educational organizations as loosely coupled systems. *Administrative Science Quarterly, 21*, 1-19.

Weick, K. E. (1995). *Der Prozeß des Organisierens* (Suhrkamp-Taschenbuch Wissenschaft, 1194). Frankfurt/Main: Suhrkamp. (Original erschienen 1969: The social psychology of organizing).

Weingart, P. (2003). *Wissenschaftssoziologie* (Einsichten). Bielefeld: transcript.

Welsh, J. F. & Metcalf, J. (2003). Cultivating faculty support for institutional effectiveness activities. Benchmarking best practices. *Assessment & Evaluation in Higher Education, 28* (1), 33-45.

Westerheijden, D. F. (1997). A solid base for decisions. Use of the VSNU research evaluations in Dutch universities. *Higher Education, 33* (4), 397-413.

Westerheijden, D. F. (1999). Where are the quantum jumps in quality assurance? Developments of a decade of research on a heavy particle. *Higher Education, 38* (2), 233-254.

Westerheijden, D. F. (2001). Ex oriente lux? National and multiple accreditation in Europe after the fall of the wall and after Bologna. *Quality in Higher Education, 7* (1), 65-76.

Westerheijden, D. F. & Maassen, P. A. M. (1998). To be continued… Follow-up of quality assurance in West European higher education. In J. P. Scheele, P. A. M. Maassen & D. F. Westerheijden (Hrsg.), *To be continued. Follow-up of quality assurance in West European higher education* (S. 32-38). Maarssen: Elsevier.

Wex, P. (2005). *Bachelor und Master. Die Grundlagen des neuen Studiensystems in Deutschland – Ein Handbuch*. Berlin: Duncker & Humblot.

Wirtz, M. & Caspar, F. (2002). *Beurteilerübereinstimmung und Beurteilerreliabilität. Methoden zur Bestimmung und Verbesserung der Zuverlässigkeit von Einschätzungen mittels Kategoriensystemen und Ratingskalen*. Göttingen: Hogrefe.

Wissenschaftliche Kommission Niedersachsen (2004). *Forschungsevaluation an niedersächsischen Hochschulen und Forschungseinrichtungen. Grundzüge des Verfahrens. Fassung vom 27.05.2004*. Hannover: Wissenschaftliche Kommission Niedersachsen.

Wissenschaftsrat (1996). *Empfehlungen zur Stärkung der Lehre durch Evaluation*. Berlin: Wissenschaftsrat.

Wissenschaftsrat (2001). *Personalstruktur und Qualifizierung. Empfehlungen zur Förderung des wissenschaftlichen Nachwuchses* (Drs. 4756/01). [Online]. URL: http://www.wissenschaftsrat.de/texte/4756-01.pdf. Zugriff: September 2005.

Wissenschaftsrat (2002). *Empfehlungen zur Doktorandenausbildung* (Drs. 5459/02). [Online]. URL: http://www.wissenschaftsrat.de/texte/5459-02.pdf. Zugriff: September 2005.

Woodhouse, D. (1999). Quality and quality assurance. In Organisation for Economic Co-operation and Development (Hrsg.), *Quality and internationalisation in higher education* (Programme on Institutional Management in Higher Education) (S. 29-44). Paris: Organisation for Economic Co-operation and Development.

Woodhouse, D. (2002). *Quality. Making a difference*. Paper presented on the Annual International Conference of the Higher Education Research and Development Society of Australasia. [Online]. URL: http://www.ecu.edu.au/conferences/herdsa/main/papers/vol25/Woodhouse.pdf. Zugriff: September 2005.

Woodhouse, D. (2003). Quality improvement through quality audit. *Quality in Higher Education, 9* (2), 133-139.

Zentrale Evaluations- und Akkreditierungsagentur Hannover (2000). *Methoden und Materialien zur systematischen und flächendeckenden Evaluation. Handbuch zur Evaluation von Lehre und Studium* (Lehre an Hochschulen, 15). Hannover: Zentrale Evaluations- und Akkreditierungsagentur Hannover.

Zentrale Evaluations- und Akkreditierungsagentur Hannover (2003). *Leitfaden für Gutachterinnen und Gutachter in Akkreditierungs- und Evaluationsverfahren der ZEvA*. Hannover: Zentrale Evaluations- und Akkreditierungsagentur Hannover.

Zentrale Evaluations- und Akkreditierungsagentur Hannover (2004). *Qualitätssicherung in Lehre und Studium. Evaluation und Akkreditierung von Studiengängen. Handbuch zur Qualitätssicherung in Lehre und Studium* (Lehre an Hochschulen, 48) (3., vollst. überarb. Aufl.). Hannover: Zentrale Evaluations- und Akkreditierungsagentur Hannover.

Ziman, J. M. (2000). *Real science. What it is, and what it means*. Cambridge: Cambridge University Press.

Zuber-Skerritt, O. (1997). Die Universität als lernende Organisation. Ein Projekt zur Qualitätsverbesserung in einer australischen Universität. In H. Altrichter, M. Schratz & H. Pechar (Hrsg.), *Hochschulen auf dem Prüfstand. Was bringt Evaluation für die Entwicklung von Universitäten und Fachhochschulen?* (Studien zur Bildungsforschung & Bildungspolitik, 16) (S. 290-305). Innsbruck: Studien-Verlag.

## Tabellenverzeichnis

Tabelle 1 Einbezogene Verfahren und Verfahren insgesamt nach Evaluationseinrichtung (absteigend sortiert; in absoluten und relativen Häufigkeiten) .................................................................................................. 62

Tabelle 2 Einbezogene Verfahren und Verfahren insgesamt nach Fachgruppen (absteigend sortiert nach den einbezogenen Verfahren; in absoluten und relativen Häufigkeiten) ........................................................................... 63

Tabelle 3 Einbezogene Verfahren und Verfahren insgesamt nach Fachgruppen an Universitäten (absteigend sortiert nach den einbezogenen Verfahren; in absoluten und relativen Häufigkeiten) ........................................................ 64

Tabelle 4 Einbezogene Verfahren und Verfahren insgesamt nach Fachgruppen an Fachhochschulen (absteigend sortiert nach den einbezogenen Verfahren; in absoluten und relativen Häufigkeiten) ................................. 64

Tabelle 5 Einbezogene Dokumente nach Evaluationseinrichtung (in absoluten Häufigkeiten) .................................................................................................. 65

Tabelle 6 Übereinstimmungsmatrix für 2 Rater, die $n$ = 190 Textstellen mittels eines 11-stufigen Kodierschemas (k1 bis k11) für die Bestimmung von Umsetzungsaktivitäten beurteilt haben ................................................... 68

Tabelle 7 Anzahl der Interviews nach Befragtengruppen (in absoluten Häufigkeiten) .................................................................................................. 70

Tabelle 8 Gutachterliche Empfehlungen, weitere Maßnahmen und einbezogene Verfahren nach Fachgruppen (absteigend sortiert nach den gutachterlichen Empfehlungen; in absoluten und relativen Häufigkeiten) ......................... 77

Tabelle 9 Gutachterliche Empfehlungen und weitere Maßnahmen nach Fachgruppen (absteigend sortiert nach den gutachterlichen Empfehlungen; in absoluten und relativen Häufigkeiten) ................................................... 79

Tabelle 10 Gutachterliche Empfehlungen und weitere Maßnahmen nach Themenbereichen (absteigend sortiert nach den gutachterlichen Empfehlungen; in absoluten und relativen Häufigkeiten) ........................... 80

Tabelle 11 Umsetzung der gutachterlichen Empfehlungen ($n$ = 1 948; in absoluten und relativen Häufigkeiten) ................................................................. 81

Tabelle 12 Umsetzung der weiteren Maßnahmen ($n$ = 407; in absoluten und relativen Häufigkeiten) ................................................................................... 81

Tabelle 13 Umgesetzte gutachterliche Empfehlungen (E; $n$ = 1 096) und umgesetzte weitere Maßnahmen (wM; $n$ = 330) bzw. eingeleitete Maßnahmen nach Fachgruppen (absteigend sortiert nach den gutachterlichen Empfehlungen; in absoluten und relativen Häufigkeiten) ............... 82

Tabelle 14 Umsetzung der gutachterlichen Empfehlungen nach Fachgruppen ($n$ = 1 948; absteigend sortiert nach der Spalte „Empfehlung umgesetzt bzw. Maßnahme eingeleitet"; in absoluten und relativen Häufigkeiten) ........................................................................................................ 83

Tabelle 15 Umsetzung der gutachterlichen Empfehlungen nach Themenbereichen ($n$ = 1 948; absteigend sortiert nach der Spalte „Empfehlung umgesetzt bzw. Maßnahme eingeleitet"; in absoluten und relativen Häufigkeiten) ........................................................................................................ 85

Tabelle 16 Umgesetzte gutachterliche Empfehlungen / eingeleitete Maßnahmen für die Themenbereiche *Positionierung und Profilbildung* (PP), *Planung und Organisation von Studium und Lehre* (POSL) sowie *Studienberatung und -betreuung* (S) nach Fachgruppen (die Anzahl der Empfehlungen in einem Themenbereich ist für jede Fachgruppe in Klammern angegeben; absteigend sortiert nach dem Anteil umgesetzter Empfehlungen / eingeleiteter Maßnahmen pro Themenbereich über alle Fachgruppen; in absoluten und relativen Häufigkeiten) .................................................................. 87

Tabelle 17 Umgesetzte gutachterliche Empfehlungen / eingeleitete Maßnahmen für die Themenbereiche *Qualitätssicherung und -verbesserung von Studium und Lehre* (Q), *Lehrinhalte* (L) sowie *Prüfungen* (P) nach Fachgruppen (die Anzahl der Empfehlungen in einem Themenbereich ist für jede Fachgruppe in Klammern angegeben; absteigend sortiert nach dem Anteil umgesetzter Empfehlungen / eingeleiteter Maßnahmen pro Themenbereich über alle Fachgruppen; in absoluten und relativen Häufigkeiten) .................................................................. 88

Tabelle 18 Umgesetzte gutachterliche Empfehlungen / eingeleitete Maßnahmen für die Themenbereiche *Lehr- und Lernformen* (L), *Bildungs- und Ausbildungsziele* (B) sowie *Ausstattung* (A) nach Fachgruppen (die Anzahl der Empfehlungen in einem Themenbereich ist für jede Fachgruppe in Klammern angegeben; absteigend sortiert nach dem Anteil umgesetzter Empfehlungen / eingeleiteter Maßnahmen pro Themenbereich über alle Fachgruppen; in absoluten und relativen Häufigkeiten) .................................................................. 89

Tabelle 19 Umgesetzte gutachterliche Empfehlungen / eingeleitete Maßnahmen für die Themenbereiche *Wissenschaftlicher Nachwuchs* (WN) und *Verwaltung und akademische Selbstverwaltung* (V) nach Fachgruppen (die Anzahl der Empfehlungen in einem Themenbereich ist für jede Fachgruppe in Klammern angegeben; absteigend sortiert nach dem Anteil umgesetzter Empfehlungen / eingeleiteter Maßnahmen pro Themenbereich über alle Fachgruppen; in absoluten und relativen Häufigkeiten) .................................................................. 90

Tabelle 20 Begründet nicht umgesetzte gutachterliche Empfehlungen für die Themenbereiche *Positionierung und Profilbildung* (PP), *Planung und Organisation von Studium und Lehre* (POSL) sowie *Studienberatung und -betreuung* (S) nach Fachgruppen (die Anzahl der Empfehlungen in einem Themenbereich ist für jede Fachgruppe in Klammern angegeben; absteigend sortiert nach dem Anteil umgesetzter Empfehlungen / eingeleiteter Maßnahmen pro Themenbereich über alle Fachgruppen; in absoluten und relativen Häufigkeiten) .................................................................. 91

Tabelle 21 Begründet nicht umgesetzte gutachterliche Empfehlungen für die Themenbereiche *Qualitätssicherung und -verbesserung von Studium und Lehre* (Q), *Lehrinhalte* (L) sowie *Prüfungen* (P) nach Fachgruppen (die Anzahl der Empfehlungen in einem Themenbereich ist für jede Fachgruppe in Klammern angegeben; absteigend sortiert nach dem Anteil umgesetzter Empfehlungen / eingeleiteter Maßnahmen pro Themenbereich über alle Fachgruppen; in absoluten und relativen Häufigkeiten) .................................................................. 92

Tabelle 22 Begründet nicht umgesetzte gutachterliche Empfehlungen für die Themenbereiche *Lehr- und Lernformen* (L), *Bildungs- und Ausbildungsziele* (B) sowie *Ausstattung* (A) nach Fachgruppen (die Anzahl der Empfehlungen in einem Themenbereich ist für jede Fachgruppe in Klammern angegeben; absteigend sortiert nach dem Anteil umgesetzter Empfehlungen / eingeleiteter Maßnahmen pro Themenbereich über alle Fachgruppen; in absoluten und relativen Häufigkeiten) .................................................................. 93

Tabelle 23 Begründet nicht umgesetzte gutachterliche Empfehlungen für die
Themenbereiche *Wissenschaftlicher Nachwuchs* (WN) und *Verwaltung und
akademische Selbstverwaltung* (V) nach Fachgruppen (die Anzahl der
Empfehlungen in einem Themenbereich ist für jede Fachgruppe in
Klammern angegeben; absteigend sortiert nach dem Anteil umgesetzter
Empfehlungen / eingeleiteter Maßnahmen pro Themenbereich über alle
Fachgruppen; in absoluten und relativen Häufigkeiten)............................................. 94

Tabelle 24 Veränderungen der Kommunikation durch das Evaluationsverfahren
1) innerhalb der Professorenschaft und 2) zwischen Fach und
Hochschulleitung (*n* = 55 Evaluationsverfahren; in absoluten und relativen
Häufigkeiten).............................................................................................................. 95

Tabelle 25 Verfahren mit Antworten von Fachangehörigen (*n* = 82) zu erfolgten
Verbesserungsaktivitäten und einbezogene Verfahren insgesamt (*n* = 117)
nach Fachgruppen (in absoluten und relativen Häufigkeiten)................................... 96

Tabelle 26 Anzahl der Verfahren (*n* = 82), in denen die Fachangehörigen für
einen Themenbereich mindestens eine Verbesserungsaktivität nennen (in
absoluten und relativen Häufigkeiten; die Anzahl möglicher
Einzelaktivitäten ist für jeden Themenbereich in Klammern angegeben; zu
jedem Themenbereich sind die drei Aktivitäten aufgeführt, die am
häufigsten genannt wurden, wobei das *n* in Klammern der Anzahl der
Verfahren entspricht, in denen die jeweilige Aktivität mindestens einmal
genannt wurde) ......................................................................................................... 98

Tabelle 27 Anzahl der Verfahren, in denen nach Einschätzung der
Fachangehörigen eine Verbesserungsaktivität in einem Themenbereich
mindestens einmal eingetreten ist, nach Fachgruppen (in absoluten und
relativen Häufigkeiten; absteigend sortiert nach der Spalte „Gesamt")................. 101

Tabelle 28 Verfahren mit Antworten von Fachangehörigen (*n* = 82) zu möglichen
Hinderungsgründen und einbezogene Verfahren insgesamt (*n* = 117) nach
Fachgruppen (in absoluten und relativen Häufigkeiten)......................................... 105

Tabelle 29 Umstände, die in den Verfahren (*n* = 87) nach Ansicht der
Fachangehörigen dazu beitragen, dass Aktivitäten mit dem Ziel der
Qualitätssicherung und -verbesserung in Studium und Lehre erschwert
oder verhindert wurden (in absoluten und relativen Häufigkeiten)........................ 107

Tabelle 30 Umstände, die in den Verfahren (*n* = 87) nach Ansicht der
Fachangehörigen am häufigsten dazu beitragen, dass Aktivitäten mit dem
Ziel der Qualitätssicherung und -verbesserung in Studium und Lehre
erschwert oder verhindert wurden, nach Fachgruppen (in absoluten und
relativen Häufigkeiten; absteigend sortiert nach der Spalte „Gesamt")................. 109

## Abbildungsverzeichnis

Abbildung 1 Antworten der schriftlich befragten Angehörigen der Universität Roskilde ($n$ = 17) und der Universität Aalborg ($n$ = 18) auf die Frage, „to what extent the evaluation in general has contributed to develop/ reinforce...", für Empfehlungen, die weitgehend oder in gewissem Ausmaß umgesetzt wurden (in relativen Häufigkeiten); Quelle: The Danish Evaluation Institute (2004, S. 17) .......................................................................... 33

Abbildung 2 Antworten der schriftlich befragten Angehörigen der Universität Roskilde ($n$ = 17) und der Universität Aalborg ($n$ = 18) auf die Frage, „whether the individual elements of the overall evaluation process have helped starting off development in the basic study programme" (in relativen Häufigkeiten); Quelle: The Danish Evaluation Institute (2004, S. 18) ...................... 34

Abbildung 3 Durchschnittliche Gesamteinschätzung der Evaluationsverfahren durch die befragten Fachangehörigen ................................................................... 114

Abbildung 4 Mittlerer Anteil umgesetzter gutachterlicher Empfehlungen bei positiven und negativen Einschätzungen durch die Fachangehörigen zur Gesamteinschätzung der Verfahren (sortiert wie Abbildung 3) ............................ 116

Abbildung 5 Durchschnittliche Einschätzung zentraler Verfahrensschritte durch die befragten Fachangehörigen ........................................................................ 118

Abbildung 6 Mittlerer Anteil umgesetzter gutachterlicher Empfehlungen bei positiven und negativen Einschätzungen von Fachangehörigen zu zentralen Verfahrensschritten (sortiert wie Abbildung 5) ......................................... 119

## Verzeichnis der Übersichten

Übersicht 1 Bewertungsmethoden und Wirkungsmechanismen ....................................... 27
Übersicht 2 Problemkategorien .......................................................................................... 43
Übersicht 3 Zentrale Folgestudien zu Verfahren der Evaluation von Studienfächern, Schwerpunkt Europa ..................................................................... 168
Übersicht 4 Zuordnung von Studienfächern, die von ZEvA und Nordverbund bis Mitte 2001 evaluiert wurden, zu Fachgruppen (gemäß Einteilung des Statistischen Bundesamtes) ............................................................................................. 170
Übersicht 5 Verlaufbeispiele für die Kodierung von Umsetzungsaktivitäten ................... 171

# Anhang

Übersicht 3
Zentrale Folgestudien zu Verfahren der Evaluation von Studienfächern, Schwerpunkt Europa

| Studie | Gegenstand | Untersuchungs-zeitraum | Methode | Zentrale Publikation(en) |
|---|---|---|---|---|
| *Länderübergreifende Studien* | | | | |
| Institutional Management in Higher Education (IMHE), OECD | Einzelne Hochschulen und einzelne Studiengänge in 14 Ländern (elf europäische Länder sowie Australien, Kanada und Mexiko) | 1994-1998 | Fallstudien (schriftliche Einzelberichte nach vorgegebener Gliederung); Berichte von Evaluationseinrichtungen aus sieben Ländern | Brennan & Shah, 2000a, 2000b; Shah, 1997 |
| Evaluation and Self-Evaluation of Universities in Europe – EVALUE | Einzelne Hochschulen und einzelne Studiengänge in acht Ländern Europas | 1996-1998 | Fallstudien (schriftliche Einzelberichte nach vorgegebener Gliederung) auf der Grundlage verschiedener Methoden (Dokumentenanalysen, schriftliche Befragungen, Interviews) | Europäische Kommission / Targeted Socio-Economic Research Programm (1998) |
| *Nationale Studien* | | | | |
| Dänemark (1) | Evaluationen von Studienfächern des *Danish Evaluation Institute* an zwölf Hochschulen | 1992-1997 | Schriftliche Befragung, Interviews, Fallstudien | Bjørnkilde & Bason (2000); Thune & Kristoffersen (1999) |
| Dänemark (2) | Ein Evaluationsverfahren des *Danish Evaluation Institute* von fünf Grundstudien-gängen an zwei Universitäten (im Rahmen einer Untersuchung von insgesamt vier Evaluationsverfahren; davon drei im Schulsektor) | 2000 | Schriftliche Befragung, Interviews | The Danish Evaluation Institute (2004) |
| Großbritannien (1) | Evaluationen von Studienfächern des *Higher Education Funding Council for England* (HEFCE) für zwölf Hochschul-einrichtungen | 1993-95 | Dokumentenanalyse, Interviews | Brennan, Frederiks & Shah (1997); Brennan, Shah & Williams (1996) |

*Fortsetzung*

Fortsetzung Übersicht 3

| Studie | Gegenstand | Untersuchungs-zeitraum | Methode | Zentrale Publikation(en) |
|---|---|---|---|---|
| Großbritannien (2) | Evaluationen der *Quality Assurance Agency for Higher Education* (QAA) für 193 Studienfachevaluationen aus sieben Hochschulen | 1993-2001 | Dokumentenanalyse | Quality Assurance Agency for Higher Education (2003) |
| Niederlande (1) | VSNU- und HBO- Evaluationen von Studienfächern | 1988-1992 | Schriftliche Befragung, Dokumentenanalyse, Interviews | Frederiks, Westerheijden & Weusthof (1994) |
| Niederlande (2) | VSNU- und HBO- Evaluationen von Studienfächern | 1998-2000 | Dokumentenanalyse, Interviews | Jeliazkova (2002) |
| Schweden | Evaluationen der *National Agency for Higher Education* (Högskoleverket) in zehn Verfahren mit insgesamt 195 einzelnen Instituten bzw. Studiengängen (zusammenfassende Darstellung der Evaluationsergebnisse); schriftliche Befragung der Qualitätsbeauftragten an allen Hochschuleinrichtungen | 2002-2003 | Dokumentenanalyse, schriftliche Befragung | Karlsson, Lövgren, Nitzler & Wahlén (2003, 2004) |
| *Einzelfallstudien* | | | | |
| Belgien | Evaluationsverfahren an der *University of Leuven* für sechs Studienfächer; externe Evaluation durch das *Flemish Interuniversity Council* | zwischen 1993 und 2001 | Dokumentenanalyse | Huipiau & Waeytens (2003) |
| Großbritannien | Evaluationsverfahren von Studienfächern des *Scottish Higher Education Funding Council* und der *Quality Assurance Agency for Higher Education* sowie Auditverfahren des *Higher Education Quality Council* | 1993-1998, 1999-2001 | Schriftliche Befragung, Interviews, Erfahrungsbericht | Newton (1999, 2002a, 2002b) |

Übersicht 4
Zuordnung von Studienfächern, die von ZEvA und Nordverbund bis Mitte 2001 evaluiert wurden, zu Fachgruppen (gemäß Einteilung des Statistischen Bundesamtes)

| Fachgruppe | Studienfach |
|---|---|
| Mathematik und Naturwissenschaften: | Biologie |
| | Chemie |
| | Geographie |
| | Geowissenschaften |
| | Informatik |
| | Mathematik |
| | Physik |
| Rechts-, Wirtschafts- und Sozialwissenschaften: | Rechtswissenschaft |
| | Sozialpädagogik / Sozialarbeit / Sozialwesen |
| | Soziologie, Politologie bzw. Politik- und Sozialwissenschaften |
| | Wirtschaftswissenschaften |
| Sprach- und Kulturwissenschaften: | Anglistik |
| | Erziehungswissenschaften |
| | Germanistik |
| | Geschichte |
| | Kulturpädagogik / Kulturwissenschaften |
| | Psychologie |
| | Romanistik |
| Ingenieurwissenschaften: | Architektur |
| | Bauingenieurwesen |
| | Elektrotechnik |
| | Maschinenbau |
| Kunst, Kunstwissenschaft, Lehramt und Sport: | Design |
| | Lehramt an Grund-, Haupt- und Realschulen sowie Sonderschulen |
| | Sportwissenschaft |

Übersicht 5
Verlaufbeispiele für die Kodierung von Umsetzungsaktivitäten

| Themenbereich | Empfehlung der Gutachterinnen und Gutachter | Umsetzungsbericht | Code |
|---|---|---|---|
| Ausstattung | In der Lehre und speziell bei den Pflichtveranstaltungen in den Grundlagenfächern sollte weniger auf Lehraufträge zurückgegriffen und stattdessen ein beständigeres Lehrangebot sichergestellt werden. | Zur Verringerung der Anzahl der Lehraufträge und damit Sicherstellung eines beständigeren Lehrangebotes [sollten] Lehraufträge im ersten Studienabschnitt nur übergangsweise eingesetzt werden, um Krisensituationen zu überbrücken. Grundlegende Veränderungen sind nur durch Bereitstellung von zusätzlichen hauptamtlichen Personalstellen zu erreichen. ... weist darauf hin, dass es zusätzliche hauptamtlichen Personalstellen nicht geben wird. Ein Sonderprogramm ... [hat] sich mittlerweile zerschlagen. | Empfehlung nicht umgesetzt, Problem wird als extern bedingt angesehen |
| Bildungs- und Ausbildungsziele | Das durch die Bildschirmarbeit in gewissem Umfang abzuleitende „Analphabetentum" muss durch Übungen und Lehrveranstaltungen in Umgang mit Sprache und Schrift kompensiert werden. | Keine Kommentierung. | Empfehlung wurde nicht wieder aufgegriffen |
| Lehr- und Lernformen | Die Einführung neuer Lehrkonzepte wie die ... Ringvorlesung ... wird von den Gutachtern sehr begrüßt. Dieses Konzept der breiten Kooperation und Abstimmung sollte für weitere Lehrveranstaltungen weiter entwickelt werden. | Das Konzept der Ringvorlesung ... ist unter Einbeziehung der Anregungen von Studierenden weiter optimiert worden. Es ist ausgedehnt worden auf [weitere] Ringvorlesungen, in denen vertiefende Aspekte ... vermittelt werden. | Empfehlung umgesetzt |
| Lehrinhalte | Die Lehre in den Grundlagenfächern sollte insoweit modernisiert werden, als sie mehr als bisher an aktuellen Forschungsfragen und Forschungsergebnissen in den jeweiligen Bereichen orientiert sein sollte. | Die Überarbeitung der Lehrinhalte in Bezug auf eine stärkere Orientierung in den Grundlagenfächern an aktuellen Forschungsfragen und Forschungsergebnissen ... hat nur zum Teil stattgefunden. | Maßnahme zur Umsetzung der Empfehlung eingeleitet |
| Planung und Organisation von Studium und Lehre | Es wird empfohlen, im Studienprogramm die Möglichkeiten zur Durchführung interdisziplinärer Lehrveranstaltungen auf optimale Weise auszuschöpfen. | Unter federführender Beteiligung von Angehörigen des Seminars ... wurden inzwischen das Zentrum [Name] sowie das Zentrum [Name] eingerichtet. Diese Zentren sind fächer- und fakultätsübergreifend. Seit dem letzten Wintersemester können Studierende den Magisterstudiengang ... studieren. Das Seminar beteiligt sich an der Finanzierung der Koordinatorenstellen für beide Zentren. | Empfehlung umgesetzt |

*Fortsetzung*

Fortsetzung Übersicht 5

| Themenbereich | Empfehlung der Gutachterinnen und Gutachter | Umsetzungsbericht | Code |
|---|---|---|---|
| Positionierung und Profilbildung | Auch die externe Kommunikation mit der Wirtschaft, der Politik, mit der Öffentlichkeit allgemein sollte entwickelt und gefördert werden. | Die positive Entwicklung der fachübergreifenden Kooperationen mit Partnern innerhalb und außerhalb der Hochschule hat sich … spürbar verstärkt [externe Dauerausstellungen von Studierenden, Praktikumsangebot für Studierende, Kooperationen im Ausbildungsbereich etc.] | Empfehlung umgesetzt |
| Prüfungen | [Es] ist zu überprüfen, ob die Leistungsanforderungen in der Vordiplomprüfung noch adäquat und nicht eigentlich zu niedrig sind. | Der Fachbereich hat eine Änderung der Studien- und Prüfungsordnungen eingereicht, die zusätzlich zu den bestehenden vier weitere Leistungsnachweise als Voraussetzung zur Diplom-Vorprüfung vorsieht. Die Diplomprüfungsordnung steht kurz vor der Veröffentlichung. | Empfehlung umgesetzt |
| Qualitätssicherung und -verbesserung von Studium und Lehre | Eine Absicherung des Studienangebotes durch regelmäßige Befragungen sowohl der Studierenden als auch der in der Praxis arbeitenden Absolventinnen und Absolventen ist … geboten. | Keine Kommentierung. | Empfehlung wurde nicht wieder aufgegriffen |
| Studienberatung und -betreuung | Die Betreuung und Beratung der Studierenden in den verschiedenen Phasen des Studiums muß wesentlich verbessert werden. Handreichungen und Informationsblätter sollten den Studierenden die Möglichkeiten der Schwerpunktsetzung klar auseinandersetzen … | Die Studienberatung wurde verbessert, auch dadurch, daß alle Lehrenden sich verpflichtet haben, an ihr mitzuwirken. Der Studienführer wurde völlig überarbeitet. | Empfehlung umgesetzt |
| Verwaltung und akademische Selbstverwaltung | Sämtliche Selbstverwaltungseinrichtungen sollten aufbzw. ausgebaut werden: So sollte ein Institutsrat … eingerichtet werden. | Das Institut … hat eine Institutsordnung erarbeitet, die … durch den Fakultätsrat … in Kraft gesetzt wurde … Auf der Grundlage dieser Institutsordnung [wurde] ein Institutsrat gewählt, der umgehend seine Tätigkeit aufgenommen hat und seither in regelmäßigen Abständen tagt. | Empfehlung umgesetzt |
| Wissenschaftlicher Nachwuchs | Die Gutacher empfehlen, die Nachwuchsförderung als Aufgabe des … Seminars anzusehen. Schon in Anbetracht des landesweiten und sogar bundesweiten Ersatzbedarfs in naher Zukunft müssen Nachwuchswissenschaftler und Nachwuchswissenschaftlerinnen qualifiziert werden. [Die Gutacher empfehlen] Graduiertenprogramme zu beantragen … Interdisziplinäre Aspekte sollten bedacht werden. | Graduiertenkollegs stehen im Fachbereich … insofern unter einem schlechten Stern, als das Fächerspektrum und die ohnehin viel zu hohe Lehrbelastung der einzelnen Institute kaum Möglichkeiten für weitere Aktivitäten gewähren. | Empfehlung erneut aufgegriffen, keine Maßnahme eingeleitet |